乡村法治之道
——法务前沿工程纪实

徐炜　王国强　王进文◎著

華中科技大學出版社
http://press.hust.edu.cn
中国·武汉

图书在版编目(CIP)数据

乡村法治之道:法务前沿工程纪实/徐炜,王国强,王进文著.—武汉:华中科技大学出版社,2023.11

ISBN 978-7-5680-7726-2

Ⅰ.①乡… Ⅱ.①徐… ②王… ③王… Ⅲ.①乡村-法律-研究-中国 Ⅳ.①D920.4

中国国家版本馆 CIP 数据核字(2023)第 237633 号

乡村法治之道——法务前沿工程纪实 徐 炜 王国强 王进文 著

Xiangcun Fazhi zhi Dao——Fawu Qianyan Gongcheng Jishi

策划编辑:曾 光
责任编辑:李曜男
封面设计:孢 子
责任监印:朱 玢
出版发行:华中科技大学出版社(中国·武汉) 电话:(027)81321913
武汉市东湖新技术开发区华工科技园 邮编:430223
录 排:武汉正风天下文化发展有限公司
印 刷:武汉市洪林印务有限公司
开 本:710mm×1000mm 1/16
印 张:12.75
字 数:236 千字
版 次:2023 年 11 月第 1 版第 1 次印刷
定 价:58.00 元

華中出版

本书若有印装质量问题,请向出版社营销中心调换
全国免费服务热线:400-6679-118 竭诚为您服务

编 委 会

序

最近，罗田县政协拟出版《乡村法治之道——法务前沿工程纪实》一书，希望我为之作序。我认为，这是他们为“法治国家”建设所做的一件很有意义的工作，故此，欣然接受。

中国是农业大国，也是发展中国家。由于历史原因，广大农村长期落后，有的地方极度贫困。越是困难的地方，法盲越多，一些法规往往难落脚“最后一公里”，致使社会乱象或民间纠纷难以化解，百姓期盼的文明幸福生活难以兑现。虽然中央一直很重视、很努力，但是，三农问题依然是我们多年的心结。

党的十八大以来，城乡社区治理被提升至执政战略的高度。基层治理是国家治理的基石，习近平总书记强调：“社区是基层基础，只有基础坚固，国家大厦才能稳固”。

在党中央的坚强领导下，国家不惜代价，组织全国攻坚脱贫，中国人用自己勤劳的双手，在中华大地上实现了全面建设小康社会的目标，打赢了脱贫攻坚战，历史性地解决了绝对贫困问题，全国人民过上了小康生活，这是中国人民的骄傲。

在小康社会的基础上，在乡村振兴中，再插上法治（或法律?）的“翅膀”，可谓是文明小康了。

罗田县积极探索基层治理法治化的改革做法，提出并开展法务前沿工程，创新基层公共法律服务体系新模式，力求把问题解决在基层，把矛盾消除在萌芽状态，做到基层治理既依法又有效，为乡村振兴奠定了法治基础，为我国基层治理提供了有益探索，也是法治中国建设的宝贵经验。

是为序。

丁凤英

2021 年 10 月 29 日于武昌

目　　录

绪论 …… 1

第一章　法务前沿工程诞生的历史背景 …… 11

第一节　国家政策演进与地方治理需要 …… 11
第二节　罗田县法务前沿工程诞生回顾 …… 24
第三节　小结 …… 28

第二章　前期筹备(2005—2008年):从大胆构想到初步试点 …… 31

第一节　实践初衷 …… 31
第二节　构想论证 …… 39
第三节　乡镇试点 …… 47
第四节　小结 …… 62

第三章　探索实施(2009—2010年):从统筹指导到平台构建 …… 64

第一节　治理架构 …… 64
第二节　平台建设 …… 81

第四章　发展完善(2010—2020年):从地方工程到罗田模式 …… 89

第一节　机制形成:从新型法律服务到法务前沿工程 …… 89
第二节　模式推广:从县内试点到全国铺开 …… 101
第三节　媒介助力:学者深耕与媒体关注 …… 111
第四节　小结 …… 116

第五章　观往示今:新时代乡村法治之道的求索经验及再出发 …………… 124

第一节　经验总结 …………………………………………………………… 124

第二节　实施效果 …………………………………………………………… 149

第三节　乡村法治之道:基于地方创新实践的理论省思 ……………… 157

参考文献 ……………………………………………………………………… 161

附录 A ………………………………………………………………………… 166

后记 …………………………………………………………………………… 195

绪　论

改革开放后的中国，经济和社会发生了翻天覆地的变化。然而，经济持续发展与社会矛盾凸显共存，是我国社会转型期的一大凸显特征。社会转型期的许多深层次问题在基层集中爆发，因此我国社会治理的难点在基层，重点在基层。如何加快推进基层治理体系和治理能力的现代化，探索与时代相适应的基层治理新模式，直接关乎社会和谐稳定，是摆在我们面前的重大历史性课题。

近年来，中央对于基层社会治理的日益重视以及相关政策的出台，为基层社会治理变革和创新实践提供了宽阔的舞台。习近平总书记在系列重要讲话中强调，创新社会治理体制，要坚持完善党委领导、政府主导、社会协同、公众参与、法治保障的体制机制，实现政府治理和社会调节、居民自治良性互动，推进社会治理精细化①。在中国独特的社会发展背景之下，必须通过深化改革，实现从传统社会管理向现代社会治理转变，创新社会治理体制。

在基层社会治理的实践层面，面对社会转型时期的阵痛，全国各地基层政府从自身实际情况出发，"摸着石头过河"，逐步创造和积累了大量基层社会治理方面的成功经验。总结基层社会治理创新实践中的成功经验，并加以提炼上升为可以进一步指导实践的理论，这是学界对于基层社会治理研究的一大重点领域。

从整体上加强与创新基层社会治理机制建设，关键在于切实推动基层社会治理机制从"理念"到"实践"的转换②。各地在采取相应的公共政策促进创新的实践探索过程中，也面临着一系列的困惑和难题。比如，基层社会治理法治化要求适应社会治理主体多元化的现实要求，从政府垄断社会管理转变为与其他社会治理力量合作治理，如何发挥各主体在协同治理中的作用？如何通过制度安排实现协同治理新格局？对于这些问题的回答，既需要我们这些社会科学工作者深入田野，了解当今社会发展形势，丰富基层社会治理相关理论，勇于开展理论探索和创新，也需要我们的各级政府和多元社会力量积极行动，改革机制，

---

① 参见中共中央宣传部：《习近平总书记系列重要讲话读本》，学习出版社、人民出版社 2016 年版。

② 参见李德：《从"碎片化"到"整体性"：创新我国基层社会治理运行机制研究》，《吉林大学社会科学学报》2016 年第 5 期。

将“乡村社会治理法治化”工作落在实处。

湖北省罗田县开展的“法务前沿工程”，是当下中国正在发生的法治乡村建设的生动实践。对于这一经典改革个案的社会学研究，能够让我们清楚地窥见乡村社会结构的变迁，这对我国创新基层社会治理具有重要的借鉴意义和参考价值。

基层乡村治理是推进国家治理体系和治理能力现代化的重要方面。在党中央近来的工作会议中，“健全党组织领导的自治、法治、德治相结合的城乡基层治理体系”的目标要求被不断提及，力求推动社会治理重心向基层下移，向基层放权赋能。新时期，中共中央、国务院《关于实施乡村振兴战略的意见》和《乡村振兴战略规划（2018—2022 年）》明确提出建设法治乡村重大任务。法治建设以乡村振兴战略为时代背景，以提供乡村“有效治理”为历史使命，是乡村治理的基本保障。

然而基层社会治理法治化并非易事，由于农村法治建设发展的不平衡、不充分，新时代乡村法治秩序依然面临着法治权威不足、法治规范不适应的形塑障碍。

我国目前正处于深刻的社会转型时期，面临着经济体制的深刻变革。社会结构的变动也带来了利益格局的深刻调整和人民思想观念的深刻变化，带来的社会矛盾加剧、社会公平问题日益凸显，法律在社会治理体系和治理能力现代化当中扮演的角色越来越重要。法律是维护社会安定团结的有效手段，能否自觉运用法律手段和法律程序处理社会矛盾是衡量一个社会文明程度的重要指标。

法治作为治国理政的基本方式，对于创新社会治理具有重大价值和作用。当前我国社会治理的法治化水平虽不断提高，但相较于社会治理涉及的宽泛领域、繁重任务，我国社会治理的法治化水平依然相对滞后。以湖北省罗田县为例，第一，基层，尤其是广大农村地区司法服务资源缺乏，执法人员素质参差不齐，应对群众矛盾、社会冲突的能力不足。第二，农村成员依法维权意识相对较弱，不善于寻求法律提供的制度资源维护自身的合法权益，尤其是基层群众法律知识薄弱，当权利受损时往往容易诉诸非正式渠道，导致结果适得其反，引发更大的社会矛盾。

法务前沿工程是乡村社会治理法治化的路径探索，对推动乡村社会治理法治化与解决基层社会治理中的危机与矛盾，具有借鉴与应用意义。

伴随着经济体制的深入改革和基层社会变迁，在社会公共事务的管理中，政府、市场和社会的关系面临着重新调整。如何重建政府与社会的关系模式，是在当前，甚至今后相当长的时期内中国基层社会治理的现实命题。

2013 年，在中共十八届三中全会上，“社会治理”首次出现在党的正式文件中。从“社会管理”到“社会治理”，一字之差标志着我国社会治理理念的发展进步。迥异于社会管理模式的社会治理新模式，并非确定、完善的理论实践体系，仍需在具体时间中磨合验证与充实完善，这也是开展法务前沿工程的意义之一。

法务前沿工程将社会治理理念融于实践，提升基层社会治理能力，主要表现在两个方面。

第一，在社会参与方面，法务前沿工程构建了具有广泛参与性的基层社会治理模式，实现从一元到多元，从统治到治理。罗田县在基层治理实践中，强调多元主体协同共治，避免政府包揽一切社会事务并扮演“全能型选手”。政府理念转型要求以人为本来建设服务型政府，推动政府职能转变是罗田县法务前沿工程的重要做法之一。过去各级政府的核心工作在于经济领域的建设和发展，在民生与社会治理领域疏于投入，导致经济与社会发展不协调①。社会治理创新强调服务型政府的建设，从政府单一主体的社会管理转变为与其他社会治理力量合作治理。行政职能转变，必然要求政府下放行政权力，发挥社会自治功能，激发社会多元主体的活力，支持多样社会自治力量的成长，重视社会组织的培育与发展，提高社会组织治理能力，使之有序地参与社会管理，推进政府与社会自治力量对公共事务的合作治理。例如，法务前沿工程实施以来，针对司法工作人员不足这一问题，法务前沿工程将中心户长、党员、退休干部、乡村教师和“垸内明白人”等村庄内精英组织起来，壮大了工作队伍，解决了人员不足的问题。综观罗田县的法治化治理实践，其改进了提供法律服务的方式，调动了社会和民间的力量以及多方的积极性，通过政府主导、社会运作、村民互助等多种途径，解决了农村基层各种琐碎的事务。社会治理强调在相应的制度安排下，政府与多种社会治理主体之间运用协商对话等方式，进行广泛的沟通与交流，共同参与、协同解决社会问题，通过国家政策、市场手段、社会动员多种方式提供公共产品和公共服务。社会治理手段的转变，也深刻体现了社会治理是一个多元主体协同管理的过程，绝不只是政府一家的事。创新的社会治理采用多样化的治理方式和手段，要求增强社会自治模式存在缺陷等薄弱环节、完备社会治理机制、提高社会治理技术手段。

第二，在治理方式方面，法务前沿工程通过法礼融合建立消解纠纷的新机制，社会治理的手段与方式相较于以往发生了深刻改变。一直以来，“传统地方性知识”以宗法血缘关系为基础，有着系统而独特的伦理道德规范维系社会秩序，规范着村民成员的关系，为村民日常的行为实践逻辑提供合法性参照，是农村社会关系和谐存续的支撑和保障。当下，受现代化的生产方式、市场经济体

---

① 参见李友梅:《中国社会治理的新内涵与新作为》,《社会学研究》2017 年第 6 期。

制发展等因素的影响，乡村结构、成员间权力结构和由此形成的社会关系相较过去呈现较大的变化，日趋多元化、异质化。乡村成为传统和现代斗争的场所，"传统地方性知识"所建立的秩序受到了冲击。此时农村已经产生了"迎法下乡"的客观需求。

法律规定的权益保障、纠纷解决具有很大的优越性，排除了人的专断和权利的不正当干预，有利于公平和自由的社会秩序。引法律入乡村，既能规范农民们的行为方式，为他们提供行为准则，又能对乡村生活中的纠纷、矛盾进行有效处置，维护乡村社会的基本秩序。当然，从法治乡村建设的运行机制出发，法治乡村建设不是简单的"送法"和"迎法"的转换，而是一个从基层法制建设魅化法律的"送法下乡"到法律祛魅化后的理性选择过程①。法律在参与基层社会治理的过程中，并非万能的。法律从其产生之初便具有局限性，尤其是进入传统乡村，如何保护法律意识相对薄弱的农民群体，从追求"形式公平"发展至追求"实质公平"，这就需要让法律更加贴近实际生活，符合乡村社会的秩序的实际，把"送法下乡"和"下乡取法"进行双向结合。

法务前沿工程追求法律运作模式与具体生活实践相结合，其独特的基层纠纷调解机制为乡村社会法礼融合提供了一条重要途径。从法务前沿工程解决的纠纷个案实践中，所反映出的经验就是法治与礼治的巧妙结合。法务前沿工程以"法"为主要手段，与乡规民约、民俗风情、伦理道德等非正式的社会规范结合，实现社会治理手段的多元化。对于能够解决的小纠纷，法务前沿工程通过骨干力量（主要由村离退休老干部、老教师、村民代表、无职党员与村里的"明白人"组成），运用符合村民普遍认可的公平理念的纠纷调解策略，将矛盾积极化解于湾内。对于大一些的纠纷，他们会及时向上汇报，做好信息传达、矛盾化解的中间人，帮助村民通过法律程序解决问题，更加合理有效地利用司法资源，建立基层矛盾多元纠纷解决机制。

湖北省罗田县司法局在发挥基层司法行政机关所担负的职能、服务和谐社会方面进行的探索，契合国家加强和创新社会治理、完善社会治理体系的建设目标。在长期的摸索、总结过程中，罗田县形成的基层矛盾纠纷多元化解机制，实现了全过程、全方位、全覆盖化解矛盾纠纷，使社会服务更加高效，使基层社会更加和谐，为推动基层社会治理变革提供了一个具有标杆价值的成功案例。

事实上，改革开放以来，基层社会治理创新的地方案例不断涌现：创造一系列"化解矛盾在基层"的有效机制和方法的枫桥经验②，已成为推进基层社会治

① 参见郭星华，邢朝国：《从送法下乡到理性选择——乡土社会的法律实践》，《黑龙江社会科学》2010 年第 1 期。

② 参见吴锦良：《"枫桥经验"演进与基层治理创新》，《浙江社会科学》2010 年第 7 期。

理法治化的典范样本;基于目标导向的地方政府绩效评估的“南通模式”[①],创新出一套较为科学、完整的政府绩效管理体系。总之,面对转型时期基层社会矛盾的挑战,各地在实践中形成了不同的治理模式和经验做法。各类期刊、各地新闻媒体对基层社会治理经验进行了大量总结和相关报道。

近年来,国内学界非常关注基层社会治理及其模式理论研究,涌现出大量研究成果。基层社区治理是理论问题,更是实践问题。湖北省罗田县的法务前沿工程,是我国广大基层地区在实践中不断涌现的社会治理的新思路、新举措之一,为基层社会治理创新积累了大量经验,也为我国学术界对基层社区治理创新的理论研究提供了大量生动素材。

罗田县多元参与、协同共治的基层治理模式,切实帮助农民解决了很多实际问题,提升了基层社会的治理能力,成功地探索出了一种社会治理的新模式。为系统总结湖北省罗田县法务前沿工程的基本做法和经验,研究和探讨我国农村地区“乡村社会治理法治化”的路径选择,为全国各地提供“农村基层社会治理法治化创新”的实践案例和具体做法,罗田县司法局和武汉大学社会学院课题组合作,在对基层社会治理创新的理论与实践进行总结的基础上,对法务前沿工程的内涵、探索历程、运行成效等进行了系统的梳理和总结。对湖北省罗田县法务前沿工程的研究,在实践中能为解决基层地区社会治理的危机与矛盾、维护社会稳定和谐提供具体的改革思路和实践做法;在理论上可以丰富社会治理相关理论研究,提供新材料,扩展新视野。总之,本书解释了法务前沿工程的成功经验,从治理理论的高度阐述了我国基层社会治理模式优化与转型的路径选择,启示农村社会治理实践的可能出路。

本书书名主标题(乡村法治之道)包含两个方面的意思:一是乡村法治的规则或规律,二是探求这一规则或规律的过程。法务前沿工程是众多探求乡村法治之道的案例之一,正是有这众多的探求案例,中国乡村法治之道才会越来越明晰,路越走越宽广,乡村治理越来越高效。

---

① 参见臧乃康:《地方政府绩效评估的“南通模式”:效应、瓶颈及努力方向》,《北京行政学院学报》2008 年第 6 期。

大 事 记

2007 年 12 月，罗田县司法局提出法务前沿工程构想，探索建立在乡镇党委、政府的统一领导下，在司法行政机关的指导下，以村(居)自治组织为依托，整合司法所干警、村(居)干部、社会志愿者和其他社会组织等各种力量，融法制宣传教育、人民调解、社区矫正、安置帮教、法律援助等多项工作为一体的村(居)级综合服务体系。

2008 年 1 月，罗田县司法局出台《关于实施“法务前沿工程”试点工作的意见》，2 月，在河铺镇、匡河镇、白庙河镇等乡镇开展试点工作。

2008 年 2 月，武汉大学社会学系组成课题组到罗田对法务前沿工程构想进行论证。

2008 年 12 月 5 日，罗田县在河铺镇肖家垸村举行法务前沿工程试点启动仪式，在全县启动法务前沿工程试点工作。县委委员、政法委书记刘千鸿，县人大副主任杨建军，县政协副主席、司法局局长王国强出席。

2009 年 1 月 17 日，县政协副主席、司法局局长王国强在湖北省政协委员会十届二次会议上作题为《实施“法务前沿工程”，协力构建和谐社会》的发言。

2009 年 2 月 23 日，罗田县将大力实施法务前沿工程写入政府工作报告。

2009 年 3 月 4 日，省司法厅厅长汪道胜到罗田县调研法务前沿工程。

2009 年 3 月 6 日，《黄冈日报》头版头条刊登题为《罗田县法务前沿工程促社会和谐平安》的报道。

2009 年 3 月 31 日，《湖北日报》刊登题为《罗田着力构建基层祥和》的报道。

2009 年 4 月，武汉大学社会学系的调研组对罗田法务前沿工程实施一年多的状况进行为期一周的调研，写出《新农村建设中司法行政部门的创新管理机制:基于罗田县法务前沿工程的调查报告》。

2009 年 4 月 25 日，县司法局在河铺镇肖家垸村召开法务前沿工程培训会，启动全县 412 个村整村推进拉网式培训活动。

2009 年 5 月 15 日，县委、县政府出台《关于全面实施“法务前沿工程”的意见》，成立县法务前沿工程领导小组。

2009 年 5 月 18 日，县委、县政府召开全县全面推进法务前沿工程动员会。县委委员、副县长程德裕主持会议，县委副书记刘华强作动员报告，省司法厅基层工作处处长蒋万彪、市司法局副局长殷怀中出席会议并讲话。省司法厅调研员阮班梅，罗田县委委员、政法委书记刘千鸿，县人大副主任张绍辉，县政协副主席、司法局局长王国强出席会议。

2009 年 7 月 14 日，黄冈市委调研组调研罗田法务前沿工程，写出题为《一项值得关注的基层维稳新工程》的调研报告。

2009 年 7 月 23 日，新华社《国内动态清样》刊登《湖北罗田“法务前沿工程”创新司法服务模式》。原湖北省委书记罗清泉指示：应进一步总结罗田的经验并加以推广。

2009 年 8 月，《中国司法》2009 年第 8 期刊登《“法务前沿工程”理论与实践》。

2009 年 8 月 1 日，黄冈市委常委、政法委书记杨智批示：罗田县探索法务前沿工程，对于创建平安黄冈、法治黄冈、和谐黄冈，维护稳定，促进科学发展具有积极意义，建议在全市推广。黄冈市委书记刘善桥、市长刘雪荣批示：同意杨智同志意见。

2009 年 8 月 5 日，省司法厅副厅长刘治安批示：法务前沿工程是“一所三中心”运行机制向基层的延伸，经验很好，建议以省厅名义转发，供各地借鉴。

2009 年 8 月 10 日，省司法厅厅长汪道胜就推进法务前沿工程做出批示：罗田县法务前沿工程是罗田县司法局在加强司法行政基层基础工作中，围绕中心，服务大局，贴近实际，维护稳定，充分发挥各项职能作用，创造出来的一种很好的工作模式。请基层处在实地考察认真总结的基础上，在全省司法所建设工作会议上号召各地学习他们的经验，推广他们的做法。

2009 年 8 月 27 日，新华每日电讯发布题为《法务进乡村，定纷止争促和谐》的报道。

2009 年 9 月 2 日，湖北省政协调研组专程到罗田县调研法务前沿工程。罗田县委副书记、县政协主席刘华强，县政协副主席、司法局局长王国强，县政协副主席刘细波陪同调研。

2009 年 9 月 21 日，罗田县委员会议（县委常委会）专题听取司法局关于法务前沿工程建设情况的汇报，形成关于进一步加强法务前沿工程建设的会议纪要。

2009 年 9 月 22 日，国务院法制办公室网站刊登题为《湖北黄冈罗田县大力实施“法务前沿工程”维护社会稳定》的文章。

2009 年 10 月，司法部基层工作简报刊登题为《湖北省罗田县法务前沿工程创新司法行政工作新模式》的文章。

2009 年 10 月 14 日，罗田县召开法务前沿工程领导小组会议。县委委员、副县长程德裕主持会议，县委副书记刘华强作主题报告，县委委员、县政法委书记刘千鸿，县委委员、县委办公室主任尤金明、县政协副主席、司法局局长王国强出席会议。会议要求再加力度，再添措施，确保法务前沿工程扎实推进。

2009 年 11 月 9 日，司法部副部长陈训秋批示：方政军同志来信介绍了罗田经验,我也看到你们重视罗田经验的报道。请你们进一步研究探索,推广成功经验。

2009年11月10日,司法部基层司法行政工作业务网发布题为《湖北省罗田县"法务前沿工程"创新司法行政工作新模式》的文章。

2009年11月19日,湖北省司法厅基层工作处处长蒋万彪带队到罗田调研法务前沿工程。

2010年1月,湖北省政协社会和法制委员会撰写的《罗田县实施"法务前沿工程"纪实》一文在湖北省政协机关刊物《世纪行》杂志第1期发表,文章详细介绍了罗田县法务前沿工程的实施情况。

2010年1月13日,中共罗田县委文件转发县政协《关于深化和完善我县"法务前沿工程"的建议》。

2010年1月18日,罗田县河铺镇肖家垸村获"全国民主法治示范村"荣誉称号。

2010年1月17日至19日,省司法厅在罗田召开全省加强基层司法所机制建设深入推进三项重点工作现场会,推广法务前沿工程的经验。

2010年1月22日,新华网湖北频道报道:法务前沿工程司法服务新模式受到关注。

2010年2月28日,《法制日报》报道法务前沿工程:法务前沿工作站遍布罗田村社。

2010年4月28日,黄石市阳新县司法局到罗田县参观学习法务前沿工程工作经验。

2010年4月28日,黄冈市委、市政府在罗田召开全市基层维稳机制现场会,总结、推广法务前沿工程的经验。

2010年5月7日,《人民日报内参》刊登《把乡镇权力下移到村级组织——湖北罗田"法务前沿工程"探索维稳新模式》的文章。

2010年5月13日,司法部基层司处长舒国华带队到罗田县调研法务前沿工程。他认为,法务前沿工程是落实"三项重点工作"的有效载体和重要保证,是维护基层社会稳定的有效途径,符合中央的精神和现阶段中国社会的实际状况,代表了政法机关工作的发展方向,应当大力推广。

2010年7月28至29日,罗田县政协副主席、司法局局长王国强被特邀参加司法部在井冈山召开的全国司法厅(局)长会议,会议肯定和推广了法务前沿工程的做法。

2010年10月23至24日,中央电视台、《人民日报》、新华社、中央人民广播电台、《法制日报》等国家级新闻媒体的记者组成采访团,专程到湖北省罗田县采访法务前沿工程。中央电视台拍摄并播出法务前沿工程新闻。

2010 年 10 月 30 日，新华网报道：法务前沿工程将人民调解做到田间地头。

2011 年 3 月 26 日至 27 日，司法部基层司副司长王学泽在省司法厅副厅长刘治安陪同下调研罗田县法务前沿工程。王学泽认为，罗田县法务前沿工程符合中央关于创新社会管理、促进社会和谐的要求，是司法服务创新品牌工程，值得向全国推广。

2011 年 6 月 17 开始，罗田县联手武汉大学举办法务前沿工程法务工作站站长培训班，先后举办四期培训班，培训法务前沿工作站站长 450 余人。

2011 年 6 月 29 日，武汉市新洲区政法委到我县参观学习法务前沿工程工作经验。

2011 年 8 月 3 日，《湖北日报》报道：我省全面推进法务前沿工程。

2011 年 8 月 7 日，《湖北日报》报道：名校与政府携手，理论和实践结合——武大给力罗田法务前沿工程。

2011 年 9 月 20 日，湖北省司法厅印发《关于深入推进"法务前沿工程"强化基层社会管理创新的意见》，在全省推进法务前沿工程。

2011 年 10 月，经过一番选拔以及岗前培训，罗田县司法局向社会招聘的 50 余名公益岗位司法协理员正式上岗履职。

2012 年 2 月 27 日，司法部来湖北省调研，并在武汉东湖宾馆召开座谈会。座谈会由湖北省副省长赵斌主持，司法部党组成员、副部长赵大成，相关司局负责人以及湖北省司法厅厅长汪道胜，厅领导马安骏、李仁真、蒋国平、明平等领导参加。湖北省罗田县政协副主席王国强应邀出席会议就法务前沿工程的提出、试验、运行、推广及其意义进行了全面系统的汇报，引起了与会者的热烈讨论和积极询问。司法部领导表示要尽快出台意见积极吸收和应用这一成果。2014 年 2 月，司法部出台《关于推进公共法律服务体系建设的意见》。

2012 年 4 月 30 日至 5 月 16 日，蔡甸区司法局、硚口区司法局、武昌区司法局、洪山区司法局、江夏区司法局、石首市司法局等先后到罗田参观考察罗田县法务前沿工程。

2012 年 6 月 17 日，司法部组宣处处长崔建管到罗田考察，司法局荣记全国集体一等功。

2012 年 12 月 7 日，罗田县委、县政府召开表彰县司法局荣记全国集体一等功暨法务前沿工作推进会议。湖北省司法厅党委委员、政治（警务）部主任邓传荣，政治部副主任覃孟江，省司法厅基层工作处处长吴全柱，省司法厅政治（警务）部组宣处副处长官全安，黄冈市政法委副书记殷怀中、市司法局局长周晓华，罗田县委书记肖燕梅、县长詹红运、县委副书记郑光文、副县长陈世龙、县委政法委书记王丰华、人大常委会副主任孙大桥、政协副主席王国强出席大会。会议由县委书记肖燕梅主持。县长詹红运作进一步推进法务前沿工程动员报告。会议印发《中共罗田县委、县政府〈关于进一步推进"法务前沿工程"建设的意见〉》。

2012 年 12 月 8 日，襄阳市司法局到罗田参观考察法务前沿工程。

2013 年 7 月 15 日，江西省吉安市司法局到罗田考察法务前沿工程

2013 年 9 月 12 日，新疆司法厅考察团到罗田县考察法务前沿工程。新疆司法厅巡视员张爱国带队考察。

2013 年 12 月 11 日，湖北省人大常委会副主任赵斌视察了罗田县土门坳村和土门坳社区法务工作站，对法务前沿工程建设给予充分肯定。

2014 年 8 月 1 日，湖北人民出版社出版《湖北科学发展案例选编》，《罗田县实施基层维稳的"法务前沿工程"》入选。

2014 年 12 月 29 日，"健全基层'法务前沿'和'法务网格'，促进基层群众在自我管理和服务中增强法治意识"写入《中共湖北省委关于贯彻落实党的十八届四中全会精神全面推进法治湖北建设的意见》。

2016 年 4 月 19 日，荆门市东宝区司法局参观考察罗田县法务前沿工程。

第一章　法务前沿工程诞生的历史背景

第一节　国家政策演进与地方治理需要

自 1840 年鸦片战争以来，传统中国便在内部动力和外部压力的共同作用下，进入波兰尼笔下的“大转型时代”。从内容来看，这场转型不仅涉及经济体制的转轨、社会结构的转型，还包括价值层面的多元化和文化层面的祛魅化；从过程来看，这场转型推动以往熟悉的、稳定的、简约的“乡土中国”进入相对陌生、流动、复杂的“后乡土中国”，不仅将所有人抛离既有的社会秩序，改变我们日常生活中最熟悉和最带个人色彩的领域[①]，而且使既有的治理资源、治理手段以及治理技术所能作用的空间大幅压缩。尤其对农村地区来说，这场转型来得更为突然和剧烈。众所周知，农村是一个重要的场域，是一个需要被关注的空间，是一个需要投入治理资源的场所，毕竟按照塞缪尔·亨廷顿所言，农村的作用是一个变数，发挥着钟摆的角色，即如果它不是稳定的根源，那么就是革命的根源[②]。

面对大转型的时代和农村，我们已经不能单纯地用旧的办法、知识、思维等来应对这个复杂动态的新场景，当然也不意味着我们可以将过去的治理经验和治理传统视为一种落后的、过时的、前现代的因素，而将它们统统扫进历史的垃圾箱，从此不闻不问。相反，正是处在这种“过渡”或吉登斯称之为“断裂”的状态下[③]，各地才应该结合国家社会治理政策改革的正确方向，结合当地基层社会治理民情，来创新乡村治理的体制机制、创新基层司法的职能安排和工作模式，创新乡村居民参与的可行道路。

今天中国发生的社会转型是不以我们的意志为转移的，是不以我们的主观偏好而更改的，故而，我们只有对这种变化保持某种清晰的认识，才能寻找适应

---

① 参见安东尼·吉登斯：《现代性的后果》，田禾译，译林出版社 2000 年版。

② 参见塞缪尔·亨廷顿：《变革社会中的政治秩序》，三联书店 1989 年版。

③ 参见安东尼·吉登斯：《现代性的后果》，田禾译，译林出版社 2000 年版。

现实的可行出路；只有认清变化的轨迹或过程，才能不断调整自己以应对这种变化。在充分认识的基础上，还需要把过去的有益经验和新的治理思维相互结合起来，将既有的治理元素和新的治理资源相互统合起来，将过去的治理机制和新的治理体制相互综合起来，将以往的治理主体与新的服务队伍相互融合起来，以此推动基层社会治理体系的创造性建构以及推动治理经验的创新化应用。从这个意义上讲，梳理法务前沿工程诞生的历史背景和发展语境成为一种迫切需要。

一、国家政策的改革

与西方学界鼓吹的“小政府、大市场”分工理念不同，“强国家”是中国权力结构的鲜明特色，不过，在以马克思主义思想为指导下，这种“强国家”并没有退回传统时期的专制状态，而是依托民主集中制原则、以自主性的姿态、借助公共政策来推动政治和社会积极变革。作为这种变革的产物，国家与社会关系从原本控制-抵抗的刚性关系变成了如今的引导-参与的韧性关系，由此推动着社会治理政策的自我优化和时代更新。

（一）国家社会治理政策改革的思路

从转型节奏来看，“我们用几十年的时间走过了西方发达国家几百年走过的现代化历程”。这种压缩取向的现代化发展路径需要一个稳定的、平和的社会结构作为底层支撑。进一步说，面对可能发生的转型陷阱或发展秩序，中国采用的是“摸着石头过河”的行动原则，走的是渐进式改革的道路。这种渐进性的特征，使中国社会治理政策在每个时期的特征更加鲜明和突出。

以 1949 年新中国成立为起点，国家与社会的关系经历了三个过程，即集体化时代的“管理社会”、改革开放前三十年的“社会管理”以及十八届三中全会后的“社会治理”。以此为基础，从国家政策来说，中国社会治理政策也同步走过了“管理—治理—善治”的三个阶段。在“稳定压倒一切”的政治话语框定下，过去国家常常以社会管理的思维出发，制定相关公共政策以应对既有或新生的社会事务，这一时期的政策制定基本上都呈现出局部性、不系统性、模糊性的特征。当国家施政理念从“社会管理”演变为“社会治理”之后，社会治理的主体、队伍（无论是专业性还是非专业性）都在持续增多、社会治理事务的复杂性和多边形特征明显，社会治理生态也在不停流变。在这个背景下，我国政府接连发布配合当下阶段，适合社会各领域、各行业社会治理的政策文本和法律规则，而且，这些社会治理政策会随着社会发展和技术进步而更加细化和清晰，更加具有可操作性和可理解性。

分阶段来看，在 1949 年到 1978 年之间，通过“政党下乡”“政策下乡”“文化下乡”等一系列下乡行动[①②]，中国共产党实现了对乡村社会的深度整合，成为乡村社会治理的权力主体和中坚力量，由此将城市和乡村全部纳入国家行政管理的地域范畴，包揽了从国家政权建设、社会主体改造到阶层事务管理、权力结构调整等诸项任务。就这样，国家通过管控自由流动资源和自由行动空间的方式，完成了“全能主义政治”和“总体性社会”的建构。与之相配套的则是，国家政策的所有重心都朝向一个方向，那就是社会各阶层、各主体要自觉配合政府的管理，服从公共政策调度。从当时的情况来看，国家公共政策在一定程度上确实改善了基层生产生活状况，发挥了“集中力量办大事”的制度优势，但是这种政策属性是单向的，是自上而下输送的，容易遭遇“最后一公里困境”。更重要的是，这种政策是不具有持续性的，即便能够持续，要么是以高成本为代价的，要么是以低效率为代价的。正是上述两点原因，1978 年十一届三中全会之后，这种管控型政策便在政府放权、资源流动、政企分开、条块权限划分、经济体制改革等事件冲击下，变得毫无效力。它在冲击既有秩序和僵化政策的同时，也推动了中国现代化要素的生成与流动，这种流动一方面释放了社会发展所需要的“活力”，另一方面也制造了大量现代化后果，如环境问题、上访问题等。换句话说，它在为某些人带来获得满足与自我实现的新的可能性的同时，也使其他人产生了深深的焦虑。面对这种焦虑可能产生的失序风险，中国政府开始运用公共政策来优化社会管理体系和技术。

到了 20 世纪 90 年代，伴随着中国户籍制度改革和社会主义市场经济体制的建立，原本扎根乡土的农民大量进入城市，寻求务工机会和发展机遇，营造了火热的“打工经济”浪潮。当农村人口大规模流动到城市时，原先稳定趋向、属地管理的社会管理思维就难以应付，由此导致社会治理管理的难度和成本增加。在这个背景下，中共十五大明确提出“加强社会治理综合管理、打防结合、预防为主、加强教育、落实责任制”的总体要求。从用词来讲，此时社会管理政策的导向仍旧以管控为核心，奉行的是“不出事”逻辑。尔后，在党的十六大报告中，中央再次提出强调社会治安综合管理、改进社会管理能力。这说明社会管理已经作为政治职能的角色存在，更有甚者，管理社会事务被当成政府的“独角戏”。无论从成效还是成本来看，这种以“管理”为内核的社会政策都会因为忽视或边缘化“他者”，而导致“落地”的困难和“执行”的偏差。作为一种应对，党的十六届四中全会以及六中全会，在构建社会主义和谐社会的总体目标下，提出建立健全以党委为领导主体、以政府为负责主体、以社会为协同主体、以公

① 参见徐勇：《“政党下乡”：现代国家对乡土的整合》，《学术月刊》2007 年第 8 期。

② 参见徐勇：《“政策下乡”及对乡土社会的政策整合》，《当代世界与社会主义》2008 年第 1 期。

众为参与主体的社会管理格局，提出了诸如“加强社会建设和管理、推进社会管理体制创新”等一系列战略构想。党的十七大以及三中、四中和五中全会，再次阐释了以“党委领导、政府负责、社会协同、公众参与”为内容的社会管理格局的内在特征和实践意义。

十八大以来，中国改革开放已经走过四十年历程，以国家、市场和社会为代表的核心主体及其三者间的关系正朝着均衡发展的方向迈进。立足这样的背景，党的十八大，鲜明提出要围绕构建中国特色社会主义管理体系，加快形成党委领导、政府负责、社会协同、公众参与、法治保障的社会管理体制。从这个要求可以看出，社会管理的内容更加丰富了，社会管理体制更加健全了，社会管理目标也更加具体了。为了适应社会发展，在党的十八届三中全会上，中国共产党开始提出要创新社会治理方式，并将“推进国家治理体系和能力现代化”作为全面深化改革的总体目标。在社会治理方式改进上，党提出四大要求：第一，坚持系统治理，以推动治理主体从政府包揽切换成政社共同治理；第二，坚持依法治理，以推动治理方式从管控规制切换为法治保障；第三，坚持综合治理，以推动治理手段从单一手段切换为多种手段综合使用；第四，坚持源头治理，以推动治理过程从事后处理切换为预防治理。十八届四中全会、五中全会之后，包括“创新社会治理体制”“推进社会治理体制创新法律制度建设”“加强和创新社会治理，推进社会治理精细化，构建全民共建共享的社会治理格局”等新理念、新要求、新表述接连出现，折射出党与政府对我国社会治理政策调整时机的敏感性、即时性和调整内容的贴切性、针对性。在党的十九大上，中共中央关于社会治理制度建设又提出了新的高要求，即一方面要“加强法治建设，推进科学立法、民主立法、依法立法，以良法促进发展、保障善治。另一方面要加强德治建设，强化道德约束，规范社会行为，调节利益关系，协调社会关系，解决社会问题”。

总体来说，在 70 多年的时间里，国家与社会的关系发生了三次根本改变，国家社会治理政策也随之发生了相应的调整，从集体化时代的“管理社会”经由新时期的“社会管理”进而到新时代的“社会治理”。这种社会管理思维的变革、更新是适配中国社会发展阶段和治理需要的，起到了生产社会、激活社会的作用，为国家治理体系和能力现代化建设提供了经验积累和智力支持，为各地基层社会治理创新指明了方向、提供了素材、传递了经验。

（二）国家社会治理政策改革的未来趋势

从效果来说，既往国家社会治理政策的更新与创新，推动了国家与社会的关系调整和结构优化，既回应了现代化发展引发的“现代化后果”，也让整个社会治理体系更加富有弹性与韧性。与此同时，我们也要看到，流动性、网络化、技术化对整个国家治理体系可能造成的未知影响，更要把握国家社会治理政策改革的前进方向。就当前来说，新时代国家社会治理政策正朝着自治、德治、法治三者融合的现代化方向迈进。

第一，找回自治，实现从形式自治到实质自治的转向。在传统中国，集权国家与松散小农的关系是以“皇权不下县、县下皆自治”为导向的，在基层社会，实行的是低成本、高效率的简约治理模式。这种简约治理模式在集体化时代因为遭遇全能主义政治的约束而日益式微。不过，随后出现的、被赋予民主化期待的村民自治实践再次承接了“农民事情农民治”的历史重担。村民自治是以自我管理、自我教育、自我服务和自我监督为基本内容的，而且这种自治实践的内涵显然超越了传统乡村社会“乡村自治”。在初期，村民自治起到了回应农村居民的公共需求和集体意志，赋予了农民自主行动的合法性权限和正当性空间。不过，在国家政权建设过程中，“行政吸纳自治”的情况日益出现，村民自治流于浅层化、形式化，不再具有提供农村公共物品的能力和基础。当村民自治“虚化”时，基层社会治理就会因为农民这个当家人的缺席和旁观而无法有效化、持续化和低成本化，就会陷入“干部在动而农民不动”的行动困境。从这个意义上讲，新时代国家基层治理政策就是要找回“自治”，寻找基层自治有效实现的基本方式和路径，厘清基层行政与自治的职能边界和权责分工，最终实现村民自治从形式迈向实质的进阶。

第二，发挥德治，重塑基层社会治理的“软性规范”。在乡土熟人社会，村庄内部的纠纷事务是在“长老权力”的影响下化解的，村庄内的“无讼”并非意味着没有矛盾，而只是说，这些矛盾不是通过“法”的途径，而是借助“德”的手段予以解决的。不过，随着社会转型和文化变迁，支撑“德治”的社会基础日益流失，“德”不再构成村民评价体系的重要标准。甚至在某些地区，出现了一种以“为自己而活”为表征的无功德个人。一旦道德感召力和德性消解，基层治理就是一种“硬治理”，基层治理成本和难度增加也就不难想象。从这个意义上讲，新时代乡村治理需要发挥德治，重塑村庄内生的道德秩序和文化人格，避免“自利性”对“集体性”“工具理性”对“德性人格”的全面侵蚀和消解，最终提高基层社会治理的柔性化、有效性和自觉性。

第三，健全法治，建构基层社会治理的运行边界。在传统中国，整个社会普遍存在“有人治、有法制但无法治”的情况，“法治”长期缺席于中国社会治理的第一现场。法治秩序的建构之所以困难，在于它内含着特定的价值基础和价值目标，在于它需要排除人的主观判断和感性判断，而以规则治理取而代之，在于它贯穿着“自由”“平等”和“公正”等价值目标。经过 40 年之久的“送法下乡”“普法运动”，包括乡村在内的社会公民的法治意识有了显著增强，法治环境得到了实质优化，但距离基层社会治理法治化的根本目标还相差甚远，这从公共权力运行的“越界”和普通公民维权的“失范”现象时有发生中可见一斑。总体来说，当基层治理日益面临复杂化、流变化的社会情势时，更加需要以法治为保障，同时让自治和德治运转于法治规定的行动框架下，以此实现自治、德治和法治的实质融合。

二、地方社会治理需要

（一）改革过程中农村基层社会治理所遇问题

经过改革开放四十多年的长足发展，中国社会总体上经历了“匮乏型社会”“消费型社会”到“共享社会”的跨越，原本刚性的城乡二元结构也日益松动，农村社会内部的“活力”和“潜力”得到彰显，在总体向好的同时，农村社会治理不仅面临旧议题的袭扰，还面临新环境的挑战。总体来说，改革开放以来，农村基层社会治理主要面临以下四种新情况、新问题：

第一，社会结构变迁诱发农民利益关联的松散化和利益诉求的多元化。随着改革开放力度的加大和城乡一体化进程的加快，现代化要素也以狂飙突进的势头下乡，一方面扰动了原本稳定的、熟悉的社会关系样态，造成了农民社会关联的弱化和利益关联的解绑，另一方面，市场系统以及背后的理性意识渗入农民观念框架之中，造成农民对外部利益的过度敏感和额外关注。尤其是在征地拆迁、房屋翻建等事件的刺激下，农民间的利益争端越发增多，导致集体行动的困难和同意秩序的碎裂。对农村基层治理来说，利益争夺对利益关联的替代、利益诉求加码对同意话语塑造的替代，已经成为需要直面的难点、痛点和重点。

第二，农村基层社会治理能力有待提高和加强。在“道路通向城市”的主流话语引导下，农民的生活面向越来越朝向外部，面向城市。这种“对外认同”的状态在“身体缺场”的支持下更加无可逆转。尤其对于农村的青年群体来说，他们基本上对村级事务缺乏参与的兴趣和意愿，表现出十分明显的政治冷漠感和治理被动性。与此同时，借助基层政权建设这个契机，原本运行于科层体系内部的行政化逻辑开始渗透到村级自治领域，主要表现为村级组织的行政化和专业化。当村级组织领取财政薪酬时，他们便会形成眼光向上的行动态度，便会形成对上负责的治理逻辑，久而久之便会缺席于乡村治理的第一现场，便会与群众的联系越来越弱，逐渐遗失“从群众中来，到群众中去”的工作作风。与此同时，受到市场主义意识形态的影响，村级组织可能成为“分利秩序”中的某一环节，专注于利益的获取而非服务的生产；依旧沿袭管理的思维，把农民当作治理的对象和调动的客体，而非服务的主体和能动的主体。无论是悬浮于群众和村庄，还是专注于利益获得，村级组织都无法锻炼自身的治理技能和服务能力，都无法回应农民的迫切需要和多重诉求。

第三，对留守在村群体的问题化认知。乡村治理是一个系统性、总体性和长期性的工程，不仅需要国家自上而下的政治动员和资源投入，也需要群众的自觉参与和优势发挥。不过在很长时间内，作为流动时代留守在村的“剩余人口”不被视作“主体”，比如吴重庆便以“无主体熟人社会”概念来描述农村“空心化”之后的社会样态。一定程度上讲，这些被剩下的主体（如留守儿童、老人和妇女）在“身体力”上可能是弱的，但他们仍旧具有自我改变和自我发展的可行能力，依旧能作为乡村社会治理的内生资源和中坚力量。其实，在乡村治理过程中，需要肯定农民群众在治理行动中的主体地位和主体性意识，看到他们身上附有的各种身体化资产和内在潜能，把他们带回乡村治理的第一现场，拓展其自身的需求表达和满足的通道和途径。总体来说，没有农民参与的乡村治理，终究是无源之水、无木之木，不具有可持续性、有效性和发展性，与此同时，也意味着对乡村内生力量的忽视和人力资源的浪费。这是现阶段农村基层社会治理所要处置的构成性问题。

第四，农村基层群众法治意识淡薄问题。借助改革开放的窗口，农村社会获得了快速发展，教育、医疗、交通等基础性福利供给有了进一步增加。形成对比的是，农民经济理性的觉醒较快，而懂法、用法意识并没有显著地提高。究其原因，一方面，基层司法部门在经过机构精简和职能转化之后，既无心也无力下乡普法，加上对上负责的行政逻辑支配，它们无法持续性地做好法律宣传工作，甚至某种程度上讲，设置在乡镇的司法部门基本上形同虚设，没有起到增加农民利益表达渠道的功能，其自身的功能也难以辐射到村庄内部。另一方面，在人情、面子等传统因素的影响下，在稳定导向的家庭发展心态下，在“凡是找政府”的既有观念沿袭下，农民更愿意通过村庄中间人、村委会或政府人员寻求帮助，有直接运用法律手段解决民事纠纷的现象。只有涉及重大利益冲突时，他们才会向司法部门求助，由于这时候纠纷或问题已经复杂化、扩大化，即便求助司法部门，也不一定能获得双方都能接受的解决方案。更多可能出现的情况是，双方彼此不服气、不认输而一直打官司。陆益龙教授的研究提供了一个案例佐证[①]。除此之外，受到农村司法人员随意性执法、选择性执法甚至暴力执法新闻报道的负面影响，农村群众更倾向于认同“大事化小、小事化了”的和合逻辑，有时候甚至以忍气吞声、一味退让的方式避免纠纷升级。在这种情形下，法律是悬浮于农民生活世界之外的，依法治理也难以内化到农民的内心深处。而一旦农民没有法治意识、乡镇司法部门又不能依法合规，要么出现农民利益受损的情况，要么出现农民选择引入其他手段（比如宗族势力、黑恶势力）来解决自身需要和保障自身权益的情况。

---

① 参见陆益龙：《乡村民间纠纷的异化及其治理路径》，《中国社会科学》2019 年第 10 期。

（二）传统期基层社会纠纷化解机制

无论是传统集权国家还是现代文明国家，对"礼仪"的重视可谓有增无减。"礼仪"不是个体化、私人化的，它具有公共性和社会性的特征。进一步说，如果没有公开展演的空间和渠道，"礼仪"便无法对身处该社会中的个体或组织予以要求和规范。长期以来，几乎所有人都以"尊礼"为导向，根据自身的情况在"礼"划定的行动框架下处事，寻找匹配自身地位、品性的定位。可以说，"礼"就是一套关于如何做人的行为规范，它给人提供了"从心所欲而不逾矩"的基本守则。对于这一点，费孝通先生在《乡土中国》一书中的论述颇为精彩：传统的中国社会，尤其是基层社会是一个长期受到儒家"无讼"思想影响的"礼治社会"，社会秩序的维系和社会关系的和谐都靠"礼"来完成。"礼"起着教化作用，起着启蒙作用，更起着规训作用[①]。"礼俗"有效，不仅在于人们的生活预期在村，而且在于需要他人的长期合作。

在农村调研现场，同样时常会听到"这个人真不会做人"之类的话。对于村民来说，"做人之道"是格外重要的。只有"明礼仪""懂民俗"的群众才能在村域范围内受到他人的尊敬和肯定，才能收获包括面子、权威等在内的社会性收益，而不懂甚至无视传承千年的"礼俗"的人，轻则成为乡村闲话或舆论的对象，重则被这个乡村边缘化和压制化。而在只有合作才能共存的传统乡土社会，任何被边缘化的行为都会影响个体的生活乃至生存条件，因此鲜有人挑战既有的"礼"，无视村庄内部形成的公共规矩和集体情感。正是内含了压制性和规范性的特征，"礼"才成为传统时期村庄纠纷的重要化解手段。其实，传统乡土社会的"无讼"现象并不意味着，村庄内部一片祥和，没有矛盾和紧张之感，没有纠纷存在。而只是说，这种纠纷化解不是外在于村庄社会，并不是向更远处的、正式化的"法制"求助，而往往是在村落内部得到解决，在基层内部可以找到求助、诉苦甚至解决纠纷的日常权威，都能在"礼"的框架下找到妥善处理相关问题的有效办法。在费孝通看来，一般发生村内纠纷时，村民们通常会寻求村内有威望、有地位、有公心的乡绅的帮助，他们会借助在村庄历史中形成的道德及其塑造的影响力和权威，来调和涉事双方，纾解二者存在的"郁结之气"。对此，林语堂先生也认为，在传统乡土社会，村庄事务是由乡绅凭借自身的年岁和道德从精神上予以领导的，也是由乡绅凭借自身对法律以及历史知识的了解和把握从精神上予以指导的[②]。当然，他们在参与纠纷调解的过程中也会收获巨大的社会性收益和正面性评价，积累他们在村庄内部的面子、关系和声望，形成可作用于

① 参见费孝通：《乡土中国》，北京出版社 2005 年版。

② 参见费孝通：《中国士绅》，三联书店 2009 年版。

他人的"长老权力"。如果用吉登斯的话来说,这种"权力"类型就相当于"权威性资源"[①],它能转化成对他人的约束和支配,能转化成对村庄的动员和组织力。

在此,需要注意的是,这些乡绅掌握的"长老权力"所能作用的范围是其所在的熟悉的、低流动的、传统性的村落范围,一旦超出这个范围,而进入比较陌生、流动的"异域空间",这种权力的支配性和治理性便会有所递减甚至根本无效。因此我们才会看到,当中国与西方相遇,并被纳入世界体系的同时,曾经作为乡土本色的、具有约束效应的、成为一种习惯的"礼",越发没有存在和施加影响的社会基础和村庄条件。其中,最重要的变化莫过于传统士绅身份或性质的改变,即从贤人士绅变成了土豪劣绅。在《文化、权力与国家》[②]一书的开篇,著名学者杜赞奇便提及了这个事实:熟人村落权力的文化网络受到了根本性冲击,原先具有道德修养和公共人的"保护型经纪"已经被那种自利性的"营利型经纪"所取代。正是缺乏主持公道的日常权威,"礼治"的乡土底色才日渐褪去,"无讼"的乡土景观才越发难见。

此时,"尊礼"只是成了个人关心的事项,成了个体自觉的表现,成了个人性的行为典章,而非村庄内部的集体共识和公共规则,没有集体性作为保障,"礼"便没有约束效果。正因如此,围绕农村纠纷解决这个老问题,村庄内部给不出回应。一方面,村民找不到敢说同时让别人服气的长老,另一方面,即便找到了说理的人,也不一定能保证处理结果的可接受性。为了化解矛盾,涉事的某一方便会向外借力,在"礼治"通道之外另寻求助和申诉的途径,即便最后诉诸事实本位的法律规章,也不见得能让双方接受判决的结果。毕竟,法律只能解决规范化的事件,而不能化解情绪的郁结。相比之下,"礼治"看似不规范、不正式,但它能真正将问题解决,修复涉事双方的人际网络和情感关联。虽然以"礼治"为手段的传统纠纷解决机制已经不能发挥原有的力量,其中有些手段甚至不符合现代法治规则而应该予以祛除,但不可否认的是,社会治理体系的现代化一定要给"德治"安排一个合适的位置,只有这样,乡村治理体系才会更加立体、有效。

(三) 转型期基层社会纠纷化解机制

新中国成立到改革开放之间,中国基层社会处于总体管控的状态,农民群众之间的各类矛盾基本上被政治力量所压制。而在此之后,借助改革开放的东风,中国社会以压缩型、加速度化的方式向前迈进,用几十年的时间走过了西方两百年的工业化进程。毋庸置疑,这种赶超帮助中国从"站起来"到"富起来"的

① 参见吉登斯:《民族-国家与暴力》,胡宗泽、赵力涛译,三联书店 1998 年版。

② 参见杜赞奇:《文化、权力与国家》,王福明译,江苏人民出版社 2003 年版。

体面转身，造就了为外人所称赞的“中国奇迹”。作为这一改革红利的受益者，农村以及生存其中的农民也觉醒了起来，也开始可以“不经别人指引就能运用自己的理智”。不过，按照奥格本的“文化堕距”理论，支撑社会发展的各个要素的变迁速度是不一致的，物质生活和制度内容通常会变化较快，而思想观念、文化偏好、民俗仪式等非物质性要件的变迁总体较慢。这尤其表现在农村群体的认知张力上。

具体来讲，受到城镇化和市场化的洗礼，大多数农民的生产生活方式都发生了不同程度的变化，但他们的生活理念和价值判断等相对质性层面并未跟上现实社会的演进。他们一方面保留着传统的礼仪规则，另一方面又需要直面外部的法治环境。一旦他们与他人产生日常纠纷，规则混乱的情况就会出现，“秋菊的困惑”也会有所显露。的确，《秋菊打官司》是一部虚构的电影，但它是透视乡村社会变迁的一个窗口，另外，现实中的“秋菊”案例也存在①。她们的困惑在于，明明只想要讨个说法而引入法律，但最终的“法律判决”却出乎申诉者的预料，没有满足他们的真实需要。

这些转型期的“秋菊们”向外发力，引入法律规则来回应切身诉求，很多时候其实并不像人们所想的那样，是权力意识觉醒和利益博弈的结果。虽然市场理性主义的扩散和发展主义话语的喧嚣的确让法律成了某些人的“武器”②，但从基层来看，中国农村社会的乡土底色仍旧明显，(至少在自然村内)仍旧是一个知根知底的熟人社会③。在这种社会样态中，村民依旧很在意自身在村庄内部的公共印象和他人看法，会计算自身社会性收益的得失，会主张将问题化解在村庄内部。因此，面对一些细碎的生活困顿或日常纠纷，他们基本上很少动用法律来捍卫自身权益。一方面是这些权益过小，而走法律程序的成本过高，经过简单的成本-收益核算，就会倾向于自行解决；另一方面在于，对于大多数农民来说，他们的老年生活基本上将要在村里度过，生活面向的在村意味着“抬头不见低头见”的可见事实。因此一般情况下，矛盾双方基本上会自行或因中间人把“小事”闹成“大事”，不愿意在法庭上兵锋相见。总体来说，村民们乐于保持邻里关系的和睦与亲近，基本上能做到识大体、懂退让，善和合。

对于转型期的农村来说，寄希望于熟人社会中的“礼治”传统和“长老权力”来解决纠纷的社会基础已经日益弱化，这是一种既存的事实。为了避免村庄社会出现“秩序真空”或“规则混乱”，“法治先行”是十分必要的。作为国家现代化

① 参见苏力：《法治及其本土资源》，北京大学出版社 2015 年版。

② 参见田先红：《治理基层中国：桥镇信访博弈的叙事，1995～2009》，社会科学文献出版社 2012 年版。

③ 参见陈柏峰：《半熟人社会：转型期乡村社会性质深描》，社会科学文献出版社 2019 年版。

的重要内容，法治化是社会治理的重要核心，从这个意义讲，无论是“送法下乡”还是“引法下乡”，都是基层社会治理秩序变革的重要推力。如果说，“法律下乡”是时代所需，是历史必然，是一种应然性的确定，那么需要回答的是，“法律该如何下乡”，其在乡村又该如何运作起来。延伸来讲，我们绝不能从法律文本下乡的角度理解“法律下乡”，而应该从“法律制度如何运作”的动态角度来思考“法律下乡”。

身处正在发生剧烈转型过程的现代中国，情感与理性之间的分野也越发凸显，人情与法律之间的冲突画面也在上演，但是我们要知道的是，“法律下乡”不是为了挑起法律与乡情之间的冲突，也不是为了产生“秋菊们的困惑”，更不是用“法治”来替代或遮蔽“自治”和“德治”，而只是为转型乡村投放底线秩序和公共规则，为农民处事和乡村治理提供必要的行动手段和治理资源。《秋菊打官司》这部电影已经上映 20 多年了，曾经表征“情法不容”的“困惑”已经越来越难以构成一种困惑，不过，曾经的反思需要继续下去。那么，反思什么呢？当然是法律规章为何没能有效落地，为何没能产生秩序，为何没能真实地解决问题，为何没能把问题化解在基层。

反思的结果一目了然，法律只是乡村社会治理资源库中的一种（即便可能是最重要的一种），只是乡村治理现代化的一个目标，不能把乡村治理现代化与乡村治理法治化片面地等同起来。如果乡村治理的目标是治理有效，是秩序生产，那么，“法律下乡”的过程必须要结合地方民情，需要尊重并吸纳本土性资源，形成正式规则与非正式手段的并存互补。毕竟乡村社会是一个总体性的、连带性的、模糊性的、情境性的社会状态，很多生活内容和历史脉络都无法被法律的“裁剪术”所包纳，毕竟法律的“素材”来源于社会，法律的“裁决判准”也源于社会。

总而言之，在转型时代，乡村社会治理需要找回法治之维，需要为日渐流动化和理性化的乡村社会注入法律规则，但这不应被视作“唯法律独尊”，不应该挤压其他纠纷解决的本土资源和技术手段。也就是说，站在新时代的十字路口，中国乡村治理体系一定是整体性、系统性的，乡村治理资源也应该整合运用。无论是德治、自治还是法治都应该在其中占据适合的位置，以便尽可能了解情、理、法、力之间的根本张力，最终实现纠纷事件的化解和涉事双方关系的正常化。

（四）新时代基层社会纠纷化解新机制

回到农村场域来看，农民在日常生活中因为各种原因产生的纠纷事项屡见不鲜，不管是纠纷本身还是纠纷治理，几乎每时每刻都在进行。甚至可以说“有人的地方就有纠纷”。就这个角度来讲，纠纷治理并非现代化的产物，但与此同时，需要注意的是，在当前阶段，农村社会中的纠纷类型、纠纷动因、纠纷后果与之前社会存在较大差异，因此往往需要极大的治理资源和治理智慧才能将问题化解。也就是说，面对当下的各类纠纷事件，我们既不能指望回到过去，机械地从过去的治理手段中借用资源，也无法一味依靠法治手段来化解矛盾，相反，新时代的农村纠纷化解需要寻找新机制、新手段、新智慧。而所谓的“新”通常不是无中生有，而是对既有治理手段的有机整合，形成相互补充、相互作用的纠纷治理网络。

在探讨“新机制”之前，有必要回顾过去的“旧机制”，通过比较从中获得启发。正如上文所讲，在超稳定社会结构支撑的传统集权国家，基层社会是在“礼法”的制度框架下、借助宗法规则和长老权力来展开日常纠纷调解的，“礼法合治”是中国集权帝制时期政府施政的重要经验、传统，或许也是一种比较成功的治理思维和治理经验。从字面意义来看，传统帝制时代的“礼法合治”与党的十九大报告中提出的“推动基层治理走向自治、德治、法治三治结合”的政策倡导似乎差别并不是太大，但是就其实质而言，可谓差之千里、判若云泥，决不能等同视之，也不能机械套用。就二者的区别来看，传统时期的法律规章是帝王约束他人的管控工具，是专制的机器，是王在法上，起着强制、专制、集权的作用[①]。而现在，法律的适用范围涵盖所有群体，包括制定法律的人，不分贵贱、不分上下。此时，政府（及其组成人员）在法下，受到多重法律体系的约束和规范，而法律本身起着治理的功能。同理，古代社会的“礼”是主张“尊尊而亲亲”，是“礼不下庶人”的，具有强烈的“差序性”、不对等性、等级性特征，而现代社会的“礼”是一种社会默认规范，是集体的共识，在“集体性的礼”面前，所有人都是平等的、都是一般的。对走向现代文明国家的中国来说，农村基层社会治理的主体和对象应该是相同的，治理的手段应该“法无外地”，适用于社会群体。

之所以中国政府要提倡“礼法融合”，一是因为中国社会有较为悠久的关于“礼”的历史传统和治理经验，而转型社会中的人们同样希望建构“知礼、懂礼、通礼”的和合社会，二是因为，一个成熟的、具有活力、颇具韧性的现代社会，应该既有法律的托底支持和底线保障，也有礼俗的温情传递和柔性支持。法国著名社会学家埃米尔·涂尔干在其《社会分工论》一书中就谈到了，虽然西方国家朝着以职业伦理为新型纽带的“有机社会”方向迈进，法律成为规范人行为的重要通则，但是单凭国家法律并不能防范所有的社会失范现象。因此，他认为，在任何社会形态下，都应该要塑造一种以集体意识为基础的道德原则，而这种道德原则推动着每一个人，为每一个人提供了生机勃勃的生活，它使每个人都充

① 参见张晋藩：《中国法律的传统与现代化——’93 中国法律史国际研讨会论文集》，中国民主法制出版社 1996 年版。

满同情心,使每个人的私心杂念渐渐化解[①]。就此而言,只有把以集体共识促成的道德的“礼”与具有强制约束效力的“法律”相互结合起来,只有把“温度”和“强度”相互结合起来,只有把“治他”与“律己”相互统筹起来,法律才会真正得到遵守、习得和落地,法律所要达成的基层治理有效才有可能出现,基层社会的“善治”局面才会得以开辟。当我们找到了基层治理的“礼治”方向,找到了基层社会纠纷化解的“第三条道路”,我们才不难理解罗田县的法务前沿工程为何会被提出,并得到大规模的群众认可。

总而言之,在社会大转型的宏观背景下,中国基层社会,尤其是农村地区的纠纷治理机制应该如何安排?是彻底地摆脱乡村地区既有的文化传统和地方知识,同时“把法送下去”,还是恢复传统礼治的乡土风气?对于中国这么一个历史悠久、社会绵延的国家来说,任何单向的现实抉择都将显得无比轻率,也更不可能。具体来讲,就前者而言,如果完全推行“法治”,那么,基层司法部门就立即会陷入“任务重、人手少”的境地之中。这一点,基层法务人员已经有了切身的体会。更何况,走“法律”的道路的治理成本是非常高的,而且“法律”裁决的结果不一定能让双方都满意,尤其在处理因为情感、生气[②]、面子等乡土因素引发的问题时,法律只能提供一个暂时性的判决,而无法提供有效的治理。换而言之,“问题”只是被暂时搁置,实质上并没有得到真正解决。就后者来说,随着现代化下乡进程的加快,加上城乡推拉力的共同作用,农村已经成为一个流动化的社会了,农民在市场经济的启蒙下也有了很强的“经济理性”和规则意识。这意味着,如果单纯靠地方性的文化规约来解决纠纷,其实有点不太切合实际,毕竟“经济理性”而非“社会理性”才是人们的思考起点。面对这样的处境,罗田县提出了法务前沿工程的创新项目。它的创新之处就在于,把“法治”与“礼治”相互结合起来,建构适合转型社会的纠纷化解的新机制。

具体来讲,面对中国政府行政职能转变的现实语境和“放管服”改革的政治要求,罗田县应时推出了法务前沿工程,这个工程顺应了司法领域内的行政职能优化需要,顺应了司法治理体系和能力现代化的需要。因为,一方面,在较长时间内,作为基层司法的行政部门,司法局承担了包括开展法制宣传、提供法律服务和人民调解、社区矫正、监狱管理、劳教和强制戒毒教育在内的十多项任务。而另一方面,基层司法部门面临警力不足、资源不足、方法单一等多重挑战。

正如罗田县司法局局长所言:“我们这一个乡镇几十个行政村,几万人,相隔几十平方公里,只有一个人、两个人,最多三个人。这三个人是杯水车薪,根

---

① 参见涂尔干:《社会分工论》,渠东译,三联书店2000年版。

② 参见应星:《“气”与抗争政治》,社会科学文献出版社2011年版。

本管不了事情。比如,有16个社区矫正对象,还有十几个安置帮教对象,这么多人,这么多事情,职能怎么去发挥啊?这些客观现实逼得我们要去想办法。你如果不想办法,他们这些人就会以传统、落后的方式,甚至错误的方式调解错误的问题。因此,要想把这些人进行培训,让他们按照法的精神、法的路线、法的方式解决问题,就不能只根据司法部门单打独斗的“老办法”(法的延伸),也要借助乡土社会的村庄资源(情的延伸)。因为以“村两委”为代表的村组织对村庄事务比较了解,与司法人员相比有更多的地方性知识,可以帮助司法部门找到解决问题的切入点和重要点。比如,一个农民办信用卡,卡透支了,手机关机了找不到人。现在银行没办法了,只能找到村里的书记。而村书记对他们的情况太熟悉了,可以通过多方渠道找到那个人。”由此来看,罗田县推出的法务前沿工程通过融合基层法务力量和基层村社组织资源,融合“法律知识”和“地方知识”,融合“法”和“情”,大幅提升了基层法务人员的服务效能和治理能力,把人们面临的问题真正化解在基层,真正化解在当下。

第二节　罗田县法务前沿工程诞生回顾

一、罗田县社会治理所遇难题

第一,基层政府体制改革造成职能压缩和能力弱化。在集体化时期,基层政权形成了对乡土社会的总体支配,作为补偿,前者对后者存在很强的庇护性和保护性,过度承担了原本由社会和居民担负的责任和负担。在那时,为了保护乡土社会结构的稳定和有序,国家基层内卷化程度比较大,基层政权组织规模膨胀比较严重。这种情况在改革开放后得到重视和反思。加上当时出于放活民间的考虑,到了20世纪90年代后期,国家开始在基层搞政府机构改革,具体内容包括合理裁撤乡镇,精简乡镇人员和机构配置,开始将县级职能的权限下放到乡镇一级,通过在乡镇设立“七站八所”来作为承接主体,进而实现县级职能的向下延伸。

第二,在目前条块关系呈现各行其是、互不想通、分割运行的总体背景和行政体制下,乡镇各部门一方面受到那些掌握人、财、物的上级部门的垂直管理,另一方面又受到本乡镇政府的属地管理。由于条块部门之间信息没有打通,资源未能整合,乡镇一级处于财权、人事权与事权完全不对等的状态。这样,原本理应借助和民众更近的空间优势和关系优势,了解民众需要和利益表达,更便捷地回应农村基层社会治理形式的乡镇政权,在有限的权力、不足的人力和稀缺的财力等现实条件约束下，无法完成自身政权性质的服务型转向和公共性拓展。进一步说，乡镇职能划定的不清和工作权限的被架空，使其在属地治理中无法大展身手，有所作为。加上分税制改革和乡镇工业发展乏力的原因，只能从上级政府要钱的乡镇部门便从“乡村的大脑”沦为了“县城的脚”，便从与农村高度关联的“利益共同体”退化成更加松散化的“悬浮型”政权。作为中部农业型县城，罗田县主要以农业生产为主，工业结构较不发达，是国家级贫困县。为了在财税供给有限的情况下，有效回应基层社会衍生出来的诸多矛盾和纠纷，罗田县只能选择“激活社会”的路径，将村庄内部的地方性知识、资源和内生性权威动员起来，参与到乡村治理框架建构过程中，并且通过与县司法局的积极合作，将国家服务送到乡村社会内部，实现在家门口就把问题化解完、把纠纷处理好。

第三，乡镇治理规范化与农民法律服务需求灵活性存在较大张力。在现代化话语的总体支配下，规范化被视为现代化的代名词，基层社会治理现代化被理解成社会治理规范化，并且用规范化的程度来衡量现代化的水平。一般来说，基层治理规范化由于是以政府力量为主导的治理行为而具有较强的行政色彩。它尤其强调治理动力的科层传导和治理过程的程序主义，常常以物质性、量化性和可见性的硬指标来对治理过程和治理成果进行监管、核验和评估。虽然治理规范化能够让人看到治理绩效，但是它只能在社会事务比较清晰、简单，社会样态比较正规的情况下才比较适用。而转型乡村仍旧是一个模糊的、半正式的、情境性的乡村，无法被规范化的技术治理所包纳。

虽然从政府治理绩效评估的角度来看，罗田县司法局在传播法治思想、解决纠纷过程中比较规范和合规，但它实际上忽略了治理的根本目标在于满足乡村民众对于法律服务需求的低成本、低门槛获得。当这些规范化的文件、章程虽然上了村里村外的墙，但是没有也不可能走进民众的心里，法律文本虽然能轻而易得获取，但法律服务却难以满足。这种把“法律”高高挂起的规范化处理是脱离民众的日常生活世界的，对民众来说不具有亲和性和便利性。在此，需要说明的是，乡村民众对社会调解的需求其实包括两种，一种是国家法律，另一种是地方性知识。在利益比较密集且争议较大的纠纷事务上，他们往往更愿意采用法律手段，因为这种规范化的法律制度比已经丧失公共性的村干部更加具有可信度和权威感。但日常生活中的矛盾更多是琐碎的，是利益密度不大的。这个时候只需要利用传统的德治手段便可处理，相反，动则使用冰冷的法律会让民众付出可能更大的社会成本。与此同时，乡土民众对法律需求的偶发性和治理规范化也存在一定的差异，即民众在绝大部分时间里不需要通过法律来解决纠纷，而那些物质性的东西的存在是一种资源闲置和浪费。

第四，司法系统对本土治理资源的忽视。从基层来看，费孝通先生曾经描述的“以熟悉产生信任、以互惠生成伦理、以公心塑造道德”为表征的乡土社会景观，在以城镇化、市场化为表现形式的现代化要素的冲击下变得难以确认，以至于学界只好用“新乡土中国”“无主体熟人社会”乃至“后乡土中国”的概念来试图把握乡村社会变迁之势。当乡土社会底色正在淡化的时候，支撑礼治的社会基础和文化评价也随之弱化。如此，当前乡村社会滋生出来的新矛盾、新问题和新挑战将无法从道德规约和礼治传统中借力，获得低成本的解决方案。于是，有些人开始将眼光向外，试图将曾经“送不下来的法”以“迎接”的态度引入乡村，从而实现了农民对法治服务的期待和需求的激增。不过。中国社会系统的丰富性和复杂性是无法单纯通过法治这个媒介把握的，这从乡村治理法治化进展比较缓慢中可见一二。也就是说，传统社会结构的超稳定和文化记忆的连续性，仍旧对乡村社会秩序的运行逻辑施加影响。这意味着，作为现代化治理资源的法治体系在进入乡村社会时要有一个本土化的过程，与此同时，要将这种正式规则与地方性知识有机融合在一起。对照来看，罗田县司法局过去虽然有“送法下乡”的过程，也尝试进行了普法工作，但是这种“送”是机械的、是单向的、是文本性的，没有借助具体事件来提高“送法下乡”的效能，其结果便是，司法体系只能悬浮于乡村治理过程之外，而不得进入之法。

苏力在《法治及其本土资源》一书中，就针对这种情况提出了针对性论点，即乡村社会法治化的有效途径必然是依靠本土资源，来构建与乡村社会相适应的法治规范，这意味着，有效的乡村法治实践必须引导法治机制与乡村社会中仍发挥作用的乡规民约等非正式治理机制的融合①。当中国社会进入快速转型和文化变迁阶段时，无论是现代法律规章还是传统德治思想，都在影响着人们的行为逻辑和认知范式，都可能成为村民化解社会矛盾的基本手段。更为实质的是，礼与法的边界是模糊的，不清晰的，二者在乡村治理中不是一个替代性的关系，而应该是一个互补性的关系。改革开放以来乡村社会法治化的实践就是构建与乡村社会相适应的法治规范的实践过程，从这个意义上看，罗田县司法局由于过度强调法律服务的规范性，忽视对地方礼治资源的有效调配，从而大大制约了社会治理的有效性和行动空间。这是他们开展法务前沿工程的重要起点。

二、历史机缘与国家政策的相遇

套用马克思的说法，地方政府社会治理政策的创新并不是随心所欲的，也不是根据自己设定的条件而进行的，相反，它是从直接遇到的、过去继承下来的

① 参见苏力:《法治及其本土资源》，中国政法大学出版社 2004 年版。

条件中发展而来的。也就是说,作为地方司法部门的一次巨大创新,罗田县司法局的法务前沿工程并不是个别领导突发奇想的结果,也没有既成的治理经验可以照搬,相反,它是对地方发展困局和政策转型加以综合判断的结果。

从国家政策来看,从党的十一届三中全会到党的十四大,国家社会治理的重心在于放松对社会领域的管控,释放社会活力。从党的十四大到党的十六届四中全会,国家重点提出加强社会建设和管理,推进社会管理体制机制创新。十八届三中全会以后,国家提出了创新社会治理模式和总结地方社会治理经验的要求。从政策脉络上看,国家基层社会治理越来越强调对社会力量的培育与激活,强调治理资源、主体、规则的整合与融合,强调回应农民直接而且迫切的日常生活困顿和纠纷事务。恰好的是,基层司法行政工作所担负的每一项职能都与社会治理现代化密切相关:法制宣传职能营造和谐的法治环境,人民调解职能营造安定和谐的社会环境,社区矫正和安置帮教职能预防和减少重新犯罪,法律援助和法律服务实现社会公平正义。所有这些职能在推动乡村社会治理有效中具有不可替代的作用。

从历史机遇来说,借助改革开放的东风和发展红利,罗田县通过发展蚕桑、板栗、旅游三大支柱产业和以丝绸纺织、机械电子、医药化工、建筑建材、小水电、食品加工等六大系列为主体的工业生产体系,使全县的经济得到了迅速的发展。罗田县深谙马克思的经济基础与上层建筑的关系,即经济基础决定上层建筑的发展,上层建筑又反作用于经济基础。在经济建设有了一定的起色之后,建立"乡风文明、管理民主"的新农村逐渐提上了罗田县政府职能部门的工作日程。

正是国家社会治理政策的变革与罗田县"社会管理民主化、社会服务在地化"议题提升日程的相遇,作为一项基层社会治理模式创新的法务前沿工程才因时因地而生。

三、法务前沿工程的诞生

很大程度上讲,罗田县司法局创新社会管理模式的成果——法务前沿工程是政策转型与地方需求相结合的产物。罗田县共有约 60 万人,全县辖凤山镇、骆驼坳镇、大河岸镇、九资河镇、胜利镇、河铺镇、大崎镇、三里畈镇、匡河镇、白庙河镇、白莲河乡、平湖乡 10 个镇 2 个乡,共设置了十二个乡镇司法所,平均每个司法所管理约 5 万人。乡镇司法所是我国司法行政部门在地方的基层单位,其主要的工作职能是指导管理基层法律服务工作、协助基层政府处理社会矛盾纠纷、参与社会治安综合治理工作、完成上级司法行政机关和乡镇人民政府(街道办事处)交办的维护社会稳定等有关工作。不过,从 2005 年开始,罗田县陆续实行政府机关人员的精简化和压缩化，其中乡镇司法所的工作人员更是被压缩到了每个单位1～3人的人员配置规模。这种做法的后果便是整个基层司法部门的专业职能无法正常运转，其治理效能比较低下，甚至有些机关存在“有位空人”的情况。比如，按照原县司法局局长王国强的说法，“目前有社区矫正对象50多人，刑释解教人员400多人，几十万农民的普法任务，还有大量的矛盾纠纷排查化解任务，仅仅依靠我们基层司法所2～3人的力量，是没办法完成好这些工作的，即便能够开展，也会遭遇到相当大的阻力”，“虽然这些基层单位都有人管这些事务，但大多数是有其名而无其实，未能真正发挥出基层司法所触角广、信息灵、情况熟的优势”。

乡镇司法所受制于人力、物力以及农村矛盾纠纷类型的变化（来农村宅基地、承包地、经营活动的纠纷和邻里纠纷日益增多，矛盾越来越突出），在开展和提供服务的时候处处显得十分被动，提供法律服务的范围和广度也尤为不足。除此之外，之前让村级组织承担的职能也往往形同虚设，只有牌子和身份，没有行动和服务。比如，村里设置了村人民调解委员会，其行动理念是“不闹大[①]、不回应”以及“能不管的就不管”。再如，“社区矫正”这个词虽然在“村两委”班子成员的话语里，但没有落实到他们的行动中，甚至可以说在当地村庄就没有真正推行和落实过。这些不足都深深制约了基层司法行政工作的有序、高效和正常开展。

基于这样的现实条件，在乡村治理现代化的目标指向下，通过认真分析了农村社会发展的这些新形势、新情况，针对基层司法行政资源不足，维稳作用得不到充分发挥这一现状的情况，罗田县司法局开始思考把司法行政工作纳入社会治理的大格局中，按照依法治村的新要求，创新基层司法服务模式。于是，2007年12月，司法局提出了法务前沿工程的构想，随后开始在两个乡镇试行。

第三节　小　结

当前，我国处在传统社会与现代社会的过渡时期，是半现代化的。这种过渡阶段一方面制造出了诸多新问题、新挑战、新压力，另一方面使多种治理资源、规则和手段处在相互博弈、尚未定型的状态。仔细爬梳来看，传统时期的“德治传统”、农民自发创新的“自治制度”、现代化过程中的“法治体系”，并行交织、运转在中国乡村社会场域内部，时而冲突、时而整合。作为一个巨型国家，中国社会治理过程或道路必定是十分曲折的，没有行之有效的既成方案可以借

---

① 参见韩志明：《闹大现象的生产逻辑、社会效应和制度情境》，《理论与改革》2010年第1期。

鉴和套用。纠纷化解作为乡村社会治理的一个重要内容，虽然是个老议题，但是需要新答案。因为纠纷类型发生了变化、纠纷主体的性质发生了变化，纠纷的后果也发生了变化。这些变化是无法一股脑地被现有正式制度所吸纳和消解的，即使能够消解，也必然是高成本的，不可持续的，是不符合中国社会主义初级阶段的国情和民情的。其中，罗田县的法务前沿工程就是在把握变化的基础上开展的创新实践，就是在把握社会转型的过程中加以创新的，就是在"稳定"取向的治理观下的"求变"表现，就是为适应农村司法服务工作的新要求、新特点，推动行政工作由被动应付转为主动服务而做出的基层创新实践。进一步说，罗田县司法局的基层创新并不是凭空而起的，也不是毫无目标的，相反，其是面临多重转型的基层社会治理现实的产物，是为了解决法律问题增多与法律治理能力有限甚至低效的矛盾而出现的。

罗田县司法局创新法务前沿工程，不是县司法局领导灵光一闪的意识产物，而是这些扎根基层的服务型干部，在真切了解到农民在法律实务上的基本需要，真切想要提高基层法务为人民办事的行政效率后的创新之举。其根本宗旨就是希望在基层社会投放一种秩序，投放一个便民的服务平台。这项工程就是为了把司法所干警、村居干部、社会志愿者和其他社会组织等力量全部调动起来，通过居民自治和基层治理的渠道，应用于法制宣传教育、人民调解、社区矫正等多项工作。在这项工程中，法律不再显得那么高高在上，让人触不可及，让人心生畏惧，相反，基层法务人员通过各种机制、平台将它转化为一种民众能够理解、能够受益、能够参与的实践活动。而罗田县的法务前沿工程之所以能够启动、能够回应问题，归根结底是因为它深入了生活，走进了民间，服务了民众，运转了自治，强化了治理。毕竟，任何一项规则，包括法律，如果不能与百姓的生活相贴近，如果不能充分利用民众所在生活世界中的地方资源（德治资源、自治力量），那么，它要么陷入"空转"状态，要么反过来侵蚀自身。

从 2008 年算起，罗田县司法局主导的法务前沿工程实践已经走过了 13 载，获得了包括政界、学界和媒体界以及受益于该工程的普通民众在内的多重主体的称赞和支持，是符合当时地方社会需要和实际情况的，是顺应国际社会治理政策的。从这个角度来说，法务前沿工程创新实践可以算是中国基层社会治理实践的一个重要探索，是基层司法服务供给侧改革的一个尝试。当然，法务前沿工程的发展并不是一帆风顺的，也经历了自我改革和优化调整，甚至也面临后期可持续发展乏力等问题。尽管法务前沿工程在新时期、新形势下遭遇了这样或那样的挑战，但是我们不能以"一时的结果"来否定整个基层司法部门及其中之人的创新举动和为民之心，不能以暂时的发展乏力来否认曾经的功劳。在中国基层社会治理体系和能力现代化被提上日程之际，在基层社会已经迅速发展和普通民众参与意识快速觉醒之际，我们是时候对这场源于基层锐利创新、盛名一时的巨大工程——法务前沿工程进行必要的、详细的、整体的回顾。用习近平总书记的话来说，我们回顾过往，不是为了从成功中寻求慰藉、为回避今天面临的困难和问题寻找借口，而是为了总结历史经验，增强前进的勇气和力量，是为了“以古观今”，检视当前乡村治理可能存在的缺漏之处，以便筑牢再出发的基础。

一言蔽之，中国社会发生的种种变化不是一蹴而就的、一帆风顺的，它是由那些敢于稳中求变、稳中求进、稳中求好的群体，通过一点一滴的尝试、探索和总结推动的。虽然这些尝试不一定全部达成预期效果和发展目标，甚至有些成了一些失败的案例，导致了一些不如意的后果，但对中国社会治理现代化来说，这些无疑都是宝贵的财富，需要我们认真回顾和消化，需要我们反思与总结，需要我们拾起再出发的勇气和勇于创新的担当。

第二章　前期筹备(2005—2008年):从大胆构想到初步试点

第一节　实践初衷

一、针对治理痛点,补充实践力量

经济高速发展与社会矛盾高频发生,是转型期我国的显著特征。深入基层来看,社会矛盾更是层出不穷且错综复杂,"一刀切"的管理方式很难适应基层社情变革的现实,往往是旧矛盾未解,新冲突又生。转型期的农村社会更是凸显了涂尔干"失范"概念的深层含义,市场经济发展对我国以小农经济为特点的农村和农业的冲击、农业的低效和农民的相对收入下降、农村社会保障体系建设的严重滞后、大量剩余劳动力面临出路难题、村落"空心化"的出现、城市化的加速发展、征地拆迁中农民权益的受损及其利益诉求渠道的不畅、城乡居民收入差距的扩大等,都导致了我国农村社会矛盾进入了一个历史性的高发时期[①]。自古"皇权不下乡"和依靠乡规民约进行社会治理的窠臼思维极大制约了法律在基层农村解决问题的作用发挥和法制观念在人民群众心中的树立。熟人社会的解体,地方法律的落后,使基层农村在矛盾高发的时期并没有一个有效缓解和调节矛盾的机制,这使基层的社会治理陷入了窘境,社会不稳定的态势也愈演愈烈,极大影响和拖延了基层社会的民主法制进程和农村的现代化进程。

针对这样的治理现实,罗田县于2008年提出了一项名为法务前沿工程的构想。法务前沿工程致力于整合司法所干警、村干部、社会志愿者和其他社会组织等各种力量,多方参与社会治理,在基层农村搭建农民自己的矛盾调解和法律服务平台,实现矛盾的人民内部调解和消化,以维护社会的长期稳定。人民调解是我国独具特色的纠纷解决机制,是一项融合传统文化和历史特色的非

① 参见吴锦良:《基层社会治理》,中国人民大学出版社2013年版,第7页。

诉讼纠纷的解决方式，是我国宪法所确认的一项基层社会组织调解的法律制度。人民调解是依法治国的重要组成部分，也是实现群众自治、维护社会稳定的重要方法，充分发挥了加强社会主义民主和法治建设的重要作用。这个根植于中国大地、为中国民众尤其是基层民众广为熟知的矛盾纠纷的解决方式，因其独特的化解矛盾、消除纷争的非诉讼解决方式，成为解决矛盾纠纷的基本准则之一。在此基础上，法务前沿工程遵循政策指引，创新人民调解方式，力图利用基层司法力量，及时排查、发现矛盾，将调解工作化被动为主动，在尊重人民调解和纠纷当事人意愿原则的基础上，强调了调解工作的主动性，化被动为主动。当发现矛盾纠纷时，法务前沿工程的基层司法工作人员都有义务第一时间介入，在可控制的范围内，及时发现，及时调解，避免事态往更严重的方向发展。在调解方式上，法务前沿工程将形成把关式以及联调式的调解形式，根据不同的纠纷采用不同级别的调解模式，使“小事不出组、大事不出村、把矛盾化解在基层”。在调解完毕之后，及时采取回访的方式，对仍存在隐患的矛盾做好后续处理，稳定事态，使调解工作最有效果。工程通过加强人民调解工作，使人民内部矛盾和其他社会矛盾得到正确处理，社会各方面的利益关系得到妥善协调。

除做好矛盾调解工作外，法务前沿工程也承担着法制宣传、法律援助和社区矫正的职能。法务前沿工程诞生于“五五普法”时期，为深入贯彻国家普法工作的主旨和理念，按照“五五普法”的目标和任务要求，法务前沿工程旨在壮大普法队伍，革新原有的只有基层司法工作人员开展普法工作的局面，整合更多农村基层精英力量参与到普法工作中。通过定期培训，不断提高普法队伍的专业水平，特别是关注于农村重点领域的法律知识的运用。创新新形势下的普法宣传方式，真正提高农民群众的法律意识。通过履行法制宣传职能，广泛开展全民普法、依法治理的活动，不断推进民主法治建设。加大普法力度，提高广大民众的法律知晓度，致力于“依法治村”成为新农村建设中的重要一环，也是法务前沿工程推行的主要目标。

2001 年 3 月，九届全国人大四次会议通过的《国民经济和社会发展第十个五年计划纲要》第一次将法律援助制度写入国家的经济和社会总体发展规划之中，明确提出要“建立法律援助体系”，标志着我国法律援助事业一个新的发展阶段的开始。在民主法治建设稳步推进和人权事业健康发展的大背景下，党和国家将法律援助工作摆在了一个更加突出的位置。党的十六大明确提出要“积极开展法律援助”。2004 年到 2008 年，中国政府每年在全国人民代表大会上所作的《政府工作报告》都强调要“做好法律援助工作”。法律援助已经成为当前我国经济社会发展和构建社会主义和谐社会的一项重要工作，党中央、国务院将法律援助工作纳入社会经济发展大局。

2013 年 4 月,司法部提出《关于进一步推进法律援助工作的意见》,指出要切实做好新形势下法律援助维护群众合法权益的各项工作,更好地发挥法律援助在服务保障和改善民生、维护社会公平正义、促进社会和谐稳定中的职能作用,着力构建规范高效的法律援助管理体系和组织实施体系,做大、做强、做优法律援助事业,为推进平安中国和法治中国建设、促进经济持续健康发展做出新的贡献。基于此,在上级政策的重要指导和大力支持下,法务前沿工程的目的是解决罗田县法律援助面临的立法、供需、资金的三重困境,开辟一条法律援助的新道路,构建县、乡(镇)、村三级联合维权组织,为法律援助提供制度和组织保障,力图充分调动律师、村干部、村内精英的力量为法律援助工作注入新的活力。建立点面结合、全方位、多渠道的农民法律援助网络,充分发挥法务工作站的桥梁作用,将司法所和村干部、律师和村民有机联系起来。通过培训提高村法务工作站的工作人员的法律援助水平,司法所将会全力配合协助涉及实施法务前沿工程中的法律咨询、维权、调解等工作,通过律师、村干部、村民三者的有机互动为农民维权问题的解决提供充分的人力资源保障。

县级的法律援助中心和乡镇的法务前沿工作领导小组都有详细的维权目标考核体系,使农民维权由无序向有序转化。完善法律援助工作管理体制,配齐、配强管理人员,落实各级司法行政机关监督管理职责。开展法律援助机构和工作人员执业情况考评,规范法律援助机构运行,明确规定工作站的工作职责和服务范围等内容,建立案件受理、服务、诉讼、收费、结算等系统的维权管理制度。紧密结合当地实际,适应困难群众民生需求,及时调整法律援助补充事项范围。为外出务工的农民工、困难群众提供法律援助。提高法律援助服务质量。认真履行受理、审查、指派等组织实施职责,教育引导广大法律援助人员严格遵守法定程序和执业规范,确保提供符合标准的法律援助服务。通过加强法律服务工作,开展法律援助和农民工维权工作,保障法律的正确实施和当事人的合法权益,维护社会公平正义。

社区矫正是与监禁矫正相对的行刑方式,是指将符合社区矫正条件的罪犯置于社区内,由专门的国家机关在相关社会团体、民间组织以及社会志愿者的协助下,在判决、裁定或决定确定的期限内,矫正其犯罪心理和行为恶习,并促进其顺利回归社会的非监禁刑罚执行活动。社区矫正是积极利用各种社会资源、整合社会各方面力量,对罪行较轻、主观恶意性较小、社会危害性不大的罪犯或者经过监管改造、确有悔改表现、不致再危害社会的罪犯在社区中进行有针对性管理、教育和改造的工作。

2003 年 7 月,最高人民法院,最高人民检察院发布《最高人民法院、最高人民检察院、公安部、司法部关于开展社区矫正试点工作的通知》,通过开展试点工作,不断扩大社区矫正的适用范围,健全社区矫正组织体制,完善社区矫正工作措施，推动刑罚执行制度改革。在深化试点、总结经验的同时，积极推进社区矫正立法，实现社区矫正工作的规范化发展，提出社区矫正的适用范围和任务，各司法机关要共同做好社区矫正试点工作。至此，全国开启了社区矫正的试点工作。基于此，法务前沿工程旨在贯彻落实国家关于社区矫正的各项政策，也有效整合法务前沿工程中基层司法力量，加强对社区矫正人员的监管，改变农民群众对矫正对象的偏见，加强宣传教育，提高司法工作站工作人员的专业性，提高队伍综合素质，提高做好社区矫正工作的能力和水平，联合农民群众一起做好监管与监督的工作，实现“零距离”与“远距离”相结合的监管模式，通过吸纳社会志愿者帮助矫正对象实现社会化的过程，共同推动社区矫正工作的有序开展。法务前沿工程积极适应治理现实，主动探索变革路径，为处于转型期的基层农村社会治理提供了新思路、新经验。

二、破解自身制约，充分发挥基层优势

司法所作为基层司法工作运行的基础，在化解民间纠纷、解决人民内部矛盾、维护基层社会稳定、构建和谐社会方面发挥着十分重要的作用。进一步说，乡镇司法所是基层政权建设的重要组成部分和基层政法部门的主力军，主要的工作职能是指导、管理基层法务工作，协助基层政府处理社会矛盾纠纷，参与社会治安和综合治理工作，完成上级司法行政机关和乡镇人民政府(街道办事处)交办的维护社会稳定等有关任务，是服务基层发展、维护基层社会和谐稳定的重要力量。党中央、国务院高度重视司法所的建设。2006 年 1 月国务院常务会议审议并原则通过了《中西部地区基层派出所、乡镇司法所、人民法庭建设规划》。《规划》决定从 2004 年到 2008 年，中央安排 23.9 亿元资金，用于解决中西部地区乡镇司法所无房和危房问题，改善工作条件，为更好地履行执法任务奠定基础[①]。2006 年 10 月，党的十六届六中全会通过的《中共中央关于构建社会主义和谐社会若干重大问题的决定》明确提出“完善政法保障机制，加强公安派出所、司法所、人民法庭等基层基础建设，改革和加强社区警务工作，打造服务群众、维护稳定的第一线平台”[②]。2006 年 10 月，司法部印发《司法部关于进一步加强司法所建设的意见》，全面部署司法所建设任务[③]。

罗田县属湖北省黄冈市，全县共有约 60 万人，下辖凤山镇、骆驼坳镇、大河

---

① 参见《温家宝主持召开国务院常务会议》，《人民日报》，2006 年 1 月 26 日。

② 参见《中共中央关于构建社会主义和谐社会若干重大问题的决定》，《人民日报》，2006 年 10 月 19 日。

③ 参见《司法部关于进一步加强司法所建设的意见》，《中国司法》2006 年第 12 期。

岸镇、九资河镇、胜利镇、河铺镇、大崎镇、三里畈镇、匡河镇、白庙河镇、白莲河乡、平湖乡共 10 个镇 2 个乡,设十二个乡镇司法所。2005 年罗田县实行精简政府机关人员之后,乡镇司法所的工作人员被压缩到了每个单位 1～3 人,平均每个司法所管理约 5 万人。由于人力、物力的制约,乡镇司法所在开展有关工作时,往往是被动性地提供服务,服务的范围也较狭窄,在维护基层社会长期稳定方面无法成为有效力量,而有些需要村民委员会承担的职能更是形同虚设,村委会在日常工作中实际秉承着"可管可不管"的理念,这大大制约了基层司法工作的有效开展。

基于这样的现实条件,2007 年罗田县司法局提出了法务前沿工程构想,并于 2008 年 2 月,在河铺镇、匡河镇、白庙河镇等乡镇开展试点工作。法务前沿工程的核心理念是把司法所的权力下移,在农村搭建自己的法律服务和纠纷调解平台,在不增加政府职能部门办公人员的前提下,立足农村、依靠农村,整合司法所干警、村干部、社会志愿者和其他社会组织等各种力量,多方参与社会治理,做到"小事不出村,大事不出镇,矛盾不上交",实现矛盾的内部自我调解和消化,维护社会长期稳定。法务前沿工程重新定位农村基层各类司法行政主体的职能设置,重新搭建基层司法组织结构,能够有效促进基层司法行政工作的进一步发展,改善乡镇司法所工作人员承担过重行政工作的现状,真正发挥他们的专业能力,使正常的业务工作得以正常开展,并同时完善乡镇司法所的管理和服务功能,使乡镇司法所真正发挥作用,提高村民对于乡镇司法所工作的满意度。这个构想立足现实,理念新颖,基于如今农村基层的异质性和流动性特点,在农村已有的传统的乡规民俗、地方风俗习惯及宗族力量治村的习惯形成之下,积极适应农村社情和基层变革,更好实现村民自治。

2000 年 3 月,司法部发布《基层法律服务所管理办法》(司法部令第 59 号)和《基层法律服务工作者管理办法》(司法部令第 60 号),为发展和完善基层法律服务制度提供了可操作的具体指导,有助于提高基层服务工作的规范性和专业性,提升基层司法机关的管理水平,推动基层法务工作的有序发展,也标志着基层法律服务工作由此步入规范化、制度化的发展轨道。法务前沿工程基于基层司法工作规范化、制度化的发展路径,着力改进农村基层司法工作方法,将矛盾化解在基层,化解在"第一时间",同时发挥基层司法工作站的"触角"优势,为村民提供便捷的法律援助和法律咨询服务。在做好人民调解工作,了解村居民情,及时掌握矛盾情况并向上级汇报等方面,形成了一套完整高效的基层司法工作方法。法务前沿工程还运用"一加多"(即司法所加事件解决涉及的各部门)的跨部门协调工作方法,破解司法所自身力量不足的制约,通过组建多部门临时合作小组,强化各部门的沟通合作,突破了传统各部门之间职能不互通的窠臼,是法务前沿工程实现"上下贯通,左右协调"工作网络体系的一个重要平台，同时为司法所重新进行角色定位，实现从管理者向服务者的转变，提高工作和服务的主动性，为村民提供切合实际的司法服务。

网罗当地精英，把本村村民信任的中心户长、无职党员、退休干部、乡村教师、德高望重的老人和热心服务群众的老板等本地精英吸收到维稳队伍中来，使之成为法务前沿工程的志愿者，实现了以法务前沿工作站为依托，整合多方力量而形成的上有司法所干警，下有村民组长、中心户以及社会志愿者参与的工作格局，做到"人民调解为人民"。工程开展得到了上级机关的大力支持，县委、县政府明确职责分工，积极做好职能前移工作，加强对法务前沿工程的指导，各司法部门、政府部门各司其职以确保各项基层司法工作有效进行，也按照管理办法制定各项实施细则，将法务前沿工程纳入综治工作和绩效考核。多方力量汇集开展基层司法服务工作，做好法制宣传、人民调解、社区矫正、安置帮教和法律援助的工作，在没有根本性地改变机构和人员的情况下，用同样的人力、物力、财力为群众办更多的实事，处理更多的司法事件，维护农村基层的和谐与稳定。

三、大胆创新理念，积极探索实践

1998 年，《关于国务院机构改革方案的决定》强调，要把政府职能切实转变到宏观调控、社会管理和公共服务方面来。2002 年，中共十六大报告将社会管理明确为政府的四项主要职责之一，报告指出，要坚持打防结合、预防为主，落实社会治安综合治理的各项措施，改进社会管理。2003 年，中共十六届三中全会从完善社会主义市场的视角提出完善政府社会管理职能。2004 年，中共十六届四中全会通过的《中共中央关于加强党的执政能力建设的决定》提出，加强社会建设和管理，推进社会管理体制创新，并首次提出建立健全党委领导、政府负责、社会协同、公众参与的社会管理格局，标志着党对社会管理认识的深化。2005 年，中共十六届五中全会从行政管理体制改革的角度强调了加强社会管理的必要性。2006 年，中共十六届六中全会对加强社会管理的具体途径做出相关部署，其通过的《中共中央关于构建社会主义和谐社会若干重大问题的决定》指出，加强社会管理，维护社会稳定，是构建社会主义和谐社会的必然要求。

2007 年，中共十七大报告重申"健全党委领导、政府负责、社会协同、公众参与的社会管理格局"的同时，提出了三个"最大限度"的新要求。2008 年，中共十七届三中全会将"农村社会管理体系进一步完善"列为"2020 年农村改革发展基本任务"之一。2009 年，全国政法工作会议提出，紧紧抓住影响社会和谐稳定的源头性、根本性、基础性问题，深入推进社会矛盾化解、社会管理创新、公正廉洁执法三项重点工作。2010 年，党的十七届五中全会从建立健全基本公共服务体系的角度提出,加强和创新社会管理,正确处理人民内部矛盾,切实维护社会和谐稳定。2011 年,国家十二五规划指出,加强和创新社会管理,提高社会管理能力,创新社会管理体制机制,加快服务型政府建设,在服务中实施管理,在管理中体现服务,保持社会安定有序和充满活力。2012 年,党的十八大报告提出,在改善民生和创新社会管理中加强社会建设,加快形成党委领导、政府负责、社会协同、公众参与、法治保障的社会管理体制。

2013 年,中共十八届三中全会将推进国家治理现代化作为全面深化改革的总目标之一,并在文件中专列一章部署社会治理体制——“社会治理”首次出现在党的正式文件中,由此,中国治理体系由社会管理转型社会治理的时代已然到来。2014 年,政府工作报告提出,改进社会治理方式,坚持以人为本、依法依规、科学应对,既进行有效处置,又探索建立新机制,以提高社会治理水平。2016 年,国家十三五规划指出,加强和创新社会治理,加强社会治理基础制度建设,构建全民共建共享的社会治理格局,提高社会治理能力和水平,实现社会充满活力、安定和谐。

各地在中央政策指导下也在逐步进行治理实践的探索,且随着政策不断推进、完善,地方实践也在不断更新。2002 年,河北“青县模式”以政府为主导,推动社会治理的进行,扩充政府原有职能,以适应社会治理的新形势;2003 年,江苏“南通模式”由市、县、村等各级调解中心自上而下地构建矛盾纠纷调解工作六级网络;2004 年,四川“北川模式”整合乡镇行政执法派生机构,组建各级法律事务中心,实现乡镇、社区上下互动的运行方式;2005 年,福建“厦门模式”鼓励专业的调解组织和基层法务工作人员参与到调解中;同年,山东新泰“平安协会”由一支基层巡逻队转型为由乡镇政府牵头的群众自治组织,构建一套政府调控为主调,社会协调为辅助的社会治安立体防控体系。

2008 年,湖北省罗田县司法局提出的法务前沿工程构想,由当地政府领导,整合基层司法工作人员、村干部、社区志愿者等多方力量,建构法制宣传、人民调解、社区矫正、安置帮教、法律维权等多项基层司法服务为一体的综合法律服务体系,旨在深入探索社会治理的基层实践,使社会治理各项基本服务和权力部门下沉到基层,不断挖掘基层自治潜力,为之后各地的社会治理实践提供先进经验。

法务前沿工程是构建农村基层法律服务体系的一次有益探索,不仅仅有助于推动司法行政改革的进程,也有利于深化农村基层法治建设的内容要义。法务前沿工程的大胆探索,旨在在农村基层党委政府的领导下,基层司法行政机关依托村(居)民自治组织,整合基层司法机关、村(居)委会,社会志愿者等多方力量,构建法制教育、人民调解、法律援助、安置帮教、社区矫正、法律服务等多项服务于一体的服务体系,为农村社会经济发展和农民群众提供更优质、更便捷、更高效的法律服务。其中，建立“一所三中心”是服务体系的核心部分，“一所”即乡镇司法所，“三中心”即人民调解中心、法律服务援助中心和社区矫正帮扶安置中心，“一所三中心”的建立更有利于破解基层司法力量碎片化、无组织化的现状，有效整合农村基层维稳的各项资源，充分发挥多方维稳力量，满足农村居民的各项综合服务所需，使维稳力量与基层服务的各项需求相适应，实现维稳资源的有效供给，基层各层级共享司法服务的成果，共同承担相应的司法责任，进而实现维护基层社会和谐稳定的终极目标。2000 年 6 月，司法部发布《关于贯彻实施〈基层法律服务所管理办法〉和〈基层法律服务工作者管理办法〉若干问题的意见》(司发通〔2000〕066 号)，再次强调两个规章制度的重要意义，督促各地结合实际认真贯彻实施，有步骤地完成基层法律服务机构管理、基层法律服务执业队伍管理的规范化，体现了国家对于基层司法服务工作的高度重视，也为落实建构基层法律服务体系提出了具体要求，指明了具体方向。

作为农村基层司法服务的重要载体，法务前沿工程的实施是为了适应新时期社会治理的新要求和新形势而做出的有益探索，通过整合基层司法多方力量参与到基层法律和司法服务当中去，将“被动地给予”转型为“主动地服务”，法务前沿工程得以在基层搭建起高效、便捷、直接的法律服务平台，解决法律思维和法治观念触及基层群众的“最后一公里”问题。各基层法务前沿工作站作为“预警器、减压阀”，在群众遇到司法难题和司法诉求时，能够第一时间做出反应，认真接待谈心、调解矛盾纠纷、解决思想问题、讲述政策原则，让群众体验一站式司法服务。

作为农村基层司法服务体系，法务前沿工程力求密切党群干部关系，实现基层组织的司法力量最大化，力图为群众提供及时、便捷、高效的司法服务。在普法宣传方面，工程积极培育农村法治文化，深化法律普及程度，增强群众的法律意识，通过创新法制宣传方式，结合传统方式和新兴媒介使群众获得实用的法律知识，有效做好法律宣传工作，群众的日常生产生活得以在合法范围内开展。

在解决纠纷方面，基层司法组织整合多方调解资源，构建以人民调解为基础的“大调解”工作机制，建立纠纷解决新机制，强化纠纷预防机制，通过法制宣传引导农民群众采用合法和理性的方式方法解决矛盾和纠纷，避免因过激的维权方式引起本不必要的更大的矛盾纠纷；强化利益诉求表达机制，发挥好基层服务司法力量的专业性；协调群众间的利益关系，引导群众使用正确的维权方式，实现利益诉求渠道畅通无阻，化解更多现实遇到的各种矛盾，包括征地拆迁、劳动争议、家庭问题等，并且不断更新与纠纷相适应的解决方法。

在法律援助方面，工程在政府主导提供法律援助的基础之上，整合社会多方力量补足法律援助在新形势下的发展短板，构建社会力量广泛参与的“大法援"新机制,强化农村基层重点领域的法律援助机制,满足农民群众最迫切的法律援助需求,强化对农村留守群众的法律援助,保护农村基层弱势群体的合法权益。

在社区矫正方面,工程结合新趋势下与农村基层社会相适宜的矫正机制,建立心理疏导机制,搭建相关心理咨询平台,帮助社区服刑人员解决心理问题;建立"类管理"机制,根据具体矫正方案、不同类别的服刑人员进行分类分批矫正管理,实现矫正资源的合理配置;建立多方协作机制,充分发挥多方基层司法服务力量,将矫正机关行政人员、专业的司法人员、基层司法工作人员、志愿者、基层政府、矫正人员家庭有机结合,聚力完善社区矫正制度,着力提高社区矫正的实施效果,推动社区矫正人员更好地开展矫正工作。法务前沿工程极大补充了地方社会治理的短板,弥补了实践力量的不足,在不增加额外工作部门的情况下,充分调动官方和民间的各种资源并加以重新组织,便可成为基层维稳的主力,不仅能为地方的社会治理实践补充新力量,也可为我国的基层社会治理开辟新思路。

第二节　构想论证

一、理论指导实践,挖掘治理潜力

2002年,中共十六大报告将社会管理明确为政府的四项主要职责之一,报告指出,要坚持打防结合、预防为主,落实社会治安综合治理的各项措施,改进社会管理;2003年,中共十六届三中全会从完善社会主义市场的视角提出完善政府的社会管理职能,构建社会主义和谐社会这个重大战略任务。稳定不稳定,关键在基层,基层司法行政工作所担负的每一项职能都是构建社会主义和谐社会的基础:法制宣传职能营造和谐的法治环境,人民调解职能营造安定和谐的社会环境,社区矫正和安置帮教职能预防和减少重新犯罪,法律援助和法律服务实现社会公平正义。所有这些职能在构建社会主义和谐社会中具有不可替代的作用。

在法务前沿工程实施前,乡镇司法所的同志只能力所能及地处理一些有可能造成严重后果的纠纷,而从村(居)级组织来说,农村税费改革后,推动农村民主法治建设和维护农村社会稳定在其工作中所占据的比重越来越大,但由于缺乏一个强有力的工作机制和一个可以对其直接进行业务指导的机构,村级组织在推动基层民主法治建设、预防和化解矛盾纠纷以及预防和减少重新犯罪中的工作质量和工作效率相对还比较低下。

2005年罗田县实行精简政府机关人员之后，乡镇司法所的工作人员被压缩到了每个单位1～3人。罗田县共有约60万人，设立十二个乡镇司法所，平均每个司法所管理约5万人。由于人力、物力等各方面的制约，乡镇司法所在开展工作时，只能提供被动服务，服务的范围也较狭窄，而有些需要村民委员会承担的职能更是“形同虚设”，村民调解委员会的管事理念更是“可管可不管”，比如“社区矫正”这一块的工作，就没有在农村中推行，从而导致整个基层司法行政机关职能的低效化甚至缺位。基于这样的现实条件，2007年底罗田县司法局提出法务前沿工程构想，即由乡镇党委政府统一领导，在司法行政机关的指导下，以村(居)自治组织为依托，整合司法所干警、村(居)干部、社会志愿者和其他社会组织等各种力量，建设融法制宣传教育、人民调解、社区矫正、安置帮教、法律维权等多项工作为一体的，将司法行政管理职能下移到村(居)组织的综合服务体系。

2008年初，武汉大学社会学系组成课题组来罗田对法务前沿工程的初步构想进行专题论证，从理论上证明了法务前沿工程的可行性，为法务前沿工程的实施提供了理论支撑和指导。下面是当时调研过程中讨论形成的文字材料。

关于实施“法务前沿工程”的意见

维护社会稳定、构建社会主义和谐社会是我们党从全面建设小康社会，开创中国特色社会主义事业新局面的全局出发提出的一项重大任务，它适应了我国改革发展进入关键时期的客观要求，体现了广大人民群众的根本利益和共同愿望。司法行政机关是维护社会稳定、构建和谐社会的直接参与者，司法行政机关通过履行法制宣传职能，广泛开展全民普法、依法治理工作，不断推进民主法治建设；通过加强法律服务工作，开展律师辩护、诉讼代理及法律援助工作，保障法律正确实施和当事人的合法权益，维护社会公平正义；通过加强人民调解工作，使人民内部矛盾和其他社会矛盾得到正确处理，使社会各方面的利益关系得到妥善协调；加强社区矫正和安置帮教工作，减少和控制重新犯罪的发生，维护社会的安定有序。所有这些职能都是建设社会主义和谐社会的重要手段，对建设社会主义和谐社会有着直接的促进作用。为了充分发挥司法行政机关的职能作用，推进社会主义和谐建设，特制定本实施的意见：

(一)“法务前沿工程”的概念

以司法行政机关为主体，以村(居)自治组织为依托，以司法所干警为主力，以村组干部为骨干，以社会志愿者为补充，搭建村一级融法制宣传教育、人民调解、法律维权、安置帮教、社区矫正等多项工作为一体的综合服务平台,实现司法行政服务职能的延伸,促进和谐社会建设。

（二）实施“法务前沿工程”的重要意义

（1）有利于促进和谐家园建设。司法行政工作是建设社会主义和谐家园的必要内容和有机组成部分:社会主义和谐家园建设离不开法治的促进和保障作用,需要司法行政机关积极开展法制宣传教育,努力提供优质高效的法律服务和强有力的法律保障。按照“生产发展、生活宽裕、乡风文明、村容整洁、管理民主”的总体要求,发展农村生产力,促进农民增收,需要律师、公证、基层法律服务和法律援助的保障;加强民主法治建设、精神文明建设、保障农民民主权利,培育、造就新型农民,需要法制宣传教育和基层依法治理工作;推进和谐社会建设,保持农村社会稳定,需要切实加强人民调解、社区矫正、安置帮教等工作。因此,实施“法务前沿工程”,实现司法行政工作与社会主义和谐家园建设的有机统一,有利于推动和谐家园建设。

（2）实施“法务前沿工程”有利于民主法治建设。“法务前沿工程”面向基层、立足基层,在法律咨询、法制宣传、化解民间纠纷、防止“四无”事件的发生等方面都能发挥积极作用,有利于把矛盾激化率降到最低限度,把信访苗头化解在最基层,这对加强民主法治建设,加大依法治理工作力度,维护农村和社区政治稳定和社会安定都有积极的作用。

（3）“法务前沿工程”是实现司法行政各项基层工作的有效载体。将司法行政工作向社区、企业、村(居)委会延伸,“近距离”地防范重新犯罪,“零距离”地服务群众,第一时间化解各种矛盾纠纷,既方便群众,更有利于司法行政工作的开展。“法务前沿工程”是在新的历史条件下司法行政工作坚持党的群众路线的有效实现形式,是加强司法行政基层基础工作的重要载体,有利于把发挥司法行政基层工作职能与村(居)委会工作有机结合起来,在一定意义上讲是加强城乡基层政权建设的重要举措,对于推进社会主义和谐社会建设和社会主义新农村建设具有重要意义。

（三）实施“法务前沿工程”的必要性

（1）“法务前沿工程”是充分履行司法行政职能的需要。新时期政法工作的两项基本任务是“为改革发展创造和谐稳定的社会环境和公正高效的法治环境”,这既是政法工作的大局,也是司法行政机关的首要任务。胡锦涛在十六届三中全会上也强调,“完成改革的各项任务,必须保持和谐稳定的社会环境,没有稳定的社会环境,什么事情也干不成”。基层司法行政部门,承担着法制宣传,依法治理,法律服务,人民调解,安置帮教、社区矫正等十项职能任务。这些职能任务,是政法工作的两项基本任务的具体体现,发挥着其他政法部门不可替代的作用。但是基层司法行政部门警力不足，对于开展好这些工作产生了一定的阻力，像我们县，目前有社区矫正对象50多人、刑释解教人员400多人，有几十万农民的普法任务，还有大量的矛盾纠纷排查化解任务，仅仅依靠我们基层司法所2～3人的力量，是没办法完成好这些工作的，因此实施"法务前沿工程"，发动村一级自治组织参与，共同履行好职能，可以解决基层司法所警力不足的问题，符合充分发挥司法行政职能的实际。

(2)"法务前沿工程"是构建防控新平台的需要。对刑释解教人员和社区矫正人员进行安置帮教和监督管理，是基层司法行政工作的重要任务，是维护社会稳定，进而实践"三个代表"重要思想的具体体现，也是一项社会系统工程，更是天下第一难的工程。由于社会上对这些人员的偏见，甚至歧视，社区矫正人员和回归社会的刑释解教人员成了弱势群体，这就给矫正和安置帮教工作带来了很大的难度。维护社会稳定的工作任务相当繁重，靠司法所去唱"独角戏"或"包天下"显然行不通。因此，社区矫正和安置帮教工作必须走依靠群众的路子，齐抓共管，形成合力，构建新的防控平台。因此实施"法务前沿工程"，能充分整合、调动村(居)委会的有效力量，发挥群众的力量推动两项工作的开展。

(3)"法务前沿工程"是提高司法行政基层工作效率的需要。从现状看，基层司法所的工作都是社会性工作，其工作客体都在基层、社区、企业、村(居)委会，虽然这些基层单位都有人管这些事务，但大多数是有其名而无其实，未能真正发挥出基层司法所触角广、信息灵、情况熟的优势。因此，实施"法务前沿工程"，将司法行政职能与村(居)委会工作有效对接，基层司法所通过指导、管理辖区内的法务工作站，使之成为刑释解教人员的"帮教站"、社区矫正对象的"监督站"、掌握社情民意的"联络站"、化解矛盾纠纷的"调解站"、普法工作的"宣讲站"、外出务工农民工维权的"维权站"，有利于提高社会服务的水平，增强群众对司法所的信任和支持，促进司法所工作更顺利开展，能实现执政为民的要求，增强司法行政基层工作的活力。

(四) 运作机制

在村(居)委会设立法务工作站，站长由村(居)党支部书记或村(居)委会主任兼任，副站长由调委会主任兼任。实行法务工作站与调委会一套人马两块牌子，其日常工作由副站长负责，作为司法干警的辅助人员，在司法所的管理和指导下开展基层司法行政工作，建立村一级工作平台，使村一级工作有人管事且能够管事，形成县、乡(镇)、村(居)三级司法行政工作网络。

1. 服务范围

(1) 提供法律法规和政策书籍借阅；

(2) 做好矛盾纠纷排查化解的工作；

(3) 对本辖区内刑释解教人员、社区矫正对象进行监督管理和帮教感化工作,预防、减少重新犯罪;

(4) 开展以案说话和法制讲座活动,提高村民的法律素质;

(5) 为外出务工农民解决涉法问题,维护其合法权益;

(6) 为经济困难的农民提供法律援助。

2. 司法所责任人的职责

(1) 加强对法务工作站人员的业务培训和业务指导工作;

(2) 帮助法务工作站建立和健全工作台账,指导他们建立规范档案;

(3) 指导和管理法务工作站的日常工作;

(4) 开展对法务工作站的工作检查和考核工作。

3. 法务工作站的职责

(1) 对村级法律图书室的日常管理;

(2) 按照安排开展矛盾纠纷排查工作;

(3) 积极调解各类矛盾纠纷,确保一般矛盾、纠纷不出村;

(4) 开展法律进农户活动,组织村民学习法律法规和国家政策,提高村民的法律素质;

(5) 对本村刑释解教人员开展帮教活动,协助解决他们工作、生活中的实际问题;

(6) 监督管理本村社区矫正对象,及时反映他们的活动情况;

(7) 帮助外出务工人员联系法律服务人员解决其涉法问题,维护农民工的合法权益;

(8) 帮助村(居)民联系公证服务;

(9) 为经济困难的村(居)民联系法律援助服务;

(10) 定期上报工作开展情况,按时上报各种报表和材料。

4. 村级工作平台

(1) 总体要求是有办公室、有牌子、有办公桌椅等办公条件。

(2) 人民调解工作:

① 达到"五有""四落实""七上墙";

② 简单纠纷有登记,一般纠纷有档案、有纠纷排查登记。

(3) 安置帮教工作:有帮教对象花名册,有帮教活动记录。

(4) 社区矫正工作:有矫正对象花名册,有监管活动记录。

(5) 普法工作:有普法对象花名册,有集中学习记录。

(6) 维权工作:有外出务工人员花名册,有联系记录。

二、进行初步实践，争取多方支持

2008年2月，罗田县司法局在河铺镇、匡河镇、白庙河镇、胜利镇等乡镇进行法务前沿工程试点。试点村必须具备两个条件：第一，村干部热心负责；第二，村内拥有一定的试点的物质基础，比如办公条件、活动经费等。通过前期的具体实践，罗田县司法局探索出了一个比较规范的运行模式：乡镇司法所依托各村(居)自治组织建立法务工作站，与“两委”(村支部委员会和村民委员会)实行一套人马两块牌子，由“两委”主要负责人兼任站长，与法务前沿工程志愿者和其他社会力量一起，在司法所的指导下，开展本辖区法制宣传教育、人民调解、社区矫正、安置帮教、法律援助和法律维权等工作，使基层司法行政工作社会化，形成上有司法所干警，下有村民组长、中心户以及社会志愿者参与的工作格局，在没有根本性地改变机构和人员的情况下，用同样的人力、物力、财力为群众办更多的实事。

在试点工作取得成功的经验的基础上，2008年12月5日，县委、县政府、县人大以及县政协相关领导在河铺镇肖家垸村举行启动仪式，在全县启动法务前沿工程。2009年初，为了进一步开展法务前沿工程，罗田县司法局邀请武汉大学社会学系有关专家来罗田县调研，为此，社会学系的教授和研究生一行6人专程深入罗田县进行了为期一周的调研，根据法务前沿工程实施一年多的状况写出了《新农村建设中司法行政部门的创新管理机制：基于罗田县法务前沿工程的调查报告》，该报告主要就法务前沿工程提出的背景、运行机制及创新性、主要做法和试点效应进行了客观描述，并在充分肯定法务前沿工程实施意义的基础上提出了建议，为法务前沿工程在全县的推广提供了理论支撑。县委、县政府采纳了这份报告，并将法务前沿工程写入政府工作报告。

2009年3月，湖北省司法厅汪道胜厅长等到罗田县调研，对罗田县实施法务前沿工程的做法给予了肯定。2009年5月15日，县委办公室、县政府办公室印发《关于成立县“法务前沿工程”领导小组的通知》[①]。县级法务前沿工程领导机构的建立，意味着法务前沿工程被正式纳入制度化的轨道开展。5月18日罗田县召开了“全县全面推进法务前沿工程动员大会”，在会议上，县委副书记、政协主席兼法务前沿工程领导小组组长刘华强先生指出：“我县法务前沿工程经过一年多的试点后，已于今年进入全面实施阶段。经县委、县政府研究决定，今天召开全面推进法务前沿工程动员大会，主要目的就是要让大家进一步认识法务前沿工程的重大意义，增强大家抓好法务前沿工程的信心和决心，进一步推

---

① 参见罗田县司法局内部资料汇编：《法务前沿工程理论与实践》，2010，第84～86页。

动法务前沿工程的全面实施。”[1]省司法厅的蒋万彪处长、黄冈市司法局的殷怀中副局长出席了大会并做了讲话。这个新的治理模式引起了新华社记者方政军先生的注意,他写了报道发表在2009年7月23日的《国内动态清样》上,时任湖北省委书记罗清泉做出批示(见图2-1)。

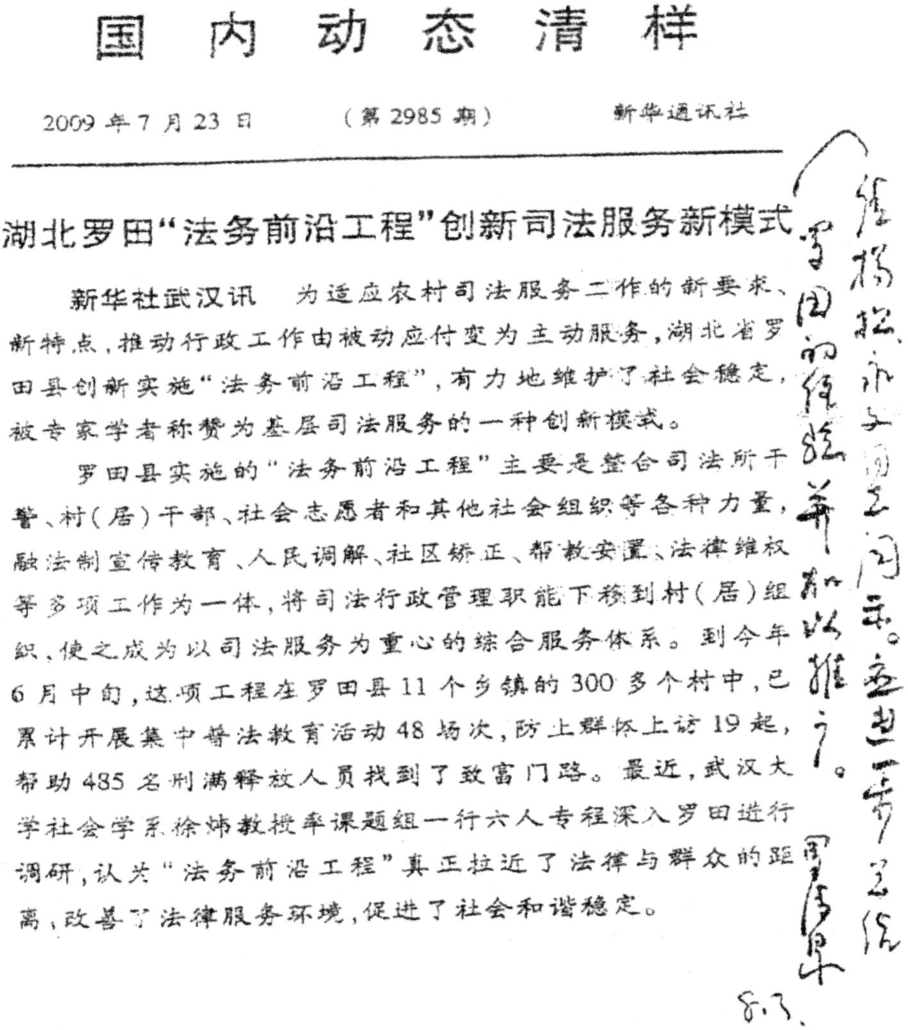

国内动态清样

2009年7月23日 (第2985期) 新华通讯社

湖北罗田“法务前沿工程”创新司法服务新模式

新华社武汉讯 为适应农村司法服务工作的新要求、新特点,推动行政工作由被动应付变为主动服务,湖北省罗田县创新实施“法务前沿工程”,有力地维护了社会稳定,被专家学者称赞为基层司法服务的一种创新模式。

罗田县实施的“法务前沿工程”主要是整合司法所干警、村(居)干部、社会志愿者和其他社会组织等各种力量,融法制宣传教育、人民调解、社区矫正、帮教安置、法律维权等多项工作为一体,将司法行政管理职能下移到村(居)组织,使之成为以司法服务为重心的综合服务体系。到今年6月中旬,这项工程在罗田县11个乡镇的300多个村中,已累计开展集中普法教育活动48场次,防止群体上访19起,帮助485名刑满释放人员找到了致富门路。最近,武汉大学社会学系徐炜教授率课题组一行六人专程深入罗田进行调研,认为“法务前沿工程”真正拉近了法律与群众的距离,改善了法律服务环境,促进了社会和谐稳定。

图2-1 《国内动态清样》的报道及批示

① 参见罗田县司法局内部资料汇编:《法务前沿工程理论与实践》,2010,第101～109页。

法务前沿工程作为一项创新的社会管理工程，受到各级部门的高度重视与肯定。原省委书记罗清泉表示“应进一步总结罗田县的经验并加以推广”①。

在全省加强司法所工作机制建设深入推进三项重点工作现场会上，司法部常务副部长陈训秋等领导先后做出批示，罗田县法务前沿工程是基层维稳工作的好模式，搭建了司法服务的新平台，值得学习推广。湖北省司法厅厅长汪道胜在大会上指出，罗田县实施的法务前沿工程符合湖北省的实际，代表了司法行政工作的发展方向。

2011 年 3 月 26 日至 27 日，司法部基层司副司长王学泽在省司法厅党委委员、副厅长刘治安，黄冈市司法局副局长殷怀中等陪同下，调研了罗田县法务前沿工程建设情况。王学泽同志在调研后，充分肯定了罗田县的法务前沿工程工作经验。他认为，法务前沿工程作为一项社会管理创新性工程，符合胡锦涛同志关于加强和创新社会管理的重要讲话精神，切合了三项重点工作的新要求，围绕中心，紧扣大局，具有前瞻性，是司法行政工作的一大创新，同时做到了理论支撑先行，工作常抓不懈怠，值得总结推广。

此外，罗田县的法务前沿工程也引起了学术界的关注及参与。武汉大学资深教授李龙同志对法务前沿工程给予高度评价：法务前沿工程是罗田县的光荣，也是湖北省的光荣。华中师范大学政治学研究院院长、中国问题研究中心主任、湖北省政治学会会长徐勇教授，省社科院院长宋亚平等专家也对法务前沿工程的探索和实践进行调研并给予了高度评价和肯定。徐勇教授指出，法务前沿工程是罗田县司法局的一项创新性工作，它通过搭建村（居）一级工作平台和广泛吸纳社会志愿者参与，变被动服务为主动介入，不仅使基层司法行政机关的各项职能得到更加充分的发挥，而且使城乡多了一个纠纷苗头的探测器、矛盾冲突的减压阀、社会动态的预警仪。法务前沿工程同时得到武汉大学社会学系系主任朱炳祥教授的高度肯定：法务前沿工程是对中国传统社会结构的深度洞察的创新。

最后，新闻媒体也对法务前沿工程做了广泛报道。《人民日报》《光明日报》、新华社、中央电视台、《法制日报》《湖北日报》、湖北电视台、《黄冈日报》等近 30 家媒体多次报道法务前沿工程。如新华社《国内动态清样》第 2985 期刊登了《湖北罗田“法务前沿工程”创新司法服务新模式》一文，介绍了罗田县开展法务前沿工程的做法和成效。司法部基层工作指导司的《基层工作简报》2009 年 10 月第 16 期（总第 358 期）刊登了《湖北省罗田县“法务前沿工程”创新司法行政工作新模式》，司法部常务副部长陈训秋同志做了批示——“我也看到罗田

---

① 参见罗田县司法局内部资料汇编：《法务前沿工程理论与实践》，2010，第 7 页。

经验的报道,请你们进一步研究探索,推广成功经验”[1]。

在法务前沿工程构想提出和实践的初期,各方专家学者及上级部门均给予了高度赞赏和殷切希望,认为工程不仅立足基层社会治理现实,且敢于探索创新,改变了老旧工作思维,充分挖掘了村民自治的潜力,这些看法为法务前沿工程的进一步实践和常态化运行奠定了坚实的理论基础。

第三节　乡镇试点

随着改革的不断深化,近年来农村宅基地、承包地、经营活动纠纷和邻里纠纷日益增多,社会矛盾越来越突出,严重影响了农村地区的社会安定,不利于长远发展。罗田县认真分析了该县农村地区所出现的各种新形势、新情况、新问题,认识到原有的管理模式已无法满足新形势下农村社会和谐发展的需要,所以在顺应国家发展的方针政策指导下,按照依法治村的新要求,自觉地把改善司法行政工作纳入了地区社会治理的大格局中,提出并实施了法务前沿工程,以创新基层司法服务模式,在地区充分发挥司法职能。

一、筹备、计划试点,保障运行基础

第一,政府高度重视。基于罗田县乡镇司法所人员不足、服务被动、服务范围较窄、工作人员态度较为消极,基层司法职能优势没有充分发挥的情况,罗田县司法局在2007年提出了法务前沿工程构想,并在2008年初由武汉大学社会学系组成的课题组在罗田县对法务前沿工程初步构想进行了专题论证,从理论上证明了法务前沿工程的可行性之后,罗田县司法局于2008年1月出台了《关于实施“法务前沿工程”试点工作的意见》,再从村干部是否热心负责以及村内的物质基础水平两个方面对村庄进行了评估然后选定试点村。

在试点工作开始之前,罗田县就提出各级党委要高度重视法务前沿工程的要求,要求各级党委、政府首先从思想上高度重视法务前沿工程,其次从行动上加大对法务前沿工程的领导和支持,把法务前沿工程纳入重要议事日程,认真研究部署;对法务前沿工程中出现的任何问题都要及时研究解决,特别是要切实解决好工作过程中遇到的人力、物力、财力等方面的困难,要建立检查、考核、激励机制;将法务前沿工程试点工作纳入社会治安综合治理考核范围,与

① 参见罗田县司法局内部资料汇编:《法务前沿工程理论与实践》,2010,第9页。

具体工作人员的工资挂钩,然后根据乡镇的实际情况制订可行的实施方案、完善工作举措,以做到上下联动、优势互补,确保法务前沿工程取得实际有效的效果。

第二,领导小组分工。罗田县委成立了以县委副书记、县政协主席刘华强同志为组长的法务前沿工程领导小组,其中包括多位县级领导以及十多位相关县直部门负责同志和所有乡镇分管领导,并且建立办公室,研究制定了《关于全面实施法务前沿工程的意见》,对法务前沿工程工作的实施提出了明确、具体的要求。各乡镇依托乡镇“两办”,成立乡镇司法前沿工程领导小组,各村则依托人民调解委员会和治保委员会成立法务前沿工作站,由“两委”主要负责人兼任站长,整合司法所干警、村干部、社会志愿者等各种力量,建立了由县委、县政府统一领导,职能部门主抓,乡镇、村(居)共同管理的工作网络。同时,为稳步推进法务前沿工程的开展,强化工作人员的责任意识,经研究决定,实行“局领导带工作组”的方式来联系乡镇和示范村(居)工作。工作组主要负责指导乡镇实施法务前沿工程,协调、解决好在实施中出现的各种问题,确保县委的要求落到实处,并且协助司法所做好示范村(居)的工作,使其更好开展常规工作的同时,帮助指导其他村(特别是公路沿线村)法务站正常开展工作;同时积极进行调研、反馈工作开展实况、总结好工作经验。法务前沿工程通过将工作情况与年终考核挂钩的措施,促进各工作组全体人员深入联系乡镇和村(居)法务站,扎实有效地开展各项工作(见表 2-1)。

表 2-1 各乡镇工作组联系情况安排表

联系组领导	联系村(居)人员	被联系单位
组长:晏爱平		凤山镇
副组长:晏月平	晏爱平、晏月平	土门坳
	方斌	金马社区
	张玉平	栗子坳
	涂娅	丰衣坳
组长:李红扬		骆驼坳镇
副组长:方锋	李红扬、高新莉	赵家垸
	方锋	学堂村
	胡德文	茶园冲
组长:叶志明		白莲河乡
副组长:熊必书	叶志明、熊必书	叶冲新村

续表

联系组领导	联系村(居)人员	被联系单位
	余玉林	覆钟地
组长:彭传家		匡河镇
副组长:周新平	彭传家、周新平	匡河村
	赵志义	蒙蒙山
	郑卫国	大畈坪
组长:王力争		大河岸镇
副组长:戴小辉	王力争	高庙
	戴小辉	磙石坳
	潘新国	月山庙
组长:彭传家		白庙河镇
副组长:方斌	彭传家、方斌	枫树铺
	廖家富	白庙河村
	余斌	眠牛地
组长:熊爱云		九资河镇
副组长:肖竹飞	熊爱云	圣人堂
	肖竹飞	九资河
	熊克续	麒麟畈
组长:廖祥应		胜利镇
副组长:徐灿	廖祥应、徐灿	胜利村
	闫亚妹	金家河
	刘卫军	固基河
组长:廖祥应		河铺镇
副组长:王金钊	廖祥应、王金钊	大河埂
	胡静	枫香树
	刘勇	林家咀
组长:晏爱平		平湖乡
副组长:秦县春	晏爱平、秦县春	平湖村
	徐淑君	东冲畈

续表

联系组领导	联系村(居)人员	被联系单位
	李汉文	丁家套
组长:李红扬		三里畈镇
副组长:何超	李红扬、何超	走马岗
	刘海炎	新桥
	林侃	太平桥
组长:叶志明		大崎镇
副组长:张瑛	叶志明、张瑛	刘家庙
	胡利华	项家河
	游志龙	乱石窠

第三,进行资源整合,建设工作阵地。法务前沿工程的施行对司法行政部门的工作提出了更高的要求,对各村"两委"来说也是新的挑战。各村"两委"需要及时加强法务前沿工程的阵地建设,确定办公场所,完善各项规章制度以保证工作开展得扎实有效,使法务前沿工程真正成为能够有效维护社会稳定的有效机制、成为服务群众的重要平台。

各村依托"两委"成立的法务前沿工作站,有效整合了司法干警、村干部和社会志愿者等人力资源,以村级工作站为载体开展法制宣传、人民调解、安置帮教、社区矫正、法律维权等多项法务工作,并且在村党支部、村委会的领导以及司法所的管理和指导下,依托"村两委"设立法务工作站,实行法务工作站与"村两委"一套人马两块牌子,由"两委"主任兼任站长,在社会志愿者的帮助下负责具体日常工作、辅助司法干警、工作人员进行基层司法行政工作。建立村一级的司法行政平台,使村一级司法行政工作有人能够管事,从而促进县、乡(镇)、村(居)三级司法行政工作网络的形成。

第四,领导小组先行。为了指导法务前沿工程试点工作的开展,县局成立由支部书记晏爱平同志任组长,副局长彭传家为副组长,秦县春、方斌、周新平、张瑛为成员的法务前沿工程试点工作领导小组,领导小组办公室设在基层股,负责具体日常工作[①]。各司法所也积极争取当地党委、政府的支持和重视,加强对法务前沿工程试点工作在组织领导以及人力、物力上的支持,并且为了激励工作人员更好地工作,建立了检查、考核、激励机制,将法务前沿工程试点工作

① 参见罗田县司法局内部资料汇编:《法务前沿工程理论与实践》,2010,第140页。

纳入社会治安综合治理考核范围,与其具体工资挂钩,然后根据乡镇实际情况,制订有效可行的实施方案,再确定一至两个村开展试点工作。

法务前沿工程是一项全新的尝试,需要大胆创新,也需要积极稳妥地施行,需要保持警惕,及时发现在试点工作中出现的任何问题并且马上进行研究寻找解决办法,促进工作举措不断完善,做到上下联动、优势互补,立足于"一加多"的跨部门协调工作模式,变司法管理为服务。其次,在处理跨部门、跨单位的事件时,司法所除了做好职责范围之内的事情之外,还需要发挥其协调作用,加强与其他各单位之间的联系,打造一个有效的工作网络平台,协助各相关单位共同处理好复杂事件。基层司法行政部门也要认真履行其职责,密切与各村委会联系,加强对各村工作的业务指导、规范工作台账,完善工作制度、措施并切实履行,其他相关职责的各政法部门也要积极参与法务前沿工程,在司法行政机关履行职能时积极配合其工作,确保法务前沿工程顺利开展。

第五,吸纳社会力量。罗田县根据县内农村面积大、人口多、乡镇(村)内维稳人手太少,但村内部"明白人"多,从事群众工作热心并且声望较高的实际情况,把受到本村村民信任的中心户长、乡村教师、无职党员、退休干部、德高望重的老人以及热心服务群众的其他人员等本地精英吸纳到乡镇维稳队伍中来,让村内力量成为法务前沿工程的志愿者,然后对这些志愿者进行培训和教育让其成为村法务工作实施中的重要力量,与乡、村干部一同在村内广泛宣传法律知识,积极与村民沟通了解村民需求、调解邻里纠纷,主动反馈各种信息,热心细致地做好社区矫正与帮教工作,成为村内、社区快速有效的维稳力量。

二、乡镇试点先行,促进全面铺开

(一) 试点概况:立足农村、整合多方资源跨部门协调工作

2008年2月,罗田县司法局在河铺镇、匡河镇、白庙河镇、胜利镇等乡镇进行试点,要求试点村必须具备两个条件:第一,村干部热心负责;第二,村内拥有一定的如办公条件、活动经费等的物质基础。试点工作旨在通过试点对法务前沿工程进行具体实践。法务前沿工程倡导的是把司法所的权力下移,在不增加政府职能部门工作人员的前提下依靠农村本身,以村委会为依托,整合司法所干警、村干部、社会志愿者等各种力量,建设融法制宣传教育、人民调解、社区矫正、安置帮教、法律维权等多项工作为一体的将司法行政服务职能下移到村(居)级的综合服务体系,通过在农村搭建属于村民自己的服务平台,完善和拓展其自我职能,从而防止基层法治理念和法治方式形式化、部门化、手段化。法务前沿工程重新定位农村的基层各类司法行政主体的职能设置,通过构建基层

司法组织的结构和法律地位，发挥基层司法职能优势，基于农村基层传统的乡规民俗、地方风俗习惯及地方宗族力量治村，适应农村社会和基层变革，更好地实现村民自治，从而通过强化基层司法职能有效促进基层司法行政工作进一步发展，改善乡镇司法所人员不足、工作过重的现状，让工作人员真正发挥其专业能力，让司法所正常的业务工作得以正常开展，以提高乡镇司法所的管理和服务功能，同时提高村民对于乡镇司法所工作的满意度，使乡镇司法所真正发挥作用。

试点工作的具体情况如下：首先，在县司法局设法务前沿工程试点领导小组，并且设组长和副组长，领导小组办公室设在司法局的基层股，县司法局负责相关政策的制定和方向引导的工作，是一个形而上的指导机构；其次，在乡镇司法所同样设法务前沿工程试点领导小组，设组长，领导小组办公室设在司法所，设办公室主任，由所长担任，乡镇司法所负责对地方工作站提供相关业务的指导和培训、协助以及扮演跨部门协调的联系中介等工作，是整个法务前沿工程的中枢指导中心；再次，依托村人民调解委员会和治安保卫委员会成立法务前沿工作站，由“两委”主任兼任站长，成员由司法干警、村干部和社会志愿者等组成，村工作站是整个法务前沿工程司法所延伸其职能、下移其权力的载体，承担着整个工程的具体操作，关乎着工程的成与败，但是，由于村工作站是依托村“两委”成立的，村“两委”是村委会的附属单位，即它们是村民自治性质的，司法所与村“两委”不是领导与被领导的关系，对其没有直接的管理权和监督权，对此，罗田县出台了《关于全县实行宗旨工作与乡(镇)干部工作挂钩的实施细则》，把村主要干部的工资与其工作考核情况挂钩，实行绩效工资，有力地监督和促进了村干部的工作；最后，村民中的中心户长被编为工作站的信息联络员，他们就像章鱼的腕一样把工作站的工作和信息传播到每家每户。依托这个复杂的组织结构，罗田县法务前沿工程试点领导小组建构了一套有地方经验的工作网络体系，即以乡(镇)、村、组三者为中心，形成“横到边，纵到垸，上下贯通，左右协调，依托基层，多方参与”的工作网络体系，为法务前沿工程试点工作的顺利展开提供了体系保障，为工作的全面铺开奠定实验基础。

法务前沿工程，本着科学发展观，克服司法所人力不足的缺陷，依照新农村建设的二十字方针，在司法行政管理部门内创新了管理和服务机制，可以概括地从以下三个方面来看。

第一，在不增加政府职能部门办公人员的前提下，立足农村、依靠农村，下移司法所权力，在农村搭建自己的服务平台，完善和拓展了自我职能。一直以来，因为各种客观条件的制约，无论是从服务的量，还是质来说，司法所在农村工作的深入程度都不尽如人意。法务前沿工程，倡导把司法所的权力下移，在农村克隆一个类似其服务功能的机体。这种举措，从司法行政部门来说，使其管理和服务功能得到了强化和完善;从广大受益的群众来说,在农村的社情发生了巨大的变化后,传统的乡规民俗、地方风俗习惯及宗族力量治村的习惯逐渐被时代抛弃,而依法自治乃大势所趋,法务前沿工程,实时地回应了农村社区变革的要求,更好地服务了村民自治。

第二,整合多方力量的参与,实现了社会资源的优化配置。“法务前沿工程”整合司法所干警、村干部、社会志愿者等各种力量,把各种可以利用的资源都纳入这个机制,村干部替代作用让农村的法律服务得到了保障,同时,司法干警的参与和业务指导保证了整个服务的专业性,社会志愿者的参与则更大程度地使公平、公正在农村兑现。“法务前沿”工程的决策不仅依据了“政治价值”“法律价值”,也注重为民减负大环境下的“经济理性”,优化了各种社会资源的配置。

第三,以“一加多”的跨部门协调工作模式,变管理为服务。法务前沿工程试点以前,司法所由于自身条件的制约,扮演的是一个管理者的角色,极少真正地把各项政策操作化;试点之后,司法所重新定位自我角色,一改僵硬的“父母官”形象,蜕变为贴心的服务者,变管理为服务,主动采取行动,与民方便。其次,在处理跨单位、跨部门的事件时,司法所除了做好职责之内的事外,积极地联系各家单位,快速地组建一个多部门的协调工作临时合作小组,加强部门间的合作与联系,突破了传统各司其职的窠臼,成为法务前沿工程实现“上下贯通,左右协调”工作网络体系的一个重要平台①,为全面铺开奠定实验基础。

(二) 主要做法

1. 普法宣传教育

罗田县司法部门以村法务前沿工作站为平台,整合资源、创新形式、健全网络,在法制教育宣传上形成了一套具有特色的工作方法。

第一,壮大普法队伍,克服人员不足,以村法务前沿工作站为平台进行普法宣传。在开展法务前沿工程之前,法制教育及宣传是由司法所组织、村委会协助进行的。此时司法工作人员是主要的法制宣传人员,由于工作人员精力有限,此时的普法教育普及面较窄、频率较低,不能满足新农村建设的发展需要。对此,罗田县积极吸纳各种力量,提出将中心户长、退休干部、教师以及党员等村内的精英群体组织起来的想法,壮大了村内普法教育的队伍,解决此前工作人员不足的问题。

第二,培训普法人员,保证工作的专业性及科学性。法务前沿工程的特点

① 参见罗田县司法局内部资料汇编:《法务前沿工程理论与实践》,2010,第14~17页。

在于发动地方力量来自主解决问题，在事件发生的第一时间就化解纠纷，从而真正落实法律管理服务。权力的下移会增加服务非专业化的可能性，为了在保证服务效率的同时保证普法工作的质量，定期对普法人员进行相关法律培训就必不可少。对此，作为试点的两个乡镇，每年会在镇里对普法人员进行两次培训，培训内容主要为农村常用的各种法规、条例，参训的人员主要为各村的民调主任以及调解员等，并且每次培训都会进行考核，对于考核不过的人员，予以继续培训并且暂不上任的安排。村里的干部一般是三年一任期，在任期内，每年都要接受两次培训从而达到更新和巩固法律知识的目的，通过考核之后再回到各村向村民传授所学到的法律知识。除此之外，县司法局和乡镇司法所也会不定期地开展针对地方的普法宣传教育活动。以上措施都是为了保证工作站在村开展法务工作的科学性以及专业性。

第三，创新法制宣传教育形式。采取群众接受度更高的普法宣传形式也是大大增强普法作用的方式之一。传统的普法形式一般是通过开座谈会，借助书籍、电视、电台等方式进行的，已经不能满足进步之后的时代的需要了。法务前沿工程实施后，在保留原有的有效方法的基础之上，将普法知识的宣传形式进行了创新，如免费为农民发放法律书籍以及资料，发挥各村小组组长及村委会的作用，定期将农民的疑问以及所需要的法律知识收集起来然后请罗田县司法局、电大、党校等的具有专业知识的工作人员来为大家答疑解惑，以及让村工作人员在为农民提供其他服务或做民调工作时，以案说法，将法律专业知识融入各项工作。同时，举办能调动群众积极性的活动，如法律知识竞赛、法律赶集以及法制文艺演出等，在丰富群众业余生活的同时进行法制教育宣传。

第四，把握时代变化、落实依法治村。传统的中国社会是一个“礼治”的社会①，农村社会中的“人情关系”一直在我国法制史上占据着重要地位。随着市场经济的发展、人们思想的不断丰富，民众的利益取向逐渐由情感至上转变为经济理性至上，传统的观念正在被人们抛弃。这就给地方政府部门在对农村地区进行管理和服务时提出了一个新课题，因此，加强普法力度、提高广大群众的法律意识、丰富法律知识从而达到“依法治村”的目的也就成了新农村建设中的重要一环，也是法务前沿工程推行的首要目标。

2. 人民调解工作

被西方称为“东方经验”的中国的人民调解，是我国独具特色的通过非诉讼方式来解决纠纷的一种机制，指的是在民间纠纷出现时利用民间力量来化解当事人矛盾而不是通过法庭以及其他行政机关的纠纷调解方式。人民调解是我

① 参见费孝通：《乡土中国》，上海人民出版社 2007 年版。

国宪法所确认的一项基层社会组织调解的法律制度,是依法治国的重要组成部分,也是实现群众自治、维护社会稳定的重要方法,已经成为我国解决矛盾纠纷的基本准则之一。法务前沿工程试行之后,罗田县的人民调解工作也有了一些进步,主要在于调解工作更具有主动性。当发现纠纷时整个调委会的人员都须第一时间介入,首先稳定当时的局面,然后看当事人的意愿决定是否接受调解以及达成怎样的协议。整个过程的重点不仅在于"调",更在于"发现"以及"解"。此时,人民调解主要有以下几个步骤。

第一,发现矛盾。近年来,人民之间的纠纷除了邻里矛盾、家庭内部矛盾、灌溉用水纠纷之外,也突显了一些如地界、山间林地纠纷,宅基地纠纷,劳资纠纷的新型矛盾纠纷。根据这种情况,村法务前沿工作站采取的做法是在村内进行定期与不定期排查,将排查过程中发现的各种潜在矛盾纠纷扼杀在萌芽状态。

第二,致力化解矛盾。矛盾的调解才是整个人民调解工作的重点,随着经济的发展,农村的纠纷越来越复杂并且多元化,因此,罗田县在调解过程中形成了中心户长把关、村调委把关以及联调式的调解形式,将纠纷情况大致分类,不同的纠纷采取不同级别的调解模式,致力于把矛盾化解在基层。

第三,回访。回访的目的是防止矛盾没有真正解决的情况出现,通过回访了解纠纷双方的最新情况,对仍有隐患的事情及时处理,不使矛盾深化。

3. 社区矫正工作

社区矫正是一种与监禁矫正相对的行刑方式,主要实施于罪行较轻、社会危害性不大的罪犯或者经过监管改造、确有悔改表现、不致再危害社会的犯罪人员,指的是将符合社区矫正条件的犯罪人员置于社区,不用与社会隔离,并且利用社区资源在社区中通过针对性管理对其进行改造,从而促进其顺利回归社会的一种非监禁执法活动。

罗田县的社区矫正工作是在2007年才纳入司法所的职责范围的,在此之前,社区矫正工作是由公安机关交所在单位或基层组织来承担的。法务前沿工程开展之前,罗田县因为矫正对象多住在农村,司法所对其的监管作用比较弱,加之村委及村民对矫正对象多存有刻板印象,所以社区矫正工作在农村地区一直处于缺位状态。法务前沿工程试行之后,司法所干警通过对法务前沿工作站的工作人员进行培训和宣传教育,改变了他们的认识,并且借助他们的力量推进了整个社区矫正工作的开展[①]。

第一,司法部门:培训与宣传。社区矫正工作需要具备一定的法律知识和

① 参见罗田县司法局内部资料汇编:《法务前沿工程理论与实践》,2010,第22页。

工作技巧，因此，社区矫正工作需要高素质、懂业务的工作团队作为取得成功的有力保障。罗田县司法局在法务前沿工程实施之初就对法务工作者和村民精英进行了培训，培训后，法务工作者和村民精英首先对“社区矫正”有了更清楚的认识，然后又可以将培训所学到的知识告知其他村民。如此，在司法工作者的推动下，工作站和村民在面对矫正对象时更能做出正确的行动，并且工作站的工作者也能更有计划地对矫正对象进行监管，村民也可以更有效地在日常生活中对矫正对象进行无形的监督。

第二，村工作站：合理监管。村民民主选举选出来的村干部即为村法务前沿工作站的工作人员，他们对社区矫正对象“知根知底”。所以由他们来承担之前由司法所干警负责的矫正工作具有一定的优势，如工作站工作人员对矫正人员的经历以及犯罪原因、过程等较清楚，更好做思想工作；监管者和受监管者住同一个社区，更方便接触矫正对象并及时掌握其动态，可以及时加强监管，预防其重新犯罪。值得一提的是，针对近年来矫正对象外出打工的现象，村法务工作站也对他们采取了一种新的监管方式：流动性的监管，即定期给法务工作站的人员打电话汇报思想动态，以及在节假日的时候回村做思想汇报。以上两种方式可以使工作人员及时掌握在外务工的矫正对象的思想状态，预防其再次犯罪。

第三，群众：社会志愿者。在罗田县社区矫正体制中，每个矫正对象都有三个矫正志愿者，这些志愿者不同于一般的志愿者，他们是矫正对象熟悉的人，包括矫正对象所在村的村干部、党员、退休干部、中心户长以及该对象的亲属等。其中，矫正对象的亲属和村干部是一定要有的，其次是中心户长，这些人都是当地的精英，在矫正工作中与大学生、专家等具有高等学历的志愿者相比有一定的优势：因其与矫正对象较为熟悉，所以更容易取得对方的信任，便于开展帮教活动，而且熟悉的志愿者更了解矫正对象的情况，可以根据情况开展一些个别化的服务；最后，熟悉的志愿者大多与矫正对象在日常生活中接触比较多，可以及时了解矫正对象的动态从而上报，更方便相关司法部门和法务工作站及时了解矫正对象的情况、改造其思想。

4. 安置帮教工作

安置帮教，指的是对刑满释放、解除劳教者进行安置和帮教，是一种非强制性的引导、扶助、教育、管理制度，是对我国刑法“惩罚与教育相结合”原则的重要补充，也是减少刑满释放和解除劳教人员再次犯罪的重要举措。它不属于刑罚的执行，不具有刑事制裁性和惩罚性。相反，刑释解教人员有权获得应有的社会保护，国家也有义务立法对安置帮教制度进行系统的制定，来帮助刑释解教人员回归社会。

安置帮教与社区矫正有相似的部分。首先内容相似,安置帮教制度和社区矫正都要求对其对象给予法制教育、思想教育、心理矫正,以及妥善安置生活和就业、提供法律援助、帮助维护合法权益等,尤其是在帮助对象尽早改过自新,重新回归社会,不再犯罪等方面极其相似;其次,目标一致,安置帮教是为了帮助刑释解教人员完成改造,成为真正有益于社会的人,实现再社会化,社区矫正是为了加速服刑人员再社会化进程,使其较快地成为遵纪守法、有益于社会的人,两者的最终目的都是改造人,预防和减少犯罪;最后,方式相同,二者都具有强制性质的工作交接、工作登记、信息管理,以及专门性的主体机构负责组织实施。

由于帮教对象情况的敏感性,安置帮教一直是农村地区比较棘手的工作,法务前沿工程的开展主要通过以下做法,有效帮助罗田县改善了情况。

第一,创新管理机制。安置帮教对象容易受到犯罪亚文化的影响并且在生活中面临着很大的社会压力,所以合理对其进行安置以及监管就特别重要。在法务前沿工程实施之前安置帮教工作由乡镇的司法所完成。由于人员不足,帮教工作并不能很好地完成。法务前沿工程开展之后,罗田县在人员没有增加的情况下通过创新管理机制改善了以往的情况,首先将县、乡镇、村三级结合起来形成帮教网络,并且在村一级成立安置帮教小组,由党支部、调委会、治保会以及帮教对象的家属组成,以完成和乡镇一级的对接工作。在此基础上,罗田县还形成了一套有效的工作体系和工作制度,促进帮教管理工作网络的完善。

第二,明确责任人,制定奖惩制度。建立"五帮一"责任制是法务前沿工程针对安置帮教工作的另一创新之处。"五帮一"即指罗田县在安置帮教工作中为每位帮教对象都确定了一名司法所干警、一名乡镇国家干部、一名派出所干警、一名村干部,以及一名近亲属对帮教对象进行帮教工作;同时,罗田县实行"三包四定"的责任制度,明确了每个责任人的职责,其中,"三包"指的是"包帮助安置""包教育管理""包思想转化","四定"即"定对象""定时间""定责任""定成效"[①];并且罗田县还把帮教工作列入全县工作的检查内容,以及司法所综合治理的目标责任中,分季度进行考核检查,还将村干部的工资、奖金都与此挂钩,从而达到激励帮教工作的责任人积极工作的目的。

5. *法律援助工作*

我国法律援助自实施以来就遇到很多难题,存在立法、供需和资金三重困境。罗田县为解决这些困境成立了县、乡镇、村三级联合维权组织,为法律援助工作提供了制度以及组织保障,三级运作的机制更是充分调动了村干部、律师

---

① 参见罗田县司法局内部资料汇编:《法务前沿工程理论与实践》,2010,第25页。

以及村内精英人士的力量，为法律援助工作增添了新的活力。

第一，点面结合、全方位法律援助。除了在法务前沿工程的试点村设立法务工作站之外，为了更好进行法律援助工作，还设立了位于乡镇司法所的法律援助工作站以及位于县司法局的法律援助中心，开设了农民维权办事处于罗田籍民工的集中地，以形成横跨省、纵到村的法律援助网。罗田县总工会和司法局还投资了数万元来制作注明了维权人单位、电话以及维权事项的农民维权卡片，建立让农民工可以快捷获得律师法律咨询的罗田农民工维权网，以保证农民工在利益受损时可以及时使用法律维权。

第二，重视法务前沿工程。相关部门领导的重视，安排得力律师并调动司法机关公正司法、严格执法是法律援助成功的重要原因。为调动基层司法人员的积极性，让法律援助在农村社区发挥作用，法务前沿工程实施以后，村级的法务工作站、乡镇的司法所都由领导担任站长，为法律援助提供干部支持。

第三，集合多方力量，提供人力保障。与村民接触较多的往往是村干部，但是村干部在针对牵涉法律的问题上知识较为欠缺，律师又多在司法机关或者律所上班。法务前沿工程的开展给村民、村干部，以及律师三者提供了一个很好的互动平台。首先，村干部在负责村里日常调解工作以外还会定期接受县司法局关于法律知识的培训，以及如何开展法务前沿工程的培训，从而提升村干部解决村民纠纷的能力，把矛盾解决在基层；其次，在涉及法务前沿工程实施时的法律咨询以及维权等工作时，司法局会全力协助法务工作站的工作人员；最后，法律援助中心和乡镇司法所的律师跟村干部经常进行沟通、交流以保证农民在遇到法律问题时可以得到及时的援助，律师、村干部、村民的有机互动在提高村内法律援助水平的同时也为村内的法律援助提供了充分的人力资源保障。

第四，责任明确、有章可循。为使农民维权有序化，县级的法律援助中心和乡镇的法务前沿工作领导小组都有详细的维权目标考核体系。法律援助工作站还有详尽的值班制度、接待公约、工作纪律，以及职业道德标准等工作要求，还有帮助外出务工人员联系法律人员解决法律问题、维护权益的责任，以及帮助经济困难村民联系法律援助的义务。针对有些司法工作人员长期驻外的工作性质，为了更好地管理，工作站还建立了案件受理、服务等一系列维权管理制度，使维权服务在有章可循的同时把机构的原则性与服务的灵活性更好地结合起来。每一个维权案件都需要经办人员做好完备的档案资料，做好备案工作。

法务前沿工程在罗田县乡镇的试点工作进展顺利，在司法部门的积极组织以及相关部门的主动配合下取得了显著的成效，得到了罗田县委的认可。2008年12月5日，罗田县相关领导在河铺镇肖家垸村举行启动仪式，在全县启动法务前沿工程。时任县委委员、县委政法委书记、县公安局局长刘千鸿同志在法务前沿工程启动大会上对法务前沿工程的实施做了最新指示。第一，充分认识开展实施法务前沿工程的重要意义。基层司法行政机关担负着组织开展人民调解、社区矫正、法制宣传、依法治理、法律服务、法律援助、安置帮教等职能,在新的发展时期重新审视基层司法行政全部工作,每一项职能都是构建和谐社会的基础性工作,同时,也是实现村民依法自治的基础性工作,在构建社会主义和谐社会的系统工程中,具有独特的职能优势,实施法务前沿工程,将司法行政职能延伸到基层,具有十分重要的意义。第二,法务前沿工程试点工作开局良好,进展顺利。试点工作进展有成效,值得借鉴和推广。第三,密切配合,确保法务前沿工程顺利实施,各级党委、政府要加强对法务前沿工程的领导,要加强法务前沿工程阵地建设,各相关部门要密切配合。2009 年初,县委、县政府将实施法务前沿工程写入政府工作报告①。2009 年 4 月 25 日,县司法局在河铺镇肖家垸村召开法务前沿工程培训会,启动全县 412 个村整村推进拉网式培训活动,经过一年多的实践,法务前沿工程取得了阶段性成果。2011 年 9 月 20 日,湖北省司法厅印发《关于深入推进"法务前沿工程"强化基层社会管理创新的意见》,在全省推进法务前沿工程。

(三)试点效应

法务前沿工程在罗田县试点工作开局良好、进展顺利,取得了很好的成效,有效地提升了试点村的司法案件处理量,为广大的人民群众解决了许多实质性的问题。县委委员、县委政法委书记、县公安局局长刘千鸿同志在法务前沿工程启动大会上指出,县司法局出台了《关于实施"法务前沿工程"试点工作的意见》,启动了"法务前沿工程"试点工作,引起了各乡镇党委、政府的高度重视和支持,根据各地实际,迅速启动了这项工作,到目前为止,全县十二个乡镇分别落实了 1～2 个试点村并开展了前期各项工作。匡河镇、白庙河镇在政府经费紧张的情况下,投资 2000 多元用于试点村软硬件建设。河铺镇党委、政府把这项工作作为和谐新农村建设的基础性工作来抓,专门召开了试点工作动员会,制定并印发了《关于河铺镇实施"法务前沿工程"试点工作的意见》,对这项工作进行统一部署和安排,并在人力、物力、财力上给予了大力支持,河铺镇肖家垸、枫香树两个试点村法务前沿工程有阵地,建立一套完备的工作程序,并在实际工作中发挥出效果。肖家垸村依托法务前沿阵地,大力开展"依法建制,以制治村"工作,促进了和谐家园建设。枫香树村依托法务前沿工程,成功化解了一批土地纠纷问题,维护安定团结的政治局面。这些成功的经验值得我们学习、借鉴和推广②。刘千鸿同志对试点工作的投入以及取得的效果给予了肯定。

---

① 参见徐炜等:《农村基层社会治理法治化创新经验》,2020,第 67 页。

② 参见罗田县司法局内部资料汇编:《法务前沿工程理论与实践》,2010,第 126 页。

值得一提的是，通过对比发现，在试点的匡河镇、白庙河镇、河铺镇三个乡镇，2009年1月至6月的信访件比2008年同期分别下降了55.6%、100%和50%，出镇上访人数分别下降了93.8%、100%和66.7%，说明法务前沿工程的开展切实有效地帮助试点村处理了司法案件、解决了实际问题。在座谈走访中，还涌现了很多很好的典型。如白庙河镇眠牛地村村民陈富元，曾因房屋界线纠纷问题多年上访，过去虽然法院进行了调解和判决，但他仍不执行，成了该村有名的出县"上访专业户"。而在该村开展法务前沿工程试点后，村法务前沿工作站组织包括他在内的全体村民进行多次普法教育，并专门为他召开调解会，向他宣传法律政策，进行法律辩论，通过耐心细致的工作，终于使他心悦诚服，不再上访；河铺镇枫香树村村民文国成，因说其侄媳廖某与本组村民文某有不正当关系，致使侄媳廖某服毒自杀。廖某娘家后来聚集了上百人准备闹丧，得知这一情况，工作站的司法人员、村干部和村内的"明白人"等志愿者迅速赶到现场，第一时间开展了法律宣传和劝说工作，及时制止了一起集体械斗事件；枫香树村监外执行人员王河龙，家庭经济困难，出现了不好的思想苗头，本村志愿者刘华民(系私营企业老板)得知这一情况后，一方面主动把王河龙安置在了自己的公司上班，使其有了稳定的工作和收入，一方面经常与之交心、谈心，做思想工作，使王河龙发生较大好转。上面的事例不胜枚举，比比皆是。许多村干部说，对比过去，现在管事的人变多了，责任变具体了，信息变灵敏了，基本可以做到小事不出村，大事不出镇，矛盾纠纷及时化解①。除此之外，试点的具体效应如下。

(1) 成功壮大普法队伍，使农村依法治理由"虚"变"实"。法务前沿工程通过将村内精英人士组织起来进行培训并且进行考核的方式，在壮大普法队伍的同时也确保他们在实际纠纷调解中尽量按照司法程序来开展工作，从而保证普法工作开展的科学性以及专业性。罗田县通过实施法务前沿工程，近距离地开展普法活动，指导基层依法治理和民主法制示范村建设。法务前沿工程克服了以前普法工作常做表面文章的弊端，切实有效地推动了农村民主法治建设，推进了依法治村，让试点村形成了"四多四少四无"的良好局面：遵纪守法的群众增多，违法犯罪的明显减少；群防群调队伍增多，民转刑案件明显减少；爱岗敬业的民调干部增多，违法乱纪的明显减少；注重预防的增多，可防性案件明显减少；无重大恶性刑事案件；无重大纠纷引起灾害事故；无重大群体械斗事件；无重大群体上访事件②。

(2) 人民调解更加及时有效。法务前沿工程试点之前，农村地区发生纠纷，

① 参见罗田县司法局内部资料汇编：《法务前沿工程理论与实践》，2011，第44～45页。

② 参见罗田县司法局内部资料汇编：《法务前沿工程理论与实践》，2011，第65页。

先在组内、村内调解,调解不成功再让群众找司法部门或向法院起诉,这种模式调解纠纷所需要的时间长,程序复杂且成功率不高,而通过实施法务前沿工程,调委会在发现纠纷时会在第一时间介入并寻求司法行政干警的协助,并在矛盾化解之后对事件进行回访,保证了程序的合法性,也提高了调解的成功率。如在2008年10月,罗田县河铺镇法务前沿试点枫香树村的一起闹丧械斗一触即发,河铺镇司法所与法务工作站迅速介入调解,及时平息了事态。真正做到了"小事不出村,大事不出镇,矛盾不上交"。

(3) 社区矫正和安置帮教工作落到实处。法务前沿工程成立法务前沿工作站,整合了村(居)委会以及群众力量,形成农村社区共同参与社区矫正和安置帮教工作的局面,通过明确责任人的方法有效开展帮教活动,在关注帮教对象思想状态的同时,也切实帮助帮教对象解决生活中的实际问题,使其感到社会的温暖,成功减少和控制了重新犯罪的发生。值得一提的是,罗田县胜利镇被志愿者安排在挖砂船上工作的矫正对象王某于2008年向四川灾区和镇福利院先后捐款13 000元;河铺镇被志愿者安排在私人砖厂工作的帮教对象肖某连续两年被评为"生产积极分子";匡河镇帮教对象吴某在2009年被所在村的村民选为村干部。

(4) 促进法律援助服务全面开展。法务前沿工程设立法律援助工作站、法律援助中心,以及农民维权办事处,设立考核体系,由点及面地促进了法律援助服务的开展,形成了村干部、律师、村民的有效交流平台,真正做到了拉近法律服务与群众的距离的同时,使农民维权变得有效且有序,保障了法律援助在村内的有效进行以及村民的合法权益。据统计,2008年,通过实施法务前沿工程,全县共为500多名农民和困难群众提供了法律服务和法律援助,为他们避免和挽回经济损失600多万元。

试点工作的开展是将法务前沿工程由理论落到实处的重要实践,既是对理论研究,以及各种前期筹备工作的检验,也是为后期在罗田县以及湖北省全面推行法务前沿工程打下重要基础。根据实际情况选择试点村先进行试点,可以有效地结合试点村落的具体情况检验将司法行政服务职能下移到村级的做法是否可以实现、农村社会力量是否可以顺利整合,以及在法制宣传、人民调解、社区矫正、安置帮教工作和法律援助工作上的具体设想是否可以顺利施行并达到预期效果,以及是否可以有效改善试点地区司法行政机关职能低效化的旧况,真正做到改善人民生活、促进地区发展。进行试点可以根据试点过程中产生的各种问题来改善前期规章制度中的不足之处,改进、丰富法务前沿工程的理论知识,促进法务前沿工程更好地全面铺开,促进社会和谐稳定,实现构建社会主义和谐社会的美好蓝图。

第四节 小 结

法务前沿工程最初是为了适应我国改革发展新时期，改善罗田县乡镇司法人员不足、被动提供服务、辐射范围较窄而造成的基层司法行政机关职能低效化甚至缺位的情况而提出的，具有创新性、前沿性、规范性等特点，创新地提出将社区作为政府工作的落脚点，通过强化一线基层的工作分量并且建立严格的工作责任制，奖惩分明、定期评比以调动工作人员的积极性，从而更好地促进各项法务工作进村入户，拉近法律和群众的距离的同时促进政府的职能由管理向服务转变。

法务前沿工程旨在在农村基层党委政府的领导下，依托村(居)民自治组织，整合基层司法机关、村(居)委会，社会志愿者等多方力量，构建集法制宣传、人民调解、法律援助、安置帮教、社区矫正、法律服务等多项服务于一体的服务体系，深入基层实践，主动为农村居民提供所需的法律服务与司法指导，为农村社会发展和农民群众提供更优质、高效、便捷的法律服务，实现在没有任何机构和人员改变的情况下，用同样的人力、物力、财力为群众办更多的实事，处理更多的司法事件，切实改进农村基层的司法工作，深入开展农村社会治理地方实践。

构想的提出在顺应国家方针政策的同时需要理论论证是否可行，具体的实践更需要理论的指导。法务前沿工程以邓小平理论、“三个代表”重要思想和党的十七大精神为指导，顺应了国家发展的方针政策，得到了县委、县司法局以及地方村政府、党委、相关机构的重视，在人力、物力、财力上都获得了大力支持，特别是在组织上获得了巨大的支持，为法务前沿工程的实施提供了具体的组织机构、组织平台、组织人员并且明确了组织责任。其次，法务前沿工程的构想提出之后就由武汉大学社会学系组成课题组对构想进行了论证，从理论上证明了法务前沿工程的可行性、必要性，并且以村(居)为主要平台探索了一套实践可用的运行机制和对工作人员考核制度，为法务前沿工程的展开提供了重要的理论支撑。

试点工作是一个新的方针政策在提出后投入实践过程中必不可少的一个重要环节，法务前沿工程试点工作的顺利开展以及有效推行，不仅是对前期理论研究以及组织筹备的肯定，也直观地展示了实施的真实效果，可以有效促进理论研究不断完善并及时调整实践措施，为法务前沿工程在罗田县的全面铺开提供了借鉴意义，同时也为罗田县后期在其他领域的治理提供了借鉴意义，为湖北省甚至全国在农村治理方面提供了重要的参考，总体来说，法务前沿工程是一项顺应时代发展、关于农村法治建设而提出的正确举措,将权力下移,通过吸纳农村地区内部精英人士来推行司法工作,在保证司法工作职能正常运行的同时调动了村内人民的积极性,提高了其参与度,真正促进了农村法治和村民自治,是一项重要且有效的创新尝试,是一次于国于民都有利的实践,不过要想保障理想的实行效果,在制定完善的实施程序之外更重要的是在实践过程中将具体的规章制度落到实处。

第三章　探索实施(2009—2010年)：从统筹指导到平台构建

第一节　治理架构

一、从乡镇试点到全县推进

法务前沿工程的探索实施是在河铺镇、匡河镇、白庙河镇、胜利镇等乡镇试点工作取得显著成效后开始全面推进的。2008年12月5日，县委候补委员、政法委副书记刘千鸿，县人大常委会副主任杨建军，县政协常务副主席、原司法局副局长王国强在河铺镇肖家垸村举行正式启动揭牌仪式，在全县率先启动法务前沿工程。刘千鸿、李强同志在国家法务前沿工程专项启动工作大会上对国家法务前沿工程的组织实施情况做了最新工作指示。第一，充分认识加快开展组织实施国家法务前沿工程的重要性和意义。基层各级司法部门行政管理机关主要担负着重新组织、审视、开展基层人民调解、社区矫正、法制宣传、依法治理、法律咨询服务、法律援助、安置帮教等法务职能，在新的社会发展历史时期重新组织、审视、管理基层各级司法部门的全部法务工作，每一项法务职能都不仅是推动构建法治和谐社会的一项基础性法务工作，也是推动基层村民依法民主自治的一项基础性法务工作，在实施构建我国社会主义法治和谐社会的系统工程中，具有独特的法务职能发展优势。实施基层法务前沿工程，将基层司法部门行政机关职能广泛延伸、拓展到基层，具有十分重要的战略意义。第二，法务前沿工程试点工作开局良好，进展顺利。试点工作进展有成效，值得借鉴和推广。第三，密切配合，确保法务前沿工程顺利实施，各级党委、政府要加强对法务前沿工程的领导，要加强法务前沿工程阵地建设，各相关部门要密切配合。2009年2月23日，罗田县将大力深入实施法务前沿工程写入市政府全年工作任务报告。

2009年4月，罗田县司法局为了进一步深入开展、推进法务前沿工程，邀请了武汉大学社会学系的知名专家、教授前来罗田县对推进法务前沿工程实施一年多的状况进行了为期一周的专题调研,编写了《新农村建设中司法行政部门的创新管理机制:基于罗田县法务前沿工程的调查报告》。该调研报告主要就推进法务前沿工程研究提出的技术背景、运行机制,以及技术创新性和应用效果问题进行了客观的描述并分别提出了一些建议,为推进法务前沿工程在全县的研究、推广、应用提供了重要的理论、实践支撑[①]。县委、县政府很快采纳了这份会议报告,并将法务前沿工程写入了县政府工作会议报告。

2009 年 3 月,湖北省司法厅汪道胜厅长、王胜利副厅长一行到罗田县实地调研,对法务前沿工程的效果给予了充分肯定。2009 年 5 月 15 日,县委、县政府正式出台《关于全面实施“法务前沿工程”的意见》,县委办公室、县政府办公室正式印发《关于成立县“法务前沿工程”领导小组的通知》,县级政府法务前沿工程建设领导小组正式成立,这也就意味着县级法务前沿工程正式被纳入法务制度化建设的轨道上来。5 月 18 日,罗田县召开了全县全面推进法务前沿工程动员大会,在本次会议上县委副书记、政协主席兼法务前沿工程建设领导小组组长刘华强先生明确指出,法务前沿工程经过一年多的试点后,已进入全面实施阶段。经县委、县政府共同研究讨论决定召开全面深入推进全县法务前沿工程工作动员大会,会议的主要目的就是让大家进一步深刻认识推进法务前沿工程的重大历史意义,增强大家扎实抓好推进法务前沿工程的政治信心和工作决心,进一步深入推动全县法务前沿工程的深入、全面实施。省司法厅的蒋万彪处长、黄冈市司法局的殷怀中副局长出席了大会并做了讲话。至此,农村法务前沿工程已经在罗田县全面推广和展开,并在努力维护我国农村经济社会的安全稳定发展方面取得了多项突出成绩。到 2009 年底启动为止,全县 412 个行政村(含民居)均已经建立了法务前沿志愿工作站,陆续聘用的 6000 多名农村法律咨询服务站的志愿者们已成为全县村湾、社区快速有效的农村法律咨询服务和农村社会秩序治理的中坚力量。

二、五项部署助力法务前沿工程推进

该阶段的主要工作分为以下五点。

第一,普法宣传方面。罗田县各级司法行政部门以村法务前沿普法工作站为宣传平台,整合资源、健全网络、构筑载体、突出重点,在普法宣传工作方面初

① 参见卢福营:《论农村基层社会治理创新的扩散》,《学习与探索》2014 年第 1 期。

步形成了一套颇具地方特色的普法工作指导方法和宣传工作指导理念[1]。首先，积极吸纳各种力量，壮大普法队伍。罗田县提出了将中心户长、党员、退休干部、乡村教师和“垸内明白人”等村庄内精英组织起来的工作思路，壮大了普法队伍，解决了之前司法所人员不足的问题。其次，定期培训普法人员，保证专业性和科学性。作为试点的两个乡镇，每年在镇里举行两次培训，参训人员主要有各村的民调主任、调解员等，培训的内容主要是一些农村较常用的法律法规。培训以后都要进行考核，考核结果影响村干部的任职。通过考核的人员回到村里负责向中心户长和广大的村民传授相关学习知识。此外，县司法局和乡镇司法所也会不定期地到地方进行普法宣传教育。司法机关、行政检察机关继续加强针对法务前沿工程的司法业务培训指导，在全县组织开展了整县、全村、整户推进司法培训。截至 2009 年底，罗田县已经对全县 12 个县级乡镇政务中心司法学习组和 372 个乡镇村民组进行了拉网式学习培训，累计组织开展司法集中学习培训教育活动 496 场次，11 万余人成功接受了中国法务前沿工程司法知识系统教育。最后，与时俱进创新普法教育形式。法务前沿工程将已有的优秀传统普法形式和当下新兴的普法宣传方式有机结合。首先，免费为全村农民群众发放各种农村法律宣传资料和司法书籍；其次，发挥其他中心村的户长、小组的副组长及村委会的领导作用，定期组织收集全村农民普法需要的各种法律宣传知识，然后分别聘请罗田县党校、电大、司法局、本乡地区司法所的工作人员给全村农民进行答疑、答难、解惑；再次，村干部和其他中心村的户长在负责民调工作和为农民提供其他各种法律宣传服务的同时，以案例来说法，融法律宣传教育于各项司法工作中；最后，法务前沿工程运用农村法律宣传赶集、法律宣传知识推广竞赛和农村法制文艺演出等农民群众喜闻乐见的多种形式潜移默化地组织开展农村法制宣传理论教育。

> “最大的特点是，他这件事做得比较好，搞个‘三五普法’使人了解法律、懂法律，原来农村人不讲法律，普及下法律知识，还是很有好处的。”（访谈编码 LT021CXD）

第二，人民调解方面，法务前沿工程构建了符合当地实情的调解方法。首先，通过排查，及时发现矛盾。实行定期排查与随机排查有机结合的排查制度，在排查中及时发现各种潜在的矛盾或者纠纷，这种拉网式的定期排查把矛盾和纠纷扼杀在萌芽期。其次，自上而下地化解矛盾。调解矛盾是整个工作的重中

---

① 参见秦德君，毛光霞：《中国古代“乡绅之治”：治理逻辑与现代意蕴——中国基层社会治理的非行政化启示》，《党政研究》2016 年第 3 期。

之重,农村的纠纷越来越多元化、复杂化,因此,在调解过程中罗田县形成了中心户长把关式、村调委把关式以及联调式的调解形式,根据案件的不同来采取相应的纠纷调解处理模式,使小事不出组,大事不出村,把矛盾化解在基层。最后,使用调解回访机制来防止恶化[①]。回访的主要目的之一是及时确定矛盾是否彻底解决,对仍然存有矛盾隐患的纠纷及时排查处理,稳定当前局面,不激化矛盾。人民调解在充分遵循尊重审理民事纠纷处理案件相关当事人民主权与自愿自由选择审判原则的根本规律基础上,强调要把人民调解作为处理案件工作的最大整体主动性工作,化传统被动性质为主动。当发现矛盾或者发生法律纠纷时,整个法务前沿工作站的每位成员都应该第一时间主动介入,掌控相关事态,至于到底需要双方达成怎样的调解磋商协议、是否需要及时接受法律调解,以及是否需要及时诉诸其他法律手段则主要根据当事人的具体调解意愿来确定。这样的处理模式不仅重在调,也同样重在发现,重在调之后解。

> “按道理是要讲法的,但是农民是讲实际、人情道理的。讲法律要上法庭,法律要讲,但是主要是讲人情、道理。需要讲法律,我们也不是全能的,那就让专业的人讲。”(访谈编码 LT083FLP)

第三,社区矫正方面。社区矫正工作于2007年正式纳入罗田县的司法所的工作职责管理范围,起步较晚,实行法务前沿工程之后,司法所干警对基层司法工作人员进行了有针对性的宣传,通过提高他们的专业水平,有序地将社区矫正工作推开。首先,司法部门要让法务工作站的工作者以及村民精英对社区矫正这个概念有清楚认识,村民精英在了解相关概念之后进行二次扩散,扩大社区矫正的普及范围。基层司法工作人员对本村的矫正对象实施有计划、有力度的监管。群众的目光监视和言行谴责也对矫正对象形成了无形的监督。其次,零距离与远距离相结合的监管模式。作为法务前沿工作站的工作人员之一的村干部对社区矫正对象更了解,对矫正人员的成长历史和犯罪过程较清楚,有利于对其做思想工作。监管者和受监管者同住一个社区,有利于近距离地接触社区矫正对象,及时掌握其思想动态,减少和预防其重新犯案。另外,针对近年来矫正对象不断外出打工的现象,村法务工作站对他们实行流动性的监管,防止他们重新犯罪。最后,积极吸纳特殊志愿者。在罗田县社区矫正体制中,每个社区矫正对象都有矫正志愿者,包括该矫正对象所在村的村干部、中心户长、党员、退休干部、村民代表以及该矫正对象的亲属。特殊身份的志愿者具有较强的帮助优势,易于取得矫正对象的信任,对矫正对象的情况相对熟悉,生活

① 参见吴晓燕:《农村土地产权制度变革与基层社会治理转型》,《华中师范大学学报》2013年第5期。

联系紧密，便于知晓他们的思想动态，有助于法务工作站和司法部门及时了解矫正对象的情况，更好地引导其改造。

> "尽量少关、少羁押。要明确权利，通过我们的智慧，管理好对象，让他们不再犯事，让他们重新融入社会。成功的案例：村委会改造，他自己建了房，能够有保障。现在刑满释放的人，都是有点本事的，'牢里关着英雄犯'，出来还是有点本事的，有可能比原来干得还好。学友、战友、狱友，都能解决很多问题。"(访谈编码 LT064LJL)

第四，安置帮教方面。法务前沿工程一是改变了以往由于县级司法所人力资源方面的缺乏只能开展浮于表面的安置帮教工作的状况，重新建立了一套三级帮教网络，在帮教人员不断递增的情况下，构建了县、乡(直管镇)、村三级安置帮教工作网络，成立了由村党支部、调委会、治保会、刑释解教工作人员及家属共同组成的村级安置帮教领导小组，完成了县、乡(镇)和行政村的有效对接[①]；二是建立了"五帮一"帮教责任制度，即为每位安置帮教工作对象分别增加一名县级司法所帮教干警、一名司法派出所帮教干警、一名乡镇国家干部、一名村干部和一名近亲属对其进行责任帮教。同时，罗田县规定了每个社会责任人的具体职责，实行"三包四定"——"三包"即"包帮助安置""包教育管理""包思想转化"，"四定"即"定对象""定时间""定责任""定成效"。此外，为了有效激励相关责任人积极参与工作，罗田县把农村安置帮教服务工作活动列入全县司法所社会综合治理工作的专项检查监督考核内容以及全县司法所综合治理工作目标落实责任制，每季度都要进行一次监督检查和审核考评，在每个村里，村干部的平均工资以及奖金都与之挂钩。罗田县实施法务前沿工程以来，2008 年一共办理法律援助案件一百多件，结案率为百分之九十以上。罗田县为外出农民工提供的法律服务切实解决了外出务工人员维权难的难题，得到该县广大农民工的一致好评。

第五，提供法律援助服务方面。罗田县通过建立县、乡(镇)、村三级联合维权组织为法务前沿工程解决了罗田县在法律援助方面所面临的立法、供需和资金的三重困境并为其提供了制度保障、组织保障。这个三级运作机制充分调动了律师、村干部、村民精英的力量，为法律援助工作带来了新的助力。首先，法务前沿工程构建了多维度、多渠道的健全的乡村地区农民法律服务网络，除了建立法律援助管理工作站，为了能够更好地深入开展乡村农民综合法律援助工作，还在各个县和乡镇一级行政司法所里设立了农民法律援助行政法务管理工

① 参见李红娟，董彦彬：《中国农村基层社会治理研究》，《宏观经济研究》2021 年第 3 期。

作站,在各个乡和县一级行政司法局设置了综合法律援助服务中心;在罗田籍民工比较集中的地方法务前沿工程开设农民维权办事处、联系点,形成了横跨省、纵到村、点到面的法律援助网络体系[①]。此外,为了让农民工在利益遭到侵害时能够及时得到法律维权和援助,罗田县总工会和司法局共投资数万元,制作了农民工维权卡片并建立了罗田农民工维权网,卡片上注明了维权人员的单位、维权电话和维权代理事项,通过网站可以得到维权律师的帮助。其次,相关部门领导重视法律援助工作的开展。专业司法律师队伍结合各级司法机关行政监察机关严格规范执法、公正司法,为法律援助工作的有序进行提供了有效的专业法律保障;村级和乡镇级的行政法务援助工作站和行政司法所都由各级司法领导担任司法站长和主要负责人,由一把手亲自抓农民维权、法律援助。另外,三级运作机制为律师、村干部、村民互动提供了必要平台。司法所通过法务工作站将村干部、律师和村民有机联系起来。村级法务工作站的工作人员需要协助完成实施法务前沿工程中的法律咨询、维权、调解等工作,三级运作机制主体间频繁的沟通交流,加快了法律援助工作的进程。最后,法律援助职责明确、有章可循。县级法律援助中心和乡镇的法务前沿工作领导小组都有详细的维权目标考核体系,帮助农民有序地维护自身权益;工作站还有详细的值班制度和文明接待公约、职业道德标准、工作纪律等规定。每个维权民事诉讼代理案件,经办人员一般都会留存完备的档案资料,符合法律援助条件的案件在法律援助中心都有详细备案。

三、统筹指导:县级领导小组

2009年5月,罗田县委办公室、县政府办公室为促进和谐罗田建设和推进法务前沿工程的进行发布了《关于成立县法务前沿工程领导小组的通知》,领导小组办公室设在县委政法委。在领导小组的人员构成方面,县委副书记、县政协主席牵头,县相关部门领导为骨干力量,各乡镇党委副书记、综治办主任为主要参与人员。领导小组制订工作方案,领导全县实施法务前沿工程。实质上,法务前沿工程领导小组作为一种亚正式治理机制,通过改变各部门原来的组织结构和运作机制以改进基层司法行政工作单一部门参加的局面,更是以法务前沿工程为载体,实现地方政府实质权威对基层司法行政工作的强激励[②]。法务前沿工程所取得的成就有效地证明,有了领导小组的组织保障,司法行政服务

---

① 参见何洪周:《为弱势群体撑开法律保护伞》,《人民论坛》2017年第19期。

② 参见汪广龙:《治安防控体系演化的组织机制——基于"打防并举"到"管理服务"变迁历程的研究》,《公共管理学报》2020年第2期。

工作涉及的各职能部门就能在工作中紧密结合起来。

第一，重统筹、抓协调。罗田县政府各部门事先会制订周密的计划和工作布局，确保基层司法行政工作在实施过程中有条不紊。其中，县委、县政府统筹指导各部门相互配合，专门成立了法务前沿工程领导小组，制订具体的工作方案；司法行政机关负责法务前沿工程的落地实施，主要是负责村(居)一级法务前沿工作站运行管理方面的工作；人民法院在社区矫正和审前社会调查工作方面加强了人民调解工作，提高了人民调解协议的采信率；检察院进一步加大了对社区矫正工作的监督力度，确保了矫正质量；公安部门、业余司法行政部门加强了对社区矫正对象的监管；民政部门从生活层面出发，积极解决了社区矫正和安置帮教对象日常遇到的各种困难，将符合低保条件的对象及时纳入低保范围，将三无帮教对象及时纳入社会救济范围；劳动保障部门为无法找到合适工作、没有谋生能力的矫正、帮教对象提供职业技能培训机会，并指导就业；宣传部门加强了群众信息沟通和情况反馈，大力宣传在实施过程中发现的优秀典型，为法务前沿工程的各项工作的开展创造了适宜的社会舆论宣传氛围和宣传环境；县政法委为了解各项工作的进展情况，加强了工作跟踪、检查、督办力度并促进了各部门的有效联动，每季度都要召开一次群众联系工作会议，从而形成组织队伍建设上的网络化，也社会化了社区群众，并形成了服务群众的一个系统的工作联动机制。

第二，重谋划、抓部署。县委组织成立了以县委副书记、县政协主席为组长，多位县级领导、十多位相关县部门负责同志和所有乡镇分管领导为组员的法务前沿工程领导小组，研究制定了《关于全面实施法务前沿工程的意见》，该意见对实际开展法务前沿工程工作提出了具体的要求。领导小组召开法务前沿工程建设领导小组工作会议，围绕贯彻落实基层法务前沿工程的重要批示，有针对性地对罗田县的实际问题给出了解决方法，进一步推广了司法经验，树立了司法工作示范典型，根据业务新形势、新变化精准施策，全面推动了基层法务前沿工程创新模式的可持续发展。

第三，重考核、抓管理。法务前沿工程领导小组及办公室要经常深入各乡镇、村，对法务前沿工程的开展情况进行检查、督促并及时通报情况。县委、县政府将法务前沿工程的实施情况纳入工作目标考核范围。县政法委、县综治办要建立法务前沿工程工作责任目标管理考核机制，将法务前沿工程工作纳入社会治安综合治理目标管理责任书考核内容，纳入综治工作与乡(镇)村干部绩效工资挂钩内容，做到与综治工作同布置、同检查、同考核、同奖同惩，完善考核办法。按照《县法务前沿工程实施意见》的年终考核内容要求，法务前沿工程被纳入年终县委、县农办和县政府对今年各乡镇农村整体环境综合治理实力评估考核内容，落实奖惩措施。县委对法务前沿工程开展得好的乡镇、村(居)，要以适当的方式给予表彰和奖励,以充分调动村(居)干部的积极性、创造性。

罗田县正在实行的法务前沿工程的全县跨职能部门联合协调工作治理模式,就是在当地县委、县政府的直接统一组织领导下,以县级司法机关行政管理部门协调为主,其他各级相关职能部门(主要涉及全县公安、法院、检察院、民政、宣传等)积极配合,在全县基层各级司法机关行政治理服务中通过良好的协调沟通渠道进行有效的协调信息沟通交流,优化协调资源配置,形成通力合作、协调,共同处理全县乡村矛盾、社会冲突的协调治理工作网络,这个协调工作治理模式突破过去传统的各司其职的工作窠臼,成为法务前沿协调工程组实现上下贯通、左右协调的工作治理网络体系的一个重要法宝①。总而言之,设立非常设领导机构可以有效处理一些涉及不同行政职能部门、行政职能层级和公共政策影响范围的复杂的社会问题。在现行社会政治体制中,领导协调各职能部门、各职能、各层次的工作,可以使各部门的力量集中起来,在解决重要社会问题时行动统一、迅速,这个方法是我国行政管理中的惯常做法。一方面,作为一种特殊组织形式的议事协调机构,由地方党委主要领导担任领导小组组长职务,保证了领导小组在部门协调联动、工作部署、考核激励方面的权威性和有效性;各乡镇党委副书记作为重要成员,也让基层政府在处理村(居)司法行政服务工作时更加注意,资源的投入也更加有效率。整合设立非常设机构可以充分发挥传统管理模式下没有形成的领导重视、齐抓共管、联动协调的管理能力优势,充分利用整合公共事务权力管理资源。但另一方面,在领导小组机制的司法运作管理逻辑下,领导协调小组的中高层领导通过批示意见和巡查等方式进行垂直式的司法工作管理,使压力扩散、传导,从而对县级各相关职能部门和各级乡镇行政司法所的工作进行有力动员和有效督促,但对其组织设立、运行的各个环节并没有明确的纪律法规和规章制度进行安排的实际情况下,此后出现人走政息的局面也就很正常了。其次,地方主要部门领导注意力的有限性及地方政策激励资源的相对固定性,决定了领导小组机制为地方部门领导带来潜在地方资源和地方部门主要领导职位晋升政策激励的巨大差异化,损害了协调部门参与合作的积极性。

四、中间枢纽:乡镇司法所

司法所目前是市(区、县)人民司法局在各个乡镇(街道)设置的全国基层政府司法诉讼行政管理机构,担负着直接配合全国基层政府法律工作、法制宣传理论教育、处理基层民间诉讼纠纷等重要业务的功能,负责具体工作组织、指

① 参见范如国:《复杂网络结构范型下的社会治理协同创新》,《中国社会科学》2014年第4期。

导、实施，直接面向广大基层人民群众，组织、开展全国基层司法诉讼行政各项司法业务管理工作，是党维护我国基层社会稳定的重要领导力量。作为国家司法监督行政管理系统专门参与乡镇基层农村社会法制治理、建设工作的重要管理单位，乡镇司法所因其一直处于着力化解农村基层矛盾、化解纠纷、预防基层违法犯罪的第一线，逐渐发展成为中国乡镇司法管理行政系统权力的重要“神经末梢”，嵌入、运用到了以国家行政权力机构为载体主导的推进农村社会法治建设现代化的历史征程中[①]。

我国对要求加强乡镇司法所的建设的诉求已经持续多年，取得了很大的成果，但在推进过程中也面临着更多的挑战。它的机构设置及人民生存基本状态与国家力量的合理配置、乡村自治社会的基本资源(其中包括所有乡村自治社会的基本需求以及乡村经济、社会、政治人力资源等)和乡村官僚统治机器自身的社会张力密切相关。早在1996年，司法部就正式出台了《关于加强司法所建设的意见》，近期中共中央办公厅、国务院办公厅又印发了《关于加强和改进乡村治理的指导意见》，该意见要求不断加强乡镇调解司法工作的能力、加强各级乡镇司法所队伍建设，我国的乡镇司法所建设工作已经走过了很长一段路。尽管我国一直以来强调需要加强基层司法所队伍建设，但我国基层社区乡镇各级司法所仍普遍面临着的是组织管理架构不明确、人手不足、部分职能形同虚设的发展困境。

以湖北省罗田县为例，2005年，罗田县开始实行编制精简减少乡镇政府司法机关工作人员之后，乡镇各级司法所的机关工作人员被大大压缩，减少到了每个司法单位1～3人。罗田县全县共有约60万人，全县共下辖凤山镇、骆驼坳镇、大河岸镇、九资河镇、胜利镇、河铺镇、大崎镇、三里畈镇、匡河镇、白庙河镇，白莲河乡、平湖乡10个行政镇2个乡，设十二个乡镇司法所，平均每个乡镇司法所每年需要同时管理约5万人。基层各级司法所目前面临的巨大困境还远不止人力资源缺乏，凤山镇基层司法所原副所长这样解释，现在乡镇司法所与农村法律咨询服务所一套新的班子只挂两块钱的牌子，经济收入不行，政治待遇不行，这就是体制没有理顺的表现。

事实上，期望国家可以为一切农村公共生活产品和农村公共服务买单是不经济的，也是国家力所不及的。城市与农村社会发展速度的不平衡，造成了目前我国大多数农村公共服务与高水平的农村地区的失衡、与城市的失衡，这个现象在我国经济并不发达的罗田县可以更加清晰地展现，从实际情况来看，乡镇想要为广大人民群众提供充足的司法行政服务仅仅依靠自己的财力是

① 参见徐选国，徐永祥：《基层社会治理中的“三社联动”：内涵、机制及其实践逻辑——基于深圳市H社区的探索》，《社会科学》2016年第7期。

很难办到的。在经济社会建设发展为中心的市场大环境下,政府在很多情况下的定位主要是推动经济社会发展,而原本应该由地方政府直接提供的基本公共服务却并未完全引起社会的足够重视①。因此,要让罗田县的基层司法行政职能建设顺利进行就需要解决这些障碍,就必须努力改变现在结构上的弊病。

罗田县开展法务前沿工程到现在,通过制订并落实各种措施促使乡镇司法所职能由虚转实。乡镇司法所也设有法务前沿两个试点领导工作小组,设正副组长。试点领导小组办公室设在乡镇司法所,设所长办公室的副主任,由司法所所长亲自担任。乡镇司法所同时担负着组织、参与、指导、监督和业务考核的各项工作责任。司法所第一责任人的主要工作是面向乡镇法务部门工作站相关人,对他们进行日常业务上的培训,指导其业务规范,指导考核工作;组织、帮助乡镇法务机关工作站人员建立和健全业务工作规范台账,定期对乡镇法务机关工作站人员进行了日常工作监督检查和业务考核评定,指导他们及时建立业务规范工作档案;组织指导和监督管理乡镇法务工作站的日常业务工作等。乡镇司法所主要负责对乡镇地方司法工作站人员提供与其相关的司法业务技能指导和技术培训,这一举措主要是夯实乡村司法工作站的基础,弥补目前乡村矛盾调解机构组织和工作人员在司法专业知识方面的缺失,强化其在乡村矛盾调解、纠纷案件调解中基于现代社会法治价值理念的核心价值意识取向。例如访谈编码为LT060DJW的文件中记录:每年所里都有人去下面讲课,县里给了我们四个协理员的指标,每年给村里面讲两堂法律课,特别是在文书制作、案卷方面对他们进行指导,还有调解过程中,帮他们弄清楚法律关系。

乡村调解员不仅要深知乡村的社会规范,还需具有一定的法律知识和对政策有一定的敏感性。司法所工作人员通过日常的培训指导工作,适时培养乡村调解志愿者和普通民众的法律意识并帮助他们树立法治观念,推动法律理念在乡村的孕育。此外,司法所工作人员的又一任务是帮助法务工作站建立和健全工作台账,指导他们将档案整理规范,每星期定时下村帮助服务工作站人员登记工作台账、规范卷宗;指导和管理法务工作站的日常工作,平常也要通过线上联系,如果村民遇到搞不清楚的法律问题,要第一时间用专业的法律知识进行解答。

其次,乡镇司法所主要负责矛盾纠纷综合调解,综合运用各种调解措施,整合各类调解资源,对矛盾纠纷进行排查预警、分析评估、调解处置、归口管理、分流处理,化解基层法务前沿工作站移交的疑难复杂矛盾纠纷。乡镇司法所将各司法部门进行整合,使其在面对矛盾纠纷时并非单打独斗,充分让各个相关职

① 参见张振波:《论协同治理的生成逻辑与建构路径》,《中国行政管理》2015年第1期。

能部门，如公安局、人民法院等都参与其中，打破传统各部门各司其职的窠臼。现在的体制是让司法所组织多个部门共同处理困难。乡镇司法所完善乡村矛盾纠纷调解与诉讼的衔接机制[①]，将疑难纠纷移交司法局、人民法院进行司法调解；将一些日常的社会治安事件移交公安部门；将信访事件移交乡镇党委政府和司法局。乡镇司法所从日常工作出发，进一步推动社会治安、信访、诉讼、调解、仲裁等部门的互相配合，充分发挥各部门的优势，实现部门优势互补、良性协调互动，形成工作合力，构建矛盾化解、纠纷协调化解方式多元化、科学化、法治化格局。

最后，司法所的监督和考核作用，为解决纠纷提供了制度上的动力。有些偏远地方的基层自治组织的调解功能因为各种历史遗留问题基本上处于完全瘫痪的状态，工作人员成天需要帮助一些乡镇政府人员完成额外的中心工作和日常管理工作，而对于分内的工作却难以有所作为。罗田县司法局局长在全面推进法务前沿工程动员大会上的讲话针对这一问题提出了解决办法，讲话中强调要不断建立和完善法务站工作制度，增进对村（居）法务站的业务指导，加大对村（居）干部、首席调解员、调解员、社会志愿者的业务培训，严格对法务站工作的检查、督办，确保法务站工作正常开展。要进一步坚持加强和规范各级司法所机构建设，按照以各级司法所为服务平台、整合发挥基层中心工作力量、为基层工作提供服务的建设目标，扎实加快推进“一所三中心”建设，提升各级司法所基层整体工作服务水平。对考评和激励机制的强化，一定程度上避免了对纠纷解决并不关注的被动境地。

实施法务前沿工程之后，司法所的法律服务职能有一定的调整，部分职能下移，直接下移到村（居）服务平台，乡镇司法所不再直接专门担负几十个行政村（居）的法制宣传、法律保障和提供法律服务的相关工作，很大程度上有效避免了因为工作人员少但工作任务重而无法兼顾各种事宜的尴尬情况，有效地缓和了基层行政司法所工作力量配备不足与基层承担的繁重司法工作任务不相适应的矛盾，也进一步推动了司法机关参与基层社会治理，使其对基层的工作更加熟悉。罗田县司法局副局长（访谈编码 LT068HXP）说：“司法所处理问题有弹性，以调解为主。如果司法所的中心下移到村，那么法务前沿工作站就能很好地处理问题。大问题向司法所反映，整个乡镇的司法行政工作来到乡镇，自己处理一部分，减轻我们的工作。一些乡镇司法所缺乏各村居民自治组织及内部执法力量的共同支持，将会最终导致其对于履行司法职能的力不从心，政策的正确执行也会大打折扣。”

法务前沿工程的一大重要特色就是充分发挥县、乡镇政府各级司法所及其

① 参见何欣峰：《社区社会组织有效参与基层社会治理的途径分析》，《中国行政管理》2014 年第 12 期。

部门的重要司法主导作用,作为市和县政府乡镇司法局的主要司法派出机构,司法所起到承上启下的重要作用,在法务前沿工程中,一方面向上传递法务前沿工程的政策构想,提出在实际运行过程中实施的具体建议,另一方面,向下指导法务工作站的实践,动员基层社会力量、"村两委"干部和农村精英群体、人民调解员等参与到日常纠纷调解中来,起到了衔接贯通和统筹作用[①]。虽然在乡镇司法所之上还设有县司法局,但这只是一个形而上的机构,真正发挥核心作用的是乡镇司法所。乡镇司法所还要负责对地方工作站提供一定的帮助,比如相关的业务指导和培训,以及跨部门协调的联系中介等工作,可以说乡镇司法所是整个法务前沿工程的中枢。司法所在法务前沿工程的推行过程中,占据对各方各面进行权力调控的重要位置,法务前沿工程的核心工作就是在乡镇司法所的引导下开展的。

在法务前沿工程实施过程中,乡镇司法所和村委会等基层政权代表,发挥了极为关键的作用,这种模式在一定程度上契合了法团主义的特征,这些单位也可以进一步成为凸显中国法团化的主要组织单位,因此在理论上能够借鉴西方法团主义的理论,并且将其理论知识应用到农村社会治理实践中。法务前沿工程从另一个层面来讲也为官民沟通搭建了一个新平台,司法所通过法务工作站将村干部、律师和村民三方有机联系起来[②]。在法务工作站设立以前,这三者联系并不紧密,村干部主要负责村里的日常事务和一般的人民调解工作,实施法务前沿工程之后,村干部、村里的中心户都要定期接受县司法局的指导,学习常用的法律知识和如何开展法务前沿工程的相关培训,通过这样的培训来提升自己的纠纷解决能力,从根本上解决矛盾。只要村法务工作站的工作人员在工作中遇到困难,需要相关人员协助来完成法务前沿工程中的法律咨询、维权、调解等工作,司法所将会全力配合,做到调解有人参与、维权有帮助、咨询有回音。

法务前沿工程平台,也增加了村民与村干部接触的机会,接触的增多让沟通变得更加频繁,这进一步减少了村民上访的频次,提高了调解纠纷的效率。与外派的机关不同,乡镇司法所不是国家政府机关从外部强制地嵌入乡村社会的,而是根植于乡村社会的,可以汲取村庄内生性资源实现社会治理。但是我们也应该注意到,乡镇司法所作为国家的代表,其职责是在一定程度上扩大的,可以在国家的主导下,对村委会这种基层的自治组织起到完全的调控指导作用,所以在这种基础上建立的体制,对于乡村社会是一种垂直式的渗透和灌输,这与法团主义所强调的自上而下和自下而上双向结合的体制是有所不同的。

---

① 参见杨丽,赵小平,游斐:《社会组织参与社会治理:理论、问题与政策选择》,《北京师范大学学报(社会科学版)》2015年第6期。

② 参见金太军,赵军锋:《基层政府"维稳怪圈":现状、成因与对策》,《政治学研究》2012年第4期。

特别是当各级基层行政司法中心行政服务机构将主要工作精力全部花在对各乡村(村民居)一级行政法务前沿法律工作站的业务管理、指导、协调等方面,并努力使自身的法律工作任务融入当地各级党委、政府的司法中心业务时,其服务地位就从直接法律服务者转变成了间接法务管理者。这时,可能会突然出现司法所需要严禁的一些超越行政职权、参与非职务公开活动的法律问题,其直接结果是一些乡镇行政司法所因其整体职能结构定位上的职能缺位、错位和职权越位而不能过度地公开参与,甚至过度干预村级行政法务前沿工作站的日常工作,挫伤基层志愿者的积极性。

五、前沿阵地:村级工作平台

司法工作最关键的部分在基层,也在农村。如今我国农村社会也迎来了关键的转型期。但是,在我国农村经济社会转型中,进步和困难是并存的,多元化的农村经济发展也带来了各类纷繁复杂的农村矛盾、法律纠纷,其中,土地合同纠纷、宅基地拆迁纠纷等农村经济纠纷占据的比重越来越大,广大乡村农民干部对农村法律咨询服务的需求量也日益增长。目前市场化的农村法律咨询服务普遍已经超越了普通农民的法律承受能力范围,基层法律服务资源供给又明显不足,这造成农民缺乏维护合法权益的有效途径,成为推动农村民主与法治建设的一大难题①。

2005 年,罗田县精简乡镇政府司法机关工作人员,乡镇司法所的行政工作人员大幅度减少,人员削减到每个行政单位 1～3 人。罗田县共有约 60 万人,设十二个县级乡镇司法所,也就是说平均每个乡镇司法所要直接管理约 5 万人。这直接导致基层人民法律咨询服务队伍力量严重减少,有限的服务人员导致罗田县整个基层司法机关、行政检察机关法律职能的严重低效和弱化,甚至严重缺位,服务也难以惠及全乡(镇)居民。与此同时,广大乡村农民干部经常遇到的农村法律咨询问题与日俱增,法律咨询服务市场需求量的不断增大与农村法律咨询服务人力资源供给不足的矛盾变得十分明显。时任罗田县司法局局长王国强这样说道:“司法行政机关很软弱,没有硬指标,但是职能设计是很合理的。但是按照实际的人员配置,很多事情做不到,有 16 个社区矫正对象,安置帮教对象有十几个,这么多人,这么多事情,职能怎么发挥啊? 搞一两个地方的司法所根本解决不了问题,就说 16 个矫正对象,你就没办法,管不了他,怎么办? 必须找个机制,在村里搞个司法平台。”因此,为发挥社会力量将服务平台推至村(居)一级,同时有效发挥司法服务自身的职能,法务前沿工作站在罗

① 参见孙晓莉:《多元社会治理模式探析》,《理论导刊》2005 年第 5 期。

田县各地推广开来。

当下我国乡村微观社会组织结构已经逐渐发生变化。组织和社会动员技术的广泛运用不仅是研究国家权力如何下沉和有效渗透到其他乡村微观社会的重要手段，也是研究乡村社会司法人员在国家权力与乡村其他微观社会权力之间如何进行有效妥协与平衡的一项重要工作策略。法务前沿工程需要统筹和指导动员基层以及社会各界力量来共同建设法务基层工作站，促进法务基层化解纠纷的关口有效前移，促进司法所组织职能结构下沉，推动基层建立法务系统，建立权责明晰、运转高效率、保障有力的基层司法行政服务体系的前沿阵地。法务前沿工程在全县推广以来，到 2009 年底启动为止，全县 412 个村均已经建立了农村法务前沿工作站，聘请 6000 多名农村法律咨询服务专业志愿者，让他们参与到农村基层司法综合服务体系的建设当中。法务前沿工作站在各县乡镇司法所的组织指导下，广泛调动和组织社会力量，吸纳农村精英，一同来构建农村公益性法律服务体系，同时面向广大农民群众提供无偿法律服务。但其自上而下有序推进的项目设置工作方式和严格的技术工作领导责任制，使新法务前沿工作站体现了一定程度的官办或半官办色彩[①]。由此可见，法务前沿工程的乡村工作站既充分体现了国家意志，又为促进我国乡村经济社会法务力量的自发建设发挥了积极推进作用。这一方面可以使目前国家的乡村居民社区的自我治理政策变得更为切实可行，另一方面也充分满足了我国乡村居民社区自我管理方面的基本需求。

法务前沿工作站由各村司法所行政干警亲自担任站长进行业务管理指导，法务前沿工作站与“两委”一套人马两块牌子，各村分别依托人民调解委员会和治保委员会联合成立各村法务前沿工作站，“两委”（村支部委员会和村民委员会）主要单位负责人亲自兼任工作站长，作为各村司法所和行政管理干警的主要辅助工作人员，担负同样职责的还有各级调解员、社会服务志愿者，在各村司法所干警的悉心指导下，各方一同开展各项工作。其中，农村司法所专职干警由各级国家机关公职人员构成，他们主要对各村的法务宣传工作站的各种工作及时进行指导，如农村法律政策宣传、人民调解、安置帮教、社区矫正、法律援助、法律咨询服务等各方面的法律业务，并对一些比较困难、复杂的问题及时进行法律处理、调解。站长一般由书记兼任，具体的执行由治保调解委员会的治保主任来完成。

法务前沿工程在罗田县推广前，治保调解委员会的两个功能分别是治保联防和人民调解。治保主任实际上是公安（职能）的一种延伸。开展法务前沿工程，具体的实施部分得由他们来做。现在，治保委员的工作是以法务前沿工作

① 参见姜晓萍，焦艳：《从“网格化管理”到“网格化治理”的内涵式提升》，《理论探讨》2015 年第 6 期。

站副站长的身份来做的。村干部在各项工作开展平台中也起到承上启下的重要作用。他们的工作分为两个方面：一方面，对村民志愿者和各级人民法院调解员干部解决不了的法律纠纷问题进行及时调解，对人民调解员干部定期进行法律方面的工作培训，定期对广大村民群众进行相关法律知识宣传；另一方面，根据平台法律工作进展信息进行反馈和汇报，并定期接受县司法所的法律工作培训指导。法务前沿的志愿者队伍十分多元化，从基层全面吸纳村（居）退休老干部、老教师、德高望重的老人、中心户长、无职党员等基层群众。村（居）法务前沿工作站工作人员和社会志愿者积极接受高校教师和基层司法所的法律培训，然后对全体村（居）民进行法律方面的宣传和教育。

法务调解工作站还有一个很重要的基本特征便是其自身具有一定的组织性和服务专业性，成立之初便定位了自己的工作目标，关注的是农村居民社会矛盾、纠纷化解和维护基层经济社会稳定。工作站设置一定的服务标准，吸纳农村社会力量，组织志愿者积极参与，其社会组织管理机构较为正式，组织章程也较为规范。工作站还要落实对责任人的考核，安排固定的法务工作人员，负责日常管理工作等，规范农村人民调解服务工作管理流程，完善制度运行机制，进而使其能够及时进行更有效的社会利益关系表达，确保农村人民调解服务工作公正、合法地开展，将矛盾化解在第一线。

为了使法务工作站的管理、运行进一步规范化、组织化，成为制度化的基层司法行政工作主阵地，各村法务工作站做到了以下几点。一是“六有”，即有牌子、有章子、有工作台账、有档案柜、有办公室、有办公设施，要为开展日常的活动提供必要的场所，配备必要的办公设施；二是“四落实”，即组织落实、机构落实、制度落实、责任落实；三是做到了“十四上墙”，即领导小组、工作职责、服务范围、工作制度、调委会组成人员名单、岗位责任制、纠纷排查调处制度、学习制度、统计制度、档案管理制度、工作原则和工作纪律、纠纷当事人的权利和义务、绩效挂钩和考核细则、联调联防图等宣传上墙；四是建立了“十二项工作台账”，即普法对象花名册、普法学习登记册、调解组织花名册、纠纷排查登记册、简易纠纷受理调处登记册、矛盾纠纷受理调处登记册、社区矫正对象花名册、协管帮教活动登记册、帮教对象花名册、帮教活动登记册、外出务工人员花名册、法律援助法律咨询登记册等。

法务前沿工作站是健全重心下沉、力量下移、保障下倾的司法行政服务工作机制的载体，在整合纠纷、调解资源、创新基层矛盾化解方式方法、促进社会平安稳定方面充当了重要的载体。法务前沿工作站充分发挥了其来自基层农村人民并贴近基层农民主体群众的服务优势，零距离开展工作，有效开展矛盾纠纷处理，进行调解，快速处理到位，有效平息矛盾事态，为矛盾纠纷双方提供切实的利益表达的沟通和解决的渠道，这种解决方式关注各方切身利益，最大程度地凝聚矛盾纠纷调解主体群众共识,整合并调动基层乡村各方社会治理的人力资源,形成推进基层农村社会治理的强大合力[①]。

六、县、乡(镇)、村(居)三级联动

罗田县政府通过开展法务前沿工程,开创出一条化解社会矛盾、实现基层社会和谐稳定的社会治理创新路径。就法务前沿工程的建设开展而言,关键的管理问题就是如何正确调适和规范各个县、乡(镇)、村三级管理机构层级组织结构的管理问题,如何正确、合理地划分各个县、乡(镇)、村各自的层级管理结构,以及与实际情况相协调、适应的管理权力、责任、职能等方面问题,搭建行之有效的能够上下联动的工作网络。因此,法务前沿工程的总体思路是一方面深化整合职能资源、完善职能联结、明确服务职能、保障规范运行,另一方面确立农村法务前沿工作站的功能定位和服务内涵,制订并组织实施各方面工作的规划,整合并不断优化各职能部门间的资源搭配,建立并不断开拓完善多元法制服务发展渠道,将法制服务管理方式进行创新并把运作规范管理机制进一步完善,加强农村法制服务人才培养和管理,促进全体村民积极参与,制定并组织实施长期有效可行的法制发展规划并将规划进一步落实,从而推进农村构建法制服务规范有序的“1＋N”农村基层社会治理平台。

法务前沿工程所建设的“1＋N”农村基层社会治理平台,一方面横向整合司法行政工作相关单位资源,另一方面纵向推动县、乡(镇)、村(居)三级治理机构贯通、扁平指挥,通过横向、纵向两个维度形成纠纷联治、工作联动、稳定联创的良好局面。县级服务领导协调小组健全组织运行、管理、考核等各项相关配套工作制度保障机制,压实组织责任,增强组织权威,强化责任保障,确保各级人民政府服务组织以及各级法务部门工作站严格规范组织建设和有效正常运行,建设了一个基础服务设施完备、工作管理力量有效整合、职责类别定位方向明确、层级职责功能清晰、信息技术支撑有力、运行机制高效的县级基层经济社会治安综合治理服务体系。

在建设工程具体实施过程中,法务前沿工程建立了高标准的农村建设工程领导工作小组,建立由各个县委、县政府统一组织领导,司法机关行政主管部门牵头主抓,相关民政部门积极配合,乡镇(村)具体实施的建设工作网络,该工作网络已经涵盖众多县级政府部门,涉及全县司法行政、公安、法院、检察院、民政、宣传等相关行政部门,以及全县各乡镇、村(居)“两委”,形成了跨部门协调

---

① 参见王阳:《从“精细化管理”到“精准化治理”——以上海市社会治理改革方案为例》,《新视野》2016年第1期。

工作模式。跨部门统筹协调综合工作创新模式的统筹运作与综合管理机制的工作原则是县统、乡管、村用，在工作过程中推动各级地方政府建立健全农村乡镇政府主导、村民民主自治、社会公益组织共同参与的综合管理机制，切实有效地提高基础设施综合利用效率。

具体而言，县级人民政府负责统筹规划管理法务前沿工程布局，县、乡分别成立各自的乡村法务前沿领导小组并以各分管领导为首任组长，汇总、管理、整合各级各有关部门的财政资金项目；各法律行业主管部门加强对法务前沿工程工作的指导和强化资源配置保障；各级乡镇政府根据实际情况选择法律服务项目，调配一批驻村执法工作人员，监督服务平台日常管理运行；各村（居）政府在乡村人民调解委员会和治保工作委员会的人员基础上成立村法务前沿工作站，由党委书记（包括村委会主任）兼任工作站长，平台用户所在的村"两委"及其组织者、周边地区村民主动充分利用服务平台现有资源，保障周边村民有效、主动参与和及时享有法律服务。同时，法务前沿工程结合全市网格化社会管理的要求，将各个要素都纳入治理平台，分别是人、地、物、事、组织等五个要素，及时发现人民群众的诉求，及时解决、处理，定期开展全市社会治安风险防控，就地化解矛盾、处理纠纷，推动全市形成一个纵向从顶到底、横向从点到边的三级联动纠纷处置处理机制①，明确各级组织干部领导和治理网络平台建设，形成县、乡（镇）、村（居）三级齐抓共管的社会维稳治理网络体系。

法务前沿工程构建三级社会维稳网络，推动开展社会治安防控联防，组织协调罗田县专项社会治安综合防控工作体系试点建设，协调组织推动涉及公、检、法、司和公安民政等多个职能部门的有关社会治安综合治理重点事项的妥善解决；协调推动矛盾解决、纠纷调解机制，常态化地组织人员开展矛盾纠纷大排查，充分利用行政诉讼调解、司法行政调解、人民调解等方法和手段来为基层民众解决问题；推动重点人员联管，对一些安置帮教和社区矫正人员的现状进行定期访问并全面掌握、全天候密切关注和服务管控。另一方面，为充实三级联动的治理架构，法务前沿工程一直以来都积极吸引社会多元主体参与，以行政力量整合体制内外各方资源，进而激发自下而上的基层自治功能，来配合司法行政部门自上而下地推动②，实现国家司法力量与村庄内生秩序协调互补，组织创新，并疏通和健全多方力量参与农村法治建设的路径，沿着这条路径来保障行政与自治力量合作下农村法治建设的有序进行。

---

① 参见吴晓燕：《精细化治理：从扶贫破局到治理模式的创新》，《华中师范大学学报（人文社会科学版）》2017 年第 6 期。

② 参见夏锦文：《共建共治共享的社会治理格局：理论构建与实践探索》，《江苏社会科学》2018 年第 3 期。

第二节　平台建设

一、村(居)一级法务前沿工作站的特征

法务工作站的成立具有明显的地方政府司法行政监管力量和在强力支持推动下成立的特征,其自上而下有序推进的项目设置服务方式和严格的法务工作领导责任制,使每个村(居)社区法务前沿工作站本身体现了一定程度的官办或半官办色彩。得益于此,法务工作站成为基层政府和村民的连接节点。一方面,法务工作站利用政府提供的外部法治资源,培育了村庄内部治理力量,节约了国家在维护社会稳定方面的成本;培养村庄精英参与公共事务的兴趣,提高自治能力;防范乡村治理的内卷化,助力乡村振兴。另一方面,法务工作站作为矛盾纠纷处理的缓冲地带,缓解了基层司法行政机关直接面对碎片化矛盾纠纷的压力,服从于国家构建有效治理体系的需要。

然而,法务工作站作为协调联动机制中设立的新的协调机构,在嵌入政府权力结构时,有可能打破部门分工和权力平衡,干预其他部门的工作,最终走向后期发展乏力的困局。由此可以看出,任何一个新的职能机构的正式设立必须有一定的法律依据、职能机构分工和职责权限,通过以上几点来避免职能越位,干扰其他有关国家司法权力、社区经济自治及其权利的正常合法行使。和我国其他社会程序治理典型案例一样,法务前沿工程这个充分迎合我国现实社会需求的治理机制也有创新,其新意是成立治理机构的社会职能范围延伸,但是其行为并没有充分的社会法律法规根据和严格的社会程序管理规则来对其进行规范和保障,所以在原有社会治理机制依然发挥作用的情况下应该如何给予法务前沿制度保障成为难题。基层司法行政综合服务体系中各部门权责关系相互交错。基层各级司法前沿行政机关服务管理质量的提升关键在于如何实现基层法务前沿行政工作站的主体权责明晰,厘定其在推进基层司法社会经济治理上所依法享有的政治权力与法律权利,及时明晰主体责任和法律义务,确保其在其位谋其事,确保不责任越位、不责任缺位、不责任错位,避免政出多门、推诿、卸责、扯皮,从而彻底破除当前制约我国基层各级司法机关行政管理服务质量发展的诸多体制上和机制上的弊端,进一步优化基层法务前沿行政工作站的组织设置,使其职能更加优化、运行更加高效①。一方面严格保证各级法务前沿

① 参见陈光中,步洋洋:《审判中心与相关诉讼制度改革初探》,《政法论坛》2015 年第 2 期。

技术工作站成员拥有有效独立履行职责的技术资源、知识和业务能力,另一方面严格约束其不断扩张业务地盘,防止其干扰其他政府部门、基层组织权力的正常行使。这也就要求我们准确、深刻地把握行政法务前沿工作站的主要职责服务范围,明确应该管什么和不该管什么的问题,使其在落实执行各级基层行政司法机关行政法律服务中心职能的整个过程中具备自身的独特性和合法性。

二、村(居)一级法务前沿工作站的功能

(一)社会矛盾预防功能

一直以来,维护社会稳定是各级政府工作的重要领域,是国家与社会面临的共同挑战。因此,各地方人民政府部门制定了详细周密的工作制度和管理办法,其中社会矛盾纠纷风险排查因素更侧重于风险预防和推进源头综合治理,使社会维稳治理工作能够做到防患于未然,逐渐成为大多数省级人民政府开展社会治安综合治理各项工作的重要组成内容。矛盾纠纷及时排查,是在矛盾纠纷突然产生和矛盾激化以前,采取措施事前介入事后处理,力争事前有效解决矛盾问题,节约公共行政管理成本的同时又充分预防和有效减少不和谐社会因素的频繁发生。

法务前沿工作站定期组织、安排人员开展矛盾纠纷排查化解工作,自法务前沿工程实施以来,累计安排开展矛盾纠纷定期排查4769次,把有矛盾纠纷发生苗头,可能导致突发性社会群体冲突事件,可能直接激化为大、中、小规模的社会矛盾或其他严重干扰正常社会生产、生活、社会秩序的矛盾纠纷化解在最初级阶段,实现办小事不出农村、办大事不出县、矛盾不上交的目标。法务前沿工作站的全体工作人员努力引导广大基层农民干部及时发现和表达合理的诉求,及时捕捉和准确把握农民群众的负面言论苗头和倾向,了解农民所思、农民所想,在第一时间详细、准确掌握群众所在地矛盾纠纷调解的各个细节发展情况和社会发展趋势动态,防止矛盾纠纷急剧演变、持续升级、处置不当。

法务前沿工作站化被动为主动,充分激发站内志愿者的主动性,发挥其调动村庄内部关系的能力。志愿者因为其自身的公共身份和地方威望,以及内生于农村的特性,更加容易获得农民的信任,更容易切实发现矛盾纠纷隐患,主动进行规范和引导,对基层矛盾,确保发现得早、控制得了。例如,在矛盾预防方面,法务前沿工作站进一步下沉延伸到组,组长对这些农村内部的情况比较明白,也能够把这些情况及时反映到村委会,如果还是处理未果,就上报给司法所,通过这个流程彻底地解决日常矛盾。

(二)矛盾纠纷多元化解功能

法务前沿工作站积极组织、协调、处理各类矛盾纠纷,确保一般矛盾纠纷解决时不出农村。法务前沿工作站对全国基层矛盾纠纷化解工作进行了积极有效的实践探索,并在探索调研的基础上建立了一套行之有效且符合当地实情的多元矛盾纠纷化解工作机制,建立之后已受理和调解各类利益纠纷 14 876 件,协调处理各类群众非法上访 98 起,阻止各类基层群体暴力械斗 58 起,防止民政局转办死刑纠纷案件 160 件,防止各类民间利益纠纷案件引起群众自杀身亡案件 54 起,从这些成果看该机制有效维护了农村地区的和谐与稳定。

现代社会,法律诉讼日渐成为解决纠纷的主要方式,并在实践中取得了显著成效。但作为一种纠纷调解的方式,法律诉讼亦非尽善尽美,尤其是在中国农村这样一个熟人社会,村民之间比起城市更加讲究风土人情,相较于通过法律手段,如打官司等解决问题,大家更希望遵循村庄内部的道德规范和风俗习惯而进行私了,这种情况在很大程度上限制了法律诉讼作为农村矛盾处理手段的功能和效果。再者,很多村民无法承担高昂的诉讼费用,烦琐的程序也会耗费村民太多精力,所以大家转而求助于其他手段。事实上,对于矛盾纠纷的处理,各种民间的非法律力量一直存在。其中,调解就是极为重要的一种处理方式。调解是指当事人双方出现矛盾纠纷时,第三者介入,进行沟通排解,以求解决争端,达到双方的相互谅解。这个第三者一般而言通常是村庄内有威望的人,因此可以得到矛盾双方的认可。同时,因为他们生于斯长于斯,更熟悉村庄内部的风俗习惯和社会道德,通过摆事实、讲道理的方式从中疏导,动之以情,晓之以理,从根源上解决矛盾,避免脱离实际的技术化倾向,以和平的方式解决问题,维护村庄内部的安定团结。

法务前沿工程充分考虑了当前农村社会矛盾的特点和成因,建立了以法务前沿工程志愿者、法务前沿工作站和司法所为主体的三级对接、三调联动的多元纠纷化解机制①。其中,法务前沿工程志愿者负责纠纷、治安和信访信息的采集,对事件进行初步处理,力求就地化解,确保矛盾纠纷早发现、早报告、早处置,实现源头治理。志愿者在调解纠纷的具体过程中,与矛盾双方沟通时,基本上相互之间说情比较多,疏通和劝导多,同时,也会充分汲取法律权威,使处理结果更容易得到双方的信服。河铺镇司法所所长说道:"我们建立这个法务工作站,村干部也懂一些法,不懂的话找我们,我们跟他们分析之后,让他们去做工作,在法律层面进行劝导。比如两个人为了一点小事情打架,一方坚持要另

① 参见赵孟营:《社会治理精细化:从微观视野转向宏观视野》,《中国特色社会主义研究》2016 年第 1 期。

一方赔一万块钱，但是实际损失只有一千块钱，那差距很大，这样的话调解难度很大。那这种情况就跟他说，如果按照法律规定打官司的话，不会拿到这么多，通过这样的方式去劝导就会解决问题。有的时候他心里只服这个人去跟他讲，从法律层面来说这个当事人有多大的过错、对方有多大的过错，坚持按照法律判的话，可能赔偿远小于一千元，那么在这种情况下通过志愿者做工作就能很好地解决纠纷。但是如果我们去做工作说这个三七开，那肯定不行。”法务前沿工作站的志愿者不是专职的，大多数都是兼职的，而且流动性很大，遇到事情时，不同对象需要不同的志愿者。例如司法局领导举的一个例子：甲和乙私下关系不错，丙和乙发生纠纷，甲就成为志愿者。也就是说，村委会是法务前沿工程的灵魂，他们必须掌握这些人的信息，然后发动这些人去做工作，这样才能形成相互带动的关系。

（三）法律法规宣传教育功能

农民们在建立自己的农民行为法律预期时，过分依赖中国传统社会伦理和中国乡土生活规范中确立的农民行为预期规则，而不依赖或不主要依赖由法律提供的法律制度管理资源。然而，传统权威的逐渐消解也使从传统权威力量那里获得的共同文化信仰和共同生活习惯越来越少，无法有效阻止农民个人的自由自主变化和理性发展，农民企业理性化工作使之前能够约束部分农民企业个体自愿搭便车违法行为的传统权威力量越来越弱，解决满足农民个体合作之需的传统工作方式越来越难真正发挥作用。传统伦理的逐渐衰弱和法治资源的嵌入困难，带来了乡村治理的困境。因此，吸取外部的法治资源和法律制度，觉醒中国农民的基本法律意识显然意义重大。

实施法务前沿工程前，罗田县的法制宣传教育工作囿于体制不完善、人员资金不足的缺陷，“四五普法”“五五普法”等工作只在一两个村搞试点，停留于写标语、挂横幅的阶段，应付验收即可，流于形式，实际效果难免不尽如人意。针对这个情况，法务前沿工程为加大普法力度，提高广大民众的法律素养，在普法宣传方面推广了一套颇具特色的工作方法。法务前沿工程实施以来，罗田县连续开展各类集中普法宣传教育活动 548 场，参加普法的人数达 14.9 万余人；共审结办理各类法律援助和维权诉讼案件 720 余件，为相关当事人依法避免和挽回直接经济损失 7000 多万元。

法务前沿工作站定期组织开展相关法律法规进驻村农户的宣传活动，组织村民积极学习相关法律法规和执行国家方针政策，提高村民的基本法律素质。普法村的宣传教育工作主要任务是将各个行政村的村组党员干部、群众代表、党员等人集中起来进行拉网式培训，建立常态化农村基层干部、志愿者法治培训，扩大普法队伍的同时，确保他们在实际纠纷调解中尽量按照司法程序、按照法的精神来开展工作。法务前沿志愿活动开展三年多以来,聘请了6000多名法务志愿者,各乡镇司法所每月都会组织志愿者开展一次相关法律法规和政策的基础知识、纠纷争议调解处理技巧等的业务培训。针对落实到位的村,乡政府单位还要奖励。建立法务宣传工作站,开展法律进农村(社区)民主法治示范村(社区)等宣传活动,近、中、远距离深入开展农村法制宣传,克服过去普法宣传工作活动开展时开会、发宣传资料、做表面文章的弊端,促进我国农村普法由虚转实。除此之外,从2011年6月开始,武汉大学法学院组织专家、教授20余人对法务前沿工程的志愿者进行免费培训。培训班一共分四期,依次进行,每期三天,共有450人报名接受本次培训,扩宽了社区法制教育的普及渠道,建立了常态化的,对农村企业社区领导干部、志愿者干部的法治教育培训,提高了推进农村社区矛盾纠纷解决治理的工作的科学性、系统性和工作时效性,培养了农村社区矛盾纠纷处理主体和农村社区干部志愿者充分运用传统法治处理思维和各种法治处理手段有效化解各种矛盾和化解纠纷的能力,努力把各种农村社区矛盾和社会问题的处理、解决工作纳入社区法治工作轨道。

(四)安置帮教、社区矫正功能

法务前沿工作站志愿者监督管理本村社区矫正对象,及时反映他们的活动情况。法务前沿工程实施以来,安置帮教"两劳"回归人员648人,帮助91名社区服刑人员顺利解除矫正。一般来说,社区矫正是指将所有符合国家相关法律规定的刑事处罚罪犯暂时安置于指定的社区内,由专门的国家机关在指定社区内各相关部门,如中国社会主义青年团、民间组织和其他中国社会主义青年志愿者的共同努力协助下,在有关刑事判决、裁定或刑事处罚量刑决定最终结果确定的一个有效期限内,矫正其可能形成刑事犯罪不良行为心理和其他违法行为上的不良恶习,促使其顺利融入社会,生活回归正常的非长期强制监禁的与民事罪犯刑罚判决同时执行的监督管理制度①。农村地区社区矫正工作的开展方式单一,大多依靠基层行政力量强制推行,缺乏民间组织、社会志愿者等诸多力量参与,导致资源整合能力低,实际工作不到位。而且,基层司法行政机关自身囿于人力与资源限制,无法及时准确掌握受矫正者的实时情况,对农村社区矫正对象的监管教育常常处于缺位状态,给农村基层社区矫正工作带来诸多困扰。

罗田县的农村社区矫正管理工作本质上是由当地公安机关直接交给受矫正者所在单位或其他基层组织直接承担的,2007年后才纳入了司法所的职责范围。罗田县各乡镇司法所囿于人力和资源的限制,根本无法将这个工作落实到

① 参见王顺安:《社区矫正的法律问题》,《政法论坛》2004年第3期。

位。法务前沿工作站的成功设立,调动了广大农村城镇社区法务人员的工作积极性,群策群力,更好地实现了对矫正对象的监管、矫治和服务。来自九资河镇的法律工作者说道:"社区矫正对象有20个左右,一般是交通事故。安置帮教对象有35个左右。矫正对象管理措施主要有汇报、参加活动、公益劳动。因无权力、无资金,对社区矫正对象的帮扶主要通过个人关系进行。"基层社区矫正工作者虽然不一定具有高级执法者的特殊身份,不是指导社区矫正服务机构的高级公务员,但是在指导社区矫正机构工作中所能够起的重要作用仍然是不能被我们低估的。正如ZWD所言,法律工作者扎根基层,一来熟悉基层情况,二来收费低一些,比较负责。边远地区律师不爱去,主要还是法律工作者去。在缺乏资金和人力的情况下,法务工作站依靠自身充分调动基层社会资源参与社区矫正工作,为矫正对象重返社会提供帮助,预防重新犯罪。

法务工作站对本村刑释解教工作人员定期开展讲解帮教指导活动,协助其解决日常工作以及生活过程中的实际困难和问题,积极开展安置帮教工作,走依靠群众的路子,齐抓共管,形成合力,构建新的防控平台,减少和控制重新犯罪。法务工作站的志愿者与帮教对象都是熟人,更容易取得对方的信任,可以根据帮教对象的具体情况,提供一些特定的帮助。其次,大多数志愿者与帮教对象日常生活中的接触很紧密,可以第一时间知晓帮教对象的思想动态,有助于法务工作站和司法部门及时了解帮教对象的情况,更好地引导其改造思想。在法务工作站志愿者的努力下,罗田县的帮教工作取得了很好的成效。例如村民LJL说道:"尽量少关、少羁押。要明确权利,通过我们的智慧,管理好帮教对象,让他们都不再犯事,让他们重新融入社会。"成功的案例:村委会改造,他自己建了房,能够有保障。现在刑满释放的人,都是有点本事的,'牢里关着英雄犯',出来还是有点本事的,有可能比原来干得还好。学友、战友、狱友,都能解决很多问题。

(五)基层法律援助服务功能

有专家学者分析认为,大量保障农民工的政治权利和其他公民权利,既不能在原来的农村完整地得到实现,又不能在特大城市、农村社区集体有效落地,造成了目前传统性脱嵌和现代性脱嵌的双脱嵌困局①。

针对这样的困局,法务前沿工程主要负责人王国强说:"遇到这样的事情,家乡很多人需要法。第一,体现家乡的温暖。第二,很多人不懂人情,不懂外面的情况,不懂法,甚至有的人还不识字。村里的领导带律师进行法律援助,这个

---

① 参见魏娜:《我国城市社区治理模式:发展演变与制度创新》,《中国人民大学学报》2003年第1期。

法律援助也是法务前沿工程的内容。我们现在有一个响应机制,司法所决定这个事情应该怎样处理,如果你家里很穷,应该搞法律援助,会马上为你联系律师,法律援助的律师陪你去,路费都不要。"

公证处理制度建设是现代我国农村法律处理制度非常典型的一个组成环节,社会主义新农村制度建立以后,公证正在广泛介入,应用到众多与法律制度关系密切的新型农村重要经济事务处理中,如土地承包经营、宅基地开发使用、征地农民拆迁财政补偿等农村经济和民事处理活动。公证作为一种具有不可预防性和不可前置性的国家市场经济司法活动机制,是我国市场经济司法活动过程中的"经济警察",在促进农民收入增长、改善农村治理方面发挥了独特作用。但是农村基层各级政府和人民群众的基本公证服务意识仍然不强,县域各级公证处所的群众服务能力明显不足,公证管理体制不顺也在一定程度上严重制约了我国农村地区公证管理服务的有效推广。法务工作站的法律工作者根据罗田县农村社会经济生活的实际需要开展公证服务,主要为农村土地承包经营、宅基地使用权、房屋所有权流转以及村集体资产租赁等提供公证服务,很大程度上弥补了公证机构无法全面覆盖农村等一些偏远地区,满足不了农村特定经济活动的公证需求的弊端,有效发挥了公证预防纠纷、保护权益的作用。法务工作站联系的公证服务贴近基层、成本低廉、服务群众,满足了村民日益复杂的生产生活活动的切实需要。

改革开放和国家确立向市场经济体制快速转型以来,人民群众生活质量水平日益稳步提升的同时,社会经济发展出现了种种矛盾和不平等的社会失衡发展现象。目前,改革发展进入新的关键时期,在实现建设特色社会主义现代法治国家的战略目标和大环境下,需继续大力发展农村法律援助保障制度,使全国农村基层人民依法获得社会司法公平正义。成立法律援助服务中心的目的主要在于通过公民法律意识强化唤醒、技能水平培训、机构队伍建设等多种方式,帮助广大农村社会弱势群体及时获得有效率的法律援助,实现公民基本权利的充分发挥。自2015年6月29日,中共中央办公厅、国务院办公厅印发了《关于完善法律援助制度的意见》以来,法律援助工作广泛开展,在中国经济发达地区成效初显。但在经济落后的农村地区,法律援助的情况却不容乐观。贫困村民通往法律援助的道路并非坦途:一方面,村民法律意识虽有所加强,但仍缺乏对法律的准确、全面认知,对法律援助制度的了解仍处于模糊不清阶段,不知道如何谋求法律援助服务[①];另一方面,乡村法律援助机构有名无实,缺乏法律援助人才,提供农村法律援助服务难免力不从心。

---

① 参见李昌麒:《弱势群体保护法律问题研究——基于经济法与社会法的考察视角》,《中国法学》2004年第2期。

大部分地区的基层司法工作仍主要停留在县区或乡镇一级，对于最基层的农村社区仍然处于“悬置”状态，村民为了寻求法律援助常常需要到乡镇甚至县区才行，这不仅对保护基层群众的法律权益造成了阻碍，也令法律和司法部门的影响不能通达广大乡村社会。法务前沿工作站的设立，在一定程度上改变了法律援助的状况。例如胜利镇上金垸村方书记说道：“法务前沿工作站让农民了解法律、运用法律。很多没钱的农民请不起律师，能够交一点，就交 100 块钱，先缓一下，等案子打完了再交剩下的钱。有的农民没钱打官司，到村里开个证明，低保户、五保户或者特困户，司法机关先把官司结了再收费。法律援助也分好几种，比如说经济纠纷官司就先少交一点钱，把官司打了再说。”

除上述工作外，法务前沿工作站还需要完成对村级法律图书室的日常管理；健全日常工作台账，建立规范档案，做到简单纠纷有登记，一般纠纷有档案、有纠纷排查登记；定期上报工作开展情况，按时上报各种报表和材料等工作。

第四章　发展完善(2010—2020年)：从地方工程到罗田模式

第一节　机制形成：从新型法律服务到法务前沿工程

2002年，中共十六大报告将社会管理明确为政府的四项主要职责之一，报告指出，要坚持打防结合、预防为主，落实社会治安综合治理的各项措施，改进社会管理；2003年，中共十六届三中全会从完善社会主义市场的视角提出完善政府社会管理职能，构建社会主义和谐社会这个重大战略任务。基层司法行政工作所担负的每一项职能都与构建社会主义和谐社会密切相关：法制宣传职能营造和谐的法治环境，人民调解职能营造安定和谐的社会环境，社区矫正和安置帮教职能预防和减少重新犯罪，法律援助和法律服务实现社会公平正义。所有这些职能在构建社会主义和谐社会中具有不可替代的作用。

在法务前沿工程实施前，乡镇司法所的同志只能力所能及地处理一些有可能造成严重后果的纠纷。而从村(居)级组织来说，农村税费改革后，推动农村民主法治建设和维护农村社会稳定在其工作中所占据的比重越来越大，但由于缺乏一个强有力的工作机制和一个可以对其直接进行业务指导的机构，村(居)级组织在推动基层民主法治建设、预防和化解矛盾纠纷以及预防和减少重新犯罪中的工作质量和工作效率相对还比较低下。

2005年罗田县实行政府机关人员精简之后，乡镇司法所的工作人员被压缩到了每个单位1～3人。罗田县共有约60万人，全县辖凤山镇、骆驼坳镇、大河岸镇、九资河镇、胜利镇、河铺镇、大崎镇、三里畈镇、匡河镇、白庙河镇，白莲河乡、平湖乡10个镇2个乡，设十二个乡镇司法所，平均每个司法所管理约5万人。

乡镇司法所是我国司法行政部门在地方的基层单位，其主要的工作职能是指导管理基层法律服务工作、协助基层政府处理社会矛盾纠纷、参与社会治安综合治理工作、完成上级司法行政机关和乡镇人民政府(街道办事处)交办的维护社会稳定等有关工作。由于人力物力的制约，乡镇司法所在开展有关工作时，往往是被动性地提供服务，服务的范围也较窄，而有些需要村民委员会承担的职能更是形同虚设，如村人民调解委员会的管事理念是“可管可不管”，又如社区矫正这一块的工作，就没有在农村推行，从而导致整个基层司法行政机关职能的低效化，甚至缺位。

基于这样的现实条件，2007年底罗田县司法局提出法务前沿工程构想——在乡镇党委政府的统一领导下，在司法行政机关的指导下，以村(居)自治组织为依托，整合司法所干警、村(居)干部、社会志愿者和其他社会组织等各种力量，建设融法制宣传教育、人民调解、社区矫正、安置帮教、法律维权等多项工作为一体的，将司法行政管理职能下移到村(居)组织的综合服务体系。

2008年，中共十七届三中全会将“农村社会管理体系进一步完善”列为“2020年农村改革发展基本任务”之一。2009年，全国政法工作会议提出，紧紧抓住影响社会和谐稳定的源头性、根本性、基础性问题，深入推进社会矛盾化解、社会管理创新、公正廉洁执法三项重点工作。2010年，党的十七届五中全会从建立健全基本公共服务体系的角度提出，加强和创新社会管理，正确处理人民内部矛盾，切实维护社会和谐稳定。2011年，国家十二五规划指出，加强和创新社会管理，提高社会管理能力，创新社会管理体制机制，加快服务型政府建设，在服务中实施管理，在管理中体现服务，保持社会安定有序和充满活力。

2012年，党的十八大报告提出，在改善民生和创新社会管理中加强社会建设，加快形成党委领导、政府负责、社会协同、公众参与、法治保障的社会管理体制。2013年，中共十八届三中全会将推进国家治理现代化作为全面深化改革的总目标之一，并在文件中专列一章部署社会治理体制——“社会治理”首次出现在党的正式文件中，由此，中国治理体系由社会管理转型为社会治理的时代已然到来。

2014年，政府工作报告提出，改进社会治理方式，坚持以人为本、依法依规、科学应对，既进行有效处置，又探索建立新机制，以提高社会治理水平。2016年，国家十三五规划指出，加强和创新社会治理，加强社会治理基础制度建设，构建全民共建共享的社会治理格局，提高社会治理能力和水平，实现社会充满活力、安定和谐。

各地也在逐步进行治理实践的探索，贯彻社会治理的基本要义，丰富社会治理的实践，探索适合不同处境的治理实践。从历史发展视角来看，随着政策不断推进、完善，地方实践也在不断更新。2002年，河北“青县模式”以政府为主导，推动社会治理的进行，延伸扩建政府原有职能，以适应社会治理的新形势。

2003年，江苏“南通模式”由市、县、村等各级调解中心自上而下地构建矛盾纠纷调解工作六级网络；2004年，四川“北川模式”整合乡镇行政执法派生机构，组建各级法律事务中心，实现乡镇、社区上下互动的运行方式；2005年，福建“厦门模式”鼓励专业的调解组织和基层法务工作人员参与到调解中;同年,山东新泰“平安协会”由一支基层巡逻队转型为由乡镇政府牵头的群众自治组织,构建一套政府调控为主调,社会协调为辅助的社会治安立体防控体系。

2008年,湖北省罗田县司法局提出的法务前沿工程,由当地政府领导,整合基层司法工作人员、村干部、社区志愿者等多方力量,建构法制宣传、人民调解、社区矫正、安置帮教、法律维权等多项基层司法服务为一体的综合法律服务体系,旨在深入探索社会治理的基层实践,使社会治理各项基本服务和权力部门下沉到基层,不断进行因地制宜的社会治理地方探索,为之后各地的社会治理实践提供先进经验。

一、法务前沿工程的工作模式

法务前沿工程经过3年的发展,形成了固定的运行模式(见图4-1),概括起来,主要有以下几种做法。

(一)构建组织网络,搭建工作平台

在全县各村(居)组建法务工作站,由司法所干警负责法务工作站的业务指导,法务工作站与“两委”一套人马两块牌子,“两委”主要负责人兼任站长,与人民调解员、社会志愿者一起,作为司法行政干警的辅助人员,在司法所干警的指导下,开展八项工作:开展矛盾纠纷排查调处,确保小纠纷不出组,大纠纷不出村;组织村民学习法律法规和国家政策,提高村民的法治意识;对本村(居)刑释解教人员开展帮教活动,协助他们解决生产生活中的实际问题;协助监督管理本村(居)社区服刑人员,及时反馈活动情况;帮助本村(居)外出务工人员联系法律服务人员解决涉法问题,维护农民工的合法权益;帮助村(居)民联系公证服务;为经济困难的村(居)民联系法律援助服务;定期上报工作进展情况。到目前为止,全县412个村(居)全部建立了法务工作站,形成了遍及城乡的基层工作网络。

(二)广纳社会精英,聚集治理力量

警力有限,民力无穷,基于农村面大人多,乡、镇、村维稳人手太少的实际,法务前沿工程把村民信任的老党员、老干部、老教师、老战士、德高望重的老人和热心服务群众的个体工商户吸收成为法务前沿工程志愿者。到目前为止,全县共选聘志愿者6000多名,这些志愿者通过培训以后,成为所在村的“明白人”,与乡、村干部一起,广泛宣传法律知识,积极调解邻里纠纷,主动反馈各种信息,热情做好社区矫正和安置帮教工作,成为村湾、社区的快速、有效的社会治

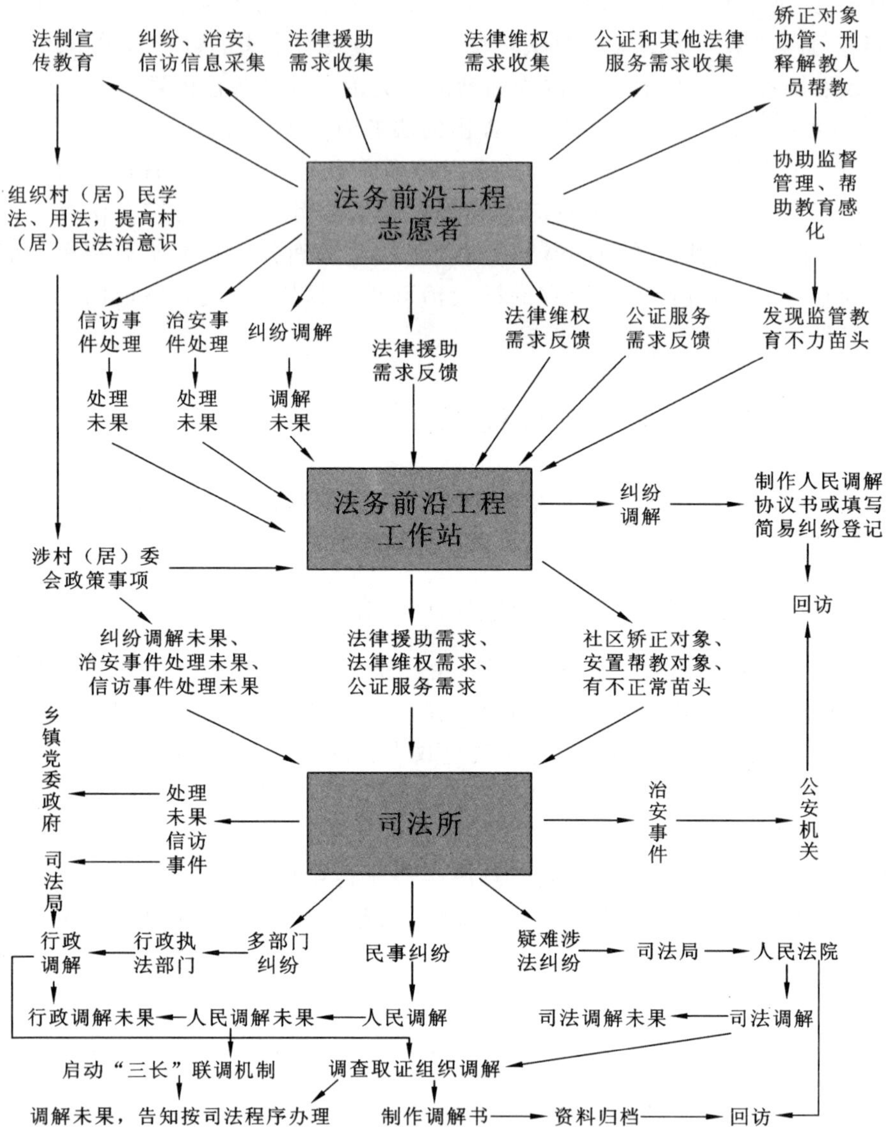

图 4-1　法务前沿工程工作流程图[①]

理力量。为了激发志愿者的积极性，该县还选聘优秀的法务前沿工程志愿者转任公益性岗位，担任司法协理员。目前已落实公益性岗位 50 多个，形成了法务前沿工程志愿者队伍建设的长效机制。

① 该流程图是笔者依据法务前沿工程照片重新绘制的。

(三) 规范运作方式,确保治理实效

为了使村(居)法务工作站真正发挥作用,罗田县把村(居)法务工作站建设纳入基层党组织五个基本建设内容,加强了村(居)法务工作站的规范化建设,各村(居)法务前沿工程总体工作要求均达到"五有"(有牌子、有章子、有工作台账、有办公室、有基本办公设备)、"两上墙"(法务工作站职责、法务前沿工程基层维稳流程图)、"一项工作台账"(法务前沿工作站工作台账)。村(居)法务工作站作用得到进一步发挥。

(四) 加强培训学习,提升队伍素质

为深化法务前沿工程建设,罗田县集中对全县12个乡镇中心学习组和412个村进行了拉网式培训,累计开展集中培训活动1236场次,44余万人接受了普法和法务前沿知识教育,形成了良好的支持和参与法务前沿工程建设的氛围。与此同时,罗田县委组织部、县委政法委、县司法局、县人力资源与社会保障局和武汉大学公益发展法律研究中心联合举办了法务前沿工程——农村法律实务培训班,对全县450名法务前沿工作站站长和志愿者进行了集中脱产培训,有效提升了法务前沿工程队伍的素质,使其调解矛盾纠纷、维护基层稳定的能力大幅度提高。

(五) 加强组织领导,健全工作机制

为了加强对法务前沿工程建设的领导,罗田县成立了高规格的法务前沿工程建设领导小组,出台《实施法务前沿工程意见》,对法务前沿工程实行"五纳入",即将法务前沿工程工作纳入县委、县政府对各乡镇年度综合检查考核内容,纳入社会治安综合治理目标考核内容,纳入对乡(镇)、村(居)干部绩效工资挂钩内容,将工作经费纳入综治维稳经费范围,将法务前沿工程建设作为专项纳入全县性大会表彰范围。建立起由县委、县政府统一领导,司法行政部门主抓,相关部门配合,乡镇村具体实施的工作网络。

(六) 明确责任分工,形成工作合力

罗田县明确规定了司法行政、公安、法院、检察院、民政、宣传等相关部门,以及各乡镇在法务前沿工程建设中的责任,要求县司法局加强对法务前沿工程建设的指导、总结、典型经验推广;要求县公安局积极配合加强对社区服刑人员的帮教、监管工作;要求法院加强诉调对接,切实提高人民调解协议的采信率;要求民政部门积极解决社区服刑人员和安置帮教对象生活中的实际困难,将符合低保条件的社区服刑人员和安置帮教对象纳入低保,加大对"三无"(无家可

归、无业可就、无亲可投）帮教对象的关注力度，做好社会救济；要求宣传部门加大宣传法务前沿工程建设力度，广泛宣传法务前沿工程的内容、作用、重要意义和成功经验，提高干部的认识。各相关单位认真落实县委、县政府的要求，积极参与法务前沿工程建设，县组织部、县人力资源与社会保障局、县司法局联合发文，就村（居）法务前沿工作站长选任、优秀法务前沿工作站长落实公益性岗位、法务前沿工程志愿者培训以及村（居）人民调解委员会换届有关问题进行规范，确保村（居）法务前沿工程队伍稳定。县法院与县司法局联合发文，就诉讼与调解工作的对接、非监禁刑审前社会调查相关问题进行规范。县公安局、法院、检察院、民政局、司法局、人力资源与社会保障局联合发文，进一步明确各单位社区矫正工作职责。县总工会、妇联、残联、青联、民政局、司法局等单位联合发文，强调加强法律援助和维权工作的协作和配合，确保社会弱势群体得到更加普惠的法律援助和法律维权。

二、法务前沿工程实践创新的显著成效

（一）完善农村司法工作阵地设施配备

在村（居）组织建立法务工作站，由司法所干警负责法务工作站的业务指导，法务工作站与“两委”（村支部委员会和村民委员会）一套人马两块牌子，“两委”主要负责人兼任站长，与人民调解员、社会志愿者（离退休老干部、老教师、村民代表、无职党员、村里的“明白人”）一起，作为司法行政干警的辅助人员，在司法所干警的指导下，开展人民调解、社区矫正、安置帮教、普法教育、法律援助、法律服务等基层司法行政工作。村法务工作站建设总体工作要求达到“六有”（有牌子、有章子、有工作台账、有档案柜、有办公室、有办公桌椅）、“四落实”（组织落实、机构落实、制度落实、责任落实）、“十四上墙”（领导小组、工作职责、服务范围、工作制度、调委会组成人员名单、岗位责任制、纠纷排查调处制度、学习制度、统计制度、档案管理制度、工作原则和工作纪律、纠纷当事人的权利和义务、绩效挂钩和考核细则、联调联防图）、“十二项工作台账”（普法对象花名册、普法学习登记册、调解组织花名册、纠纷排查登记册、简易纠纷受理调处登记册、矛盾纠纷受理调处登记册、社区矫正花名册、协管帮教活动登记册、帮教对象花名册、帮教活动登记册、外出务工人员花名册、法律援助法律咨询登记册等）。通过对基层领导干部、行政执法人员、学生、企业员工、外来务工人员等基层群体开展不同形式的法制宣传教育，通过开展“法律进农村（社区）”“民主法治示范村（社区）”等活动，提高他们的法律素质和法律意识，营造依法办事的氛围，奠定构建和谐社会的法治环境基础。

（二）开展基层人民调解工作效果显著

把大量的矛盾纠纷解决在基层和萌芽状态，有利于防止矛盾纠纷的转化和激化，有利于预防和减少犯罪，有利于消除人与人之间的矛盾、隔阂，促进社会成员之间的诚信友爱、团结和睦。全省共建立人民调解组织 35 147 个，共选聘 17 万余名调解员、近 20 万名纠纷信息员。这么一支庞大的队伍，在矛盾纠纷的排查、预防、调处工作中必将迸发出巨大的力量[①]。2011 年，全县民事诉讼案件与上年同期相比，减少了 14.5%，民事案件调解成功率提高了 21%，刑事发案率下降了 5.7 个百分点，信访案件下降了 10 个百分点，出县上访人数下降了近 20 个百分点。罗田县的人民调解工作在法务前沿工程的帮助、配合下，在继承原有组织结构的基础上，引入新的元素，完善了组织形式，也强化了功能作用。实施法务前沿工程后，有效延伸了司法所的职能范围，变管理为服务。司法所加强了同村（居）的联系，对村（居）的建设提供各种业务指导，如参与调解和提供培训、提供各种法律援助等。过去老百姓有矛盾纠纷时，求助司法所和调解组织解决，现在则把百姓以前的“上询”求助变为司法所工作人员的“下访”服务，让“民找官难”变成了“官找民易”。自上而下和自下而上的联合体，使社会公正得到了有效保障。以法务前沿工程为依托的人民调解，是上下贯通的。

从上往下的这条线，不仅有强制的上对下的管理关系，也有一种温和的合作及指导关系；从下往上的这条线，不仅体现一种简单的职责和义务所在，也出于一种服务于民的社会责任感，这主要体现在法务前沿工程强调“多方参与”特别是积极吸纳社会志愿者参与这一点，这使社会的公平公正不再是一家之言，而更加民主化，同时，可以为构建和谐农村社区添砖加瓦。社会主义新农村的“和谐”不仅包括人与自然的和谐、人与文化的和谐，也包括人与人之间的和谐，“和合”是我们老祖宗留下来的经验，也是我们在构建新农村社会时的精髓。法务前沿工程下的人民调解致力于化解人与人之间的矛盾纠纷，倡导“合”，营造“和谐”；它不同于诉诸公堂的法律手段。

> “是这样的，农村的人有家族观念、房头观念、人情观念，这些我比较熟悉，所以在村里面做得比较长。当干部不能目中无人，要平易近人、平等待人，别人有困难，你要去援助，别人有什么事情，你帮助解决，这样，发生什么问题，也好处理些。他要发生问题，他要那个面子嘿。比如有一次，有个年纪大的人去买酱油，结果钱找错了，卖东西的人让他把多找的钱退回去，

① 参见罗田县司法局内部资料汇编：《法务前沿工程理论与实践》，2011，第 64 页。

但是那个老头说没有多找钱，我就跟那个卖东西的人说，你看他年纪多大，就算了，几毛钱的事情。就是这样，农村的事情和法律不同，有的事情还是不能用法律来办。”（访谈编码 LT037ZBZ）[①]

（三）达成社区矫正、安置帮教多元支持

社区矫正和安置帮教职能，让社区矫正和安置帮教工作对象这个特殊群体放下思想包袱，树立生活的信心，重新做人，开始新的生活，使其尽早融入社会，避免重新犯罪。目前，全省共接收矫正对象 1.2 万余名，重新犯罪率为0.17‰。2005 年至今，全省共回归刑释解教人员 5 万余人，重新违法犯罪 751 人，重新犯罪劳教率 1.49%以内，为维护全省社会稳定，促进经济发展做出了积极贡献。

第一，强化了司法所社区矫正日常工作的管理能力。罗田县司法工作人员人力不足的问题是社区矫正工作开展的最大瓶颈[②]。实行法务前沿工程后，工作模式由原来的司法所对社区矫正工作直接操作，转换成将部分具体任务交给法务前沿工作站完成，司法所把主要时间和精力放在布置、指导、督办、检查、考核上，在很大程度上将司法所从繁复的具体事务中解脱出来，提高了工作效率和执行力。此外，基层社区矫正工作机构队伍力量得以扩大。以前是司法所直接面对社区服刑人员，现在是法务前沿工作站直接面对社区服刑人员，由“一对一”升级为“多对一”，法务前沿工作站的十几名、几十名工作人员直接面对一个农村社区几名或十几名社区服刑人员，后备力量的补充使社区矫正的社会力量发生极大的变化。

第二，培育和强化了基层农村改造罪犯、预防犯罪的机制与功能。法务前沿工程，通过教育培训，大大增强了社区、村干部和农村群众的法治意识和改造罪犯、预防犯罪的意识。法务前沿工程场域下的社区矫正工作进行了一系列机制创新，形成了社区服刑人员接纳、安置、监管、帮扶等一整套制度措施，充分发挥了村（居）预防犯罪的自治功能。

第三，有效地整合了村落文化与多重良性社会关系，发挥了社区矫正的综合效应。法务前沿工程中的社区矫正模式是将犯罪的人放置在他们熟悉的场域——从小到大熟悉的环境，而且社区矫正的司法工作人员也是他们熟悉的人，使矫正对象更加投入矫正工作，感受到相对融洽的社会环境和村（居）乡土氛围，提升他们的归属感和认同感。

---

① 来自访谈记录，访谈对象编号为 LT037ZBZ。

② 参见罗田县司法局内部资料汇编：《法务前沿工程理论与实践》，2011，第 98 页。

第四,政府推动与群众参与的成功对接。首先,司法所与基层农村组织建立起一种责任关系。社区矫正志愿者,同时也是村委干部、农村精英,他们自带"特殊志愿者"的优势,熟悉社区矫正人员,更容易实现政府及社区矫正机构所要求的工作目的,达到更好的矫正效果。

第五,社区服刑人员的权益保护与义务履行有机结合。社区服刑人员一旦回到农村社区,诸如责任田(林)、住房、找工作等问题和困难都得到解决,他们也享受一般村民的待遇[①]。同时,社区服刑人员在获得合法权益和帮扶救助的基础上,也能较好地履行赡养老人,教育、抚养子女,建设农村社区,补偿受害人等义务。在法务前沿工程下的社区矫正工作带有丝丝"人情味",充分整合社会力量参与进来。

> "矫正是这样的,开始我们就是调查,法院下一个通知,犯罪行为比较轻微的,对他进行要求,就是开庭之前,到当地的村里、农户家里、村委会里或者单位里,进行简单的调查,看他当时的行踪、这个人的表现、群众认可度,再就是当事人,地方的当事人,比如说赔偿到不到位啊,如果说都可以,我们呢,就写个调查报告。给县司法局查看,再向县法院递交。收了后,我们就对他进行管理,管理一月一次,书面思想汇报,一天的劳动证明,义务劳动,由村委会写。我们呢,对他进行个别教育,特别是新来的,按照出台的社区矫正办法,讲解一下。一个季度搞一次集中学习,每个季度搞一次集中教育。"(访谈编码LT013LHT)

(四) 实现基层法律援助服务便捷高效

开展法律援助和提供法律服务,保障弱势群体的应得利益,为其提供优质高效的法律服务,切实解决他们"不敢打官司、打不起官司"的问题,为有理无钱者提供法律援助,实现社会公平正义。法务前沿工程实施以来,罗田县开展集中普法教育活动548场次,参加普法的对象达14.9万人;办理法律援助和维权案件720余件,为当事人避免和挽回经济损失7000多万元[②]。法务前沿工程大大扩展了法律援助对象的范围,致力于拉近法律服务与群众的距离,有效地解决了群众打官司难的问题,保障了法律的正确实施和当事人的合法权益,维护了社会公平正义。法务前沿工程通过一系列的普法宣传活动和法律援助工作,

---

① 参见罗田县司法局内部资料汇编:《法务前沿工程理论与实践》,2011,第105页。

② 参见罗田县司法局内部资料汇编:《法务前沿工程理论与实践》,2011,第164页。

使农民认识到法律的重要性，并帮助他们运用法律武器维护自身的合法权益，法律逐渐走入农村社会并发挥规范农民行为、维护农民权益的作用。

> “当时法律援助工作在我们这里开展。遇到这样的事情，家乡很多人需要法。第一，体现家乡的温暖。第二，很多人不懂人情，不懂外面的情况，不懂法，甚至有的人还不识字。村里的领导带律师进行法律援助，这个法律援助也是法务前沿工程的内容。我们现在有一个响应机制，司法所决定这个事情应该怎样处理，如果你家里很穷，应该搞法律援助，会马上为你联系律师，法律援助的律师陪你去，路费都不要。”（访谈编码 LT059WGQ）

（五）促进基层社会综合治理能力提升

1. 营造公正法治环境，构建和谐农村社会

第一，营造和谐的法治环境。实施法务前沿工程，近距离开展“法律进农村（社区）”“民主法治示范村（社区）”等活动，对基层领导干部、行政执法人员、学生、企业员工、外来务工人员、农民等基层群体开展不同形式的法制宣传教育，提高他们的法律素质和法律意识，营造依法办事的氛围，奠定构建和谐社会的法治环境基础。

第二，营造和谐的社会环境。正确处理人民内部矛盾，积极化解社会矛盾，平衡各种利益关系，就能为实现社会稳定与和谐打下坚实的基础。法务前沿工程能够第一时间排查化解民间纠纷，把大量的矛盾纠纷及时地解决在基层与萌芽状态，有利于防止矛盾纠纷的激化，有利于预防和减少犯罪，有利于消除人与人的隔阂，促进村民之间、居民之间、家庭成员之间、个人与单位之间的诚信友爱与团结和睦。

第三，有效预防和减少犯罪。法务前沿工程充分发挥了社区矫正与安置帮教职能，让社区矫正与安置帮教工作对象放下思想包袱，树立生活信心，使之更好地重新做人，尽快融入社会，避免（或减少）重新犯罪，最大限度地增加和谐因素、减少不和谐因素，促进社会的和谐，维护社会的稳定。

第四，实现社会的公平正义。公平正义是和谐社会的重要标志。法务前沿工程零距离地为农村群众提供了法律援助和法律服务，为保障弱势群体的利益得以完全实现提供了前提条件，切实解决了他们“不知道打官司、不敢打官司、打不起官司”的问题，使有理无钱者实现了法律意义上的公平与正义，对于构建和谐社会有着极其深远的意义。

第五,通过更加具体的管理指导、协调基层法务工作,为经济发展与和谐社会的构建营造良好的社会环境。社会要和谐,离不开经济发展,而经济发展又离不开法律服务,法律服务又需要基层司法行政机关的参与,实施法务前沿工程后,基层司法所将主要精力花在管理、指导、协调上,使所在乡镇的基层司法行政工作平衡发展、齐头并进。

> "实施法务前沿工程以来,最大的成绩就是法律知识进入各家各户,大家了解了法律知识,另外,矛盾纠纷的调解使村里更加和谐稳定。"(访谈编码LT072GJY)

2. 实现职能下移,构建服务体系

法务前沿工程依托基层,变管理为服务,延伸了基层司法行政的职能,使基层司法行政在构建和谐社会中的职能得到充分发挥。

第一,在不增加政府职能部门办公人员的前提下,立足农村、依靠农村,下移司法所权力,在农村搭建自己的服务平台,完善和拓展了自我职能。一直以来,因为各种客观条件的制约,无论是从服务的量,还是质来说,司法所在农村工作的深入程度都不尽如人意。法务前沿工程倡导把司法所的权力下移,在农村克隆一个类似其服务功能的机体。这种举措,从司法行政部门来说,使其管理和服务功能得到了强化和完善;从广大受益的群众来说,在农村的社情发生了巨大的变化后,传统的乡规民约、地方风俗习惯及宗族力量治村的习惯逐渐被时代抛弃,而依法自治乃大势所趋,法务前沿工程实时地回应了农村这个社区变革的要求,更好地服务了村民自治。

第二,实施法务前沿工程适应了村(居)干部工作重心的转移。现阶段,村(居)干部的工作重点已转移到引导广大村(居)民进行小康社会建设与和谐社会建设上,而建设和谐社会的工作又与司法行政部门的职能紧密相连,相互依存,具有兼容性。把基层司法行政机关的六项职能落到实处,毫无疑问是对城乡构建和谐社会的直接推动。

第三,实施法务前沿工程使司法行政工作更好地服务基层党委政府中心工作。实施法务前沿工程,搭建村居维稳平台,能够使司法行政工作更好地融入党委政府的中心工作,有效实现维稳资源共有、维稳工作共担、维稳成果共享,从而实现"为党委分忧、为部门减压、为广大人民群众解难"的工作目标。

第四,实施法务前沿工程实现了司法行政职能的回归。虽然基层司法所承担着维护基层社会稳定的重要职责，但在实施法务前沿工程以前，司法所作为司法行政机关的最基层的单位，担负着几十个村(居)的法制宣传、法律保障和法律服务工作，普遍存在着人员少而任务重的情况，基层司法所力量不足与承担的繁重维稳任务不相适应的矛盾日益凸显，如果不能很好地处理这些矛盾，司法行政机关的地位就会被边缘化。

第五，实施法务前沿工程促进了司法行政工作职能转换。随着公民法律素质不断提高，法制观念不断增强，人们对法律的需求越来越迫切。法务前沿工程作为司法行政机关一个新的工作抓手，能有效解决基层司法所职能弱化的问题，实现基层司法行政职能从管理型向服务型转变，使基层司法行政在构建和谐社会中发挥更加重要的作用。

3. 促进群众参与，发展基层治理

整合多方力量参与，实现社会资源的优化配置。法务前沿工程整合司法所干警、村干部、社会志愿者等各种力量，把各种可以利用的资源都纳入这个机制，村干部替代作用让农村的法律服务得到了保障，同时司法所干警的参与和业务指导保证了整个服务的专业性，社会志愿者的参与则更大程度地使公平公正在农村兑现。法务前沿工程的决策既依据“政治价值”“法律价值”，也注重为民减负大环境下的“经济理性”，优化各种社会资源的配置。农村基层司法行政机构在面对农村社区及农民群众履行职能和提供服务的过程中，不仅要切实发挥自身的主导作用，而且要充分调动基层群众的积极性，组织动员社会力量、社区成员积极参与，努力实现组织形式的多样化和服务主体的多元化。在参与过程中，农村社区成员的参与是社区成员主体地位的体现，社区成员不再是被动的、被管理、被服务的对象，而是主动参与治理、提供服务的主体。农村社区成员的广泛参与，不仅可以保证农村基层司法行政服务决策的科学性和可行性，还有助于增加决策的社会可接受性。

> “我是法务前沿工程的先进工作者，再加上我口才也可以，有时候可以讲一上午。给别人讲农村矛盾的构造、从哪些方面构造这些矛盾、如何化解，这些问题的关键在基层。我以前在罗田县给他们领导说，我们走马岗村自己可以调解好自己的事情，不需要劳改法，也不需要监狱。这个矛盾积压起来就变成了犯罪，解决事情要抓住苗头，在苗头出现之前如果可以化解，就没事了。”(访谈编码 LT037ZBZ)

第二节　模式推广:从县内试点到全国铺开

一、法务前沿工程推广的必要性和可行性

(一)必要性:法务前沿工程重构农村社会治理新规范

法务前沿工程作为一项地方性的乡村治理创新实践,通过司法行政体制创新推动乡村法治的实践,对其他地区乡村治理法治化的实践提供了有效的经验,有借鉴意义;另一方面,其顺应了乡村治理现代化和治理有效性需求的治理背景,实现了乡村治理水平的提高。因此,法务前沿工程具有较高的推广价值。

1. 提供法治乡村建设的经验借鉴

乡村法治建设是乡村社会治理现代化的必经之路,由于法律在乡村治理中的长期缺位,在新时期构建乡村社会法治体系面临极大的挑战。当前我国农村社会的普遍面貌是经济社会发展落后、人才流失,在此背景下虽然农村社会对法治的需求日益增强,但是缺乏能力和条件由本土自发构建内生的法治体系,当前农村社会法治建设仍主要依靠外力推动,即依靠国家强制力量为乡村社会治理注入法治要素。在以国家力量推进乡村社会法治建设的进程中,基层的司法机关应当发挥至关重要的作用。然而,乡镇司法所作为司法行政机关的基层单位,担负着几十个村(居)的法制宣传、法律保障和法律服务工作,普遍存在人员少而任务重的问题,基层司法所力量不足与承担的繁重法治任务不相适应的矛盾日益凸显,这些矛盾严重影响乡村社会法治建设的成效。法务前沿工程的实施,将乡村司法所的职能下移至村(居),借助村自治组织的力量搭建法务前沿工程治理平台,减轻司法所负担的同时也提高了法治效力,有效解决了基层司法所职能弱化的问题,实现了基层司法行政职能从管理型向服务型转变,使基层司法行政在农村法治建设中发挥着更加充分的作用。法务前沿工程将司法行政职能下移的实践对其他农村地区的法治实践有极大的借鉴意义,尤其是在一些比较偏远的农村地区,在村(居)搭建法务平台可以有效缓解由于距离原因导致的法治缺位。

访谈对象LT60DWJ指出:“法务前沿工程实施后,司法所工作成效提高。工程实施之后我们的工作量有所减少,每年所里都需要人去下面讲

课。县里给了我们四个协理员的指标，每年给村里面讲两堂法律课，特别是在文书制作、案卷这方面，我们会教他们。还有调解过程中，帮他们弄清楚他们的法律关系。司法改革之前只有一个人，1984年之后收编了，人员全部归司法局管。我们司法所有十一大职责，但主要职责还是人民调解和法制宣传，现在还有一个社区矫正工作，全部靠司法所的话，人员不够。工程帮我们减轻负担，还帮我们监督，早发现早预防。比如距离镇上较远的一些村庄，当地的村干部监督这些刑满释放的人，我们也放心些。当地村委会更了解，接触的时间更多。"

法务前沿工程的实施也有效缓解了农村社会法治建设缺乏专业队伍的问题。法治要求极高的专业性，而在城乡发展差距巨大的背景下，城市巨大的拉力将农村人口大量吸引外出，绝大多数贫困落后的农村青壮年劳动力外流严重，主要人口构成是老人、妇女和儿童，乡村法治建设的人才需求难以满足。虽然当前我们的农村社会也正处在快速发展之中，农村面貌日新月异，然而城乡的巨大差距仍会持续较长时间，因此，短时间内基本不会实现农村人口的大量外流，农村对高素质人才的吸引力也难以较快实现提升，因此必须在当前人才匮乏的情况下解决农村社会法治建设的治理队伍问题。法务前沿工程在无法吸引大量专业法治人才的情况下，对农村社会现有可利用的治理力量进行有效的法律培训，组织农村中德高望重的、有一定精力和能力进行法治学习和实践的老人，成立志愿者队伍，定期对其进行法治培训，构建了一支在当前情况下质量较高的法治队伍，有效缓解了农村社会法治建设人才不足的问题。我国绝大多数贫困落后的农村中，人口大量外流的情况是相当普遍的，法务前沿工程有效利用了农村的治理人力资源以推动农村法治建设，具有一定的经验推广意义。

虽然我国的农村社会形态各异，不同的农村社会往往有自身独特的发展情况，然而在现代化发展对农村社会带来极大冲击的大背景下，我们的农村社会也面临一些同质性较高的问题，法务前沿工程的实践，使一些农村社会普遍存在的法治建设问题得到了有效缓解，因此法务前沿工程对其他地区农村社会法治建设的实践具有较高的经验借鉴意义，有一定的推广和发展的必要性。

2. 实现乡村社会治理水平的提高

实施法务前沿工程满足了客观形势发展的需要。随着我国经济社会快速发展，人民内部矛盾凸显，刑事犯罪高发。矛盾纠纷出现多元化、群体性特点，这些新的情况和新的特点，成为农村社会治理面临的新的工作压力和新的课题。法务前沿工程强调事前防范和主动介入，既节约了行政成本，又预防和减少了不和谐因素的发生,大大提高了乡村治理水平。

第一,营造乡村法治环境。通过实施法务前沿工程,近距离开展"法律进农村""民主法治示范村"等活动,对基层领导干部、行政执法人员、学生、企业员工、外来务工人员、农民等基层群体开展不同形式的法制宣传教育,提高他们的法律素质和法律意识,营造依法办事的氛围,奠定构建现代乡村的法治环境基础。

第二,有效稳定社会秩序。正确处理人民内部矛盾,积极化解社会矛盾,平衡各种利益关系,实现社会秩序的稳定是乡村社会治理现代化的第一要义。实施法务前沿工程,第一时间排查化解民间纠纷,把大量矛盾纠纷及时地解决在基层与萌芽状态,有利于防止矛盾纠纷激化,预防和减少犯罪、消除人与人的隔阂,促进村民之间、居民之间、家庭成员之间、个人与单位之间的诚信友爱与团结和睦,维护了良好的农村社会秩序。

第三,有效预防和减少犯罪。法务前沿工程的实施,充分发挥了社区矫正与安置帮教职能,让社区矫正与安置帮教工作对象放下思想包袱,树立生活信心,更好地重新做人,尽快融入社会,避免或减少了重新犯罪,最大限度增加了和谐因素、减少了不和谐因素,维护了社会稳定。

第四,实现社会的公平正义。公平与正义是治理有效的重要标志。法务前沿工程零距离地为农村群众提供了法律援助和法律服务,为保障弱势群体的利益得以完全实现提供了前提条件,使广大农村社会的人民群众能够利用法律手段解决问题,实现了法律意义上的公平与正义,对于构建和谐社会和实现农村社会治理现代化有着极其深远的意义。

第五,通过更加具体的管理指导、协调基层法务工作,为经济发展与现代化乡村的构建营造良好的社会环境。乡村现代化发展离不开经济发展,而经济发展又离不开法律服务,法律服务又需要基层司法行政机关的参与,实施法务前沿工程后,基层司法所将主要精力花在管理、指导、协调上,使所在乡镇的基层司法行政工作平衡发展、齐头并进。访谈对象LT072GJY认为,法务前沿工程的实施有较好的效果:法务前沿工程实施以来,最大的成就就是法律知识进入各家各户,农民更加了解法律知识,另外,矛盾纠纷的调解使村里更加和谐稳定。

(二)可行性:法务前沿工程适应农村社会治理新环境

从乡村社会治理的环境考察出发,在党和国家致力于构建农村社会治理现代化体系的背景下,法治乡村的实践必然具备极大的政策支持力量;另一方面,农村社会观念的不断开放和更新也为法治进入乡村提供了极大的内在需求基础,因此,法务前沿工程的推广具备充足条件。

1. 政策支持：社会治理新政策

在传统的中国社会中，秩序运行以乡村传统文化、乡规民约和人情关系为基础，传统的乡村社会治理具有极大的灵活性和地区差异性。随着乡村社会的不断发展，传统的乡村社会治理逐渐难以满足乡村发展需要，因此，在经济、政治、文化、社会现代化发展对乡村社会产生极大冲击的背景下，乡村社会治理现代化也成为必然趋势。乡村社会治理现代化要求合适的治理主体通过变革创新，采取现代化的治理手段，有效应对新形势下乡村社会的新矛盾，构建一个有效实现农村善治的治理体系。乡村法治建设是乡村社会治理现代化的重要体现，法律是一种刚性的社会治理手段，代表着统一的、明确的、规范的国家意志，是重要的现代治理要素，因此，推动乡村社会治理的法治化是乡村社会治理现代化的必经之路。

然而，法治在农村社会的推行面临极大的挑战，农村一直是法治建设的短板。一方面，中国广大农村长久以来以“礼治”为发展和运行的基石，缺乏法治的文化基础，因此，农民法治意识比较淡薄，依靠社会关系和传统惯例解决矛盾和问题的观念根深蒂固。另一方面，农村在经济发展浪潮中处于弱势地位，落后的经济条件使农村社会缺乏法治发展需要的配套制度以及人才支持。可见，农村社会现代化发展要求大力进行法治建设是毋庸置疑的。

同时，农村法治建设面临的困难也是不容忽视的，在此背景下，党和政府对乡村的发展建设予以高度重视，试图以政策支持推动乡村法治化的发展，尤其是中共十八大以来，在乡村振兴战略背景下，乡村法治建设更是得到了政策的大力支持与推动。党和政府历来重视乡村的法治建设，曾经陆续开展“送法下乡”“依法治村”等活动，之后又正式提出法治乡村建设，确定了其主要目标及基本要求。2015 年，“中央一号文件”指出，农村是法治建设相对薄弱的地区，必须加快完善农业、农村法律体系，同步推进城乡法治建设，善于运用法治思维和法治方式做好“三农”工作，同时，要从农村实际出发，善于发挥乡规民约的积极作用，把法治建设和道德建设紧密结合起来；2016 年，“中央一号文件”提出加强农村法治建设，完善农村产权保护、农业市场规范运行、农业支持保护、农业资源环境等方面的法律法规；2017 年，党的十九大报告提出“坚持全面依法治国”“乡村振兴战略”，要求健全“三治”融合的乡村治理体系，确立法治在乡村治理中的重要地位；2018 年，“中央一号文件”基于实施新时代乡村振兴战略的总体考量，提出建设法治乡村的战略性任务，强调要坚持法治为本，树立依法治理理念，强化法律在维护农民权益、规范市场运行、农业支持保护、生态环境治理、化解农村社会矛盾等方面的权威地位；2020 年，中央全面依法治国委员会印发《关于加强法治乡村建设的意见》，强调深入贯彻落实党中央、国务院决策部署，推进法治乡村建设,为全面依法治国奠定坚实基础,为实施乡村振兴战略提供良好法治环境。

一系列的政策文件体现了党和政府对农村法治建设的重视,也指出了农村法治建设的艰巨性,形式上的"送法下乡"已经无法满足农村治理的需要,法治要素必须与农村社会互相适应才能发挥治理效力,因此,现代化的农村法治建设首先要实现法治的"本土化"和"乡土化",吸纳尚在发挥效用的传统礼治要素,以避免法治要素作为外来事物与乡土社会格格不入。法务前沿工程正是探索法律在乡村社会治理中发挥效用的创新实践,其不仅深刻意识到法治在乡村治理现代化中的重要性,积极探索司法行政体制创新,搭建农村前沿的法务治理平台,有效地将法治要素引入乡村治理中,同时也将法律与传统的道德文化和乡规民约进行融合以客观公正而又灵活地调解矛盾、解决问题。因此,法务前沿工程的实践与乡村法治建设相关政策要求在很大程度上是契合的,党和国家从政策上推动乡村法治建设,为法务前沿工程的继续发展和推广提供了极大的支持和动力。

2. 社会基础:农村转型新观念

费孝通指出,传统的农村社会是"熟人社会",村民们居住在相对封闭的村庄内,以地域为基础形成村庄共同体,人们的生产和生活基本局限于村庄内部,围绕着土地进行,以较强烈的集体意识维系着村庄秩序的运转,在这样的村庄形态中,个体间以较强的关系网络连接,人们的社会行动极大依赖村庄共识基础上的非正式规范。冰冷锋利的法律武器与温情脉脉的传统乡土社会格格不入,强制性的法治力量对传统农村以"礼治"构建的社会秩序无疑是极大的冲击,因此,在传统农村社会中,人们因为人情关系和面子文化,面对矛盾纠纷时也基本不会选择法律援助,因此,法治在乡村社会中发挥治理效用的空间狭窄。

可是,进入21世纪以来,乡村社会已经从"熟人社会"转向"半熟人社会"①,随着现代化的发展、村庄的扩张和流动性增强,乡村礼俗秩序和人情关系逐渐弱化,新的矛盾难以依赖村庄内部权威得到有效解决,现代法治观念逐渐为村民接受。徐勇等学者发现,村民作为主体对法律的接受程度越来过高,乡村社会正在实现从"送法下乡"到"迎法下乡"的转变。董磊明等学者通过对宋村的观察和研究发现,乡村社会越来越具有现代化特征,村民逐渐意识到国家法律力量对重构乡村秩序的重要性,乡村正在不断滋生法治生长的土壤②。陈柏峰

---

① 参见贺雪峰:《新时期中国农村社会的性质散论》,《云南师范大学学报(哲学社会科学版)》2013年第3期。

② 参见董磊明,陈柏峰,聂良波:《结构混乱与迎法下乡——河南宋村法律实践的解读》,《中国社会科学》2008年第5期。

进一步概括学者们关于乡村法治的研究和理论，提出“形式法治论”，认为随着国家现代化进程的推移，传统乡村人际关系受到市场经济和法治社会影响，地方性规范空间受到压缩，地方性共识瓦解，对国家法律的诉求随之提高[①]。

当前中国乡村的变化，主要是现代化、市场化、城市化对从事传统农业的农民和农业型村庄带来了极大的冲击，导致村庄形态发生巨变，农民的思想观念不断更新。随着经济的发展，农民的生产和生活逐渐摆脱土地的束缚，被卷入更大的市场化范围中，村庄的边界也不断扩大、模糊，人们的社会交往和行为不再局限于狭小的村域内，而是发生于更大的社会系统中。乡村社会形态的巨变使乡村不断出现新的矛盾，必须依赖现代的治理理念和手段来解决；与外部世界的频繁互动使人们的思想观念不断更新，乡土情结日益淡薄，行为方式突破了农村人情关系的障碍，人际关系向理性化发展。在不断迈进现代化发展的乡村社会中，法治理念基于乡村社会的现实需要与村民主体主观意识的认同，获得了乡村社会极大的支持。法务前沿工程回应了乡村社会在现代化浪潮中对法治力量的需要，其实践有效缓解了农村社会转型中出现的矛盾和问题，满足了村民对学习法律的渴望和需要，在农村社会日益呼唤法治和理性的时代，法务前沿工程的实践在强大的社会力量支持下必将有更广阔的发展空间。

二、由村镇试点到全县推开

基于现实的需要和理论的支持，2008 年 2 月，罗田县司法局在总结实践经验的基础上，结合农村社情和新农村建设的有关要求，提出了法务前沿工程，并开始在两个乡镇试行。试点村必须具备两个条件：第一，村干部热心负责；第二，村内拥有一定的物质基础，比如办公条件、活动经费等。基于此，罗田县司法局选取了河铺镇和胜利镇作为试点镇，在这两个镇分别选取了两个村作为试点。试行半年后，在司法部门的积极组织及相关部门的主动配合下，法务前沿工程取得了显著的成效。之后，罗田县开始在河铺镇、匡河镇、白庙河镇、胜利镇等乡镇进行试点，探索出了法务前沿工程比较规范的运行模式：乡镇司法所依托各村（居）自治组织建立法务工作站，与“两委”（村支部委员会和村民委员会）实行一套人马两块牌子，由“两委”主要负责人兼任站长，与法务前沿工程志愿者和其他社会力量一起，在司法所的指导下，开展本辖区的法制宣传教育、人民调解、社区矫正、安置帮教、法律援助和法律维权等工作，使基层司法行政工作社会化，形成上有司法所干警，下有村民组长、中心户以及社会志愿者参与的

① 参见陈柏峰，董磊明：《治理论还是法治论——当代中国乡村司法的理论构建》，《法学研究》2010 年第 5 期。

工作格局,在没有根本性地改变机构和人员的情况下,用同样的人力、物力、财力为群众办更多的实事。

在试点工作取得成功的经验的基础上,2008年12月5日,县委、县政府、县人大以及县政协相关领导在河铺镇肖家垸村举行启动仪式,在全县启动法务前沿工程。时任县委委员、县委政法委书记、县公安局局长刘千鸿同志在法务前沿工程启动大会上对法务前沿工程的实施做了最新指示。第一,充分认识实施法务前沿工程的重要意义。基层司法行政机关担负着组织、开展人民调解、社区矫正、法制宣传、依法治理、法律服务、法律援助、安置帮教等工作的职能,在新的发展时期重新审视基层司法行政的全部工作可以发现,每一项职能都是构建和谐社会的基础性工作,也是实现村民依法自治的基础性工作,在构建社会主义和谐社会的系统工程中,具有独特的职能优势,实施法务前沿工程,将司法行政职能延伸到基层,具有十分重要的意义。第二,法务前沿工程试点工作开局良好,进展顺利。试点工作进展有成效,值得借鉴和推广。第三,密切配合,确保法务前沿工程顺利实施。各级党委、政府要加强对法务前沿工程的领导,要加强法务前沿工程阵地建设,各相关部门要密切配合。

2009年初,为了进一步开展法务前沿工程,罗田县司法局邀请武汉大学社会学系有关专家来罗田县调研,为此,社会学系的教授和研究生一行6人专程深入罗田县进行了为期一周的调研,根据法务前沿工程实施一年多的状况写出了《新农村建设中司法行政部门的创新管理机制:基于罗田县法务前沿工程的调查报告》,该报告主要就法务前沿工程提出的背景、运行机制及创新性、主要做法和试点效应进行了客观描述,并在充分肯定法务前沿工程实施意义的基础上提出了建议,为法务前沿工程在全县的推广提供了理论支撑。2009年2月23日,罗田县将大力实施法务前沿工程写入政府工作报告。2009年3月,湖北省司法厅汪道胜厅长等到罗田县调研,对罗田县实施法务前沿工程的做法给予了肯定。2009年4月25日,罗田县司法局在河铺镇肖家垸村召开法务前沿工程培训会,启动全县412个村推进整村拉网式培训活动。

2009年5月15日,县委办公室、县政府办公室印发《关于成立县"法务前沿工程"领导小组的通知》。县级法务前沿工程领导机构的建立,意味着法务前沿工程被正式纳入制度化的轨道开展。5月18日罗田县召开了全县全面推进法务前沿工程动员大会,在会议上,县委副书记、政协主席兼法务前沿工程领导小组组长刘华强先生指出:"我县法务前沿工程经过一年多的试点后,已于今年进入全面实施阶段。经县委、县政府研究决定,今天召开全面推进法务前沿工程动员大会,主要目的就是要让大家进一步认识法务前沿工程的重大意义,增强大家抓好法务前沿工程的信心和决心,进一步推动法务前沿工程的全面实施。"省司法厅的蒋万彪处长、黄冈市司法局的殷怀中副局长出席了大会并做了讲话。这个新的治理模式引起了新华社记者方政军先生的注意，他写了报道发表在2009年7月23日的《国内动态清样》上，当时担任湖北省委书记的罗清泉先生做出批示(见图2-1)。

法务前沿工程实施以来，在维护农村社会的安全稳定方面取得了突出成绩。到2009年底为止，全县412个村(居)均建立了法务前沿工作站，还聘用6 000多名法律服务志愿者作为村湾、社区快速有效的法律服务和社会治理的力量。为了建设这支队伍，法务前沿工程有计划地对志愿者进行法律知识和调解技能的培训，2011年6月份开始，武汉大学法学院组织专家教授20余人对法务前沿工程的志愿者进行免费培训。培训班分四期进行，每期三天，共有450人受训。这使农村普法依法治理由虚变实，使人民调解由繁变简，法律服务由难变易，社区矫正和安置帮教工作由“独”变“合”。法务前沿工程以村(居)组织为依托，整合司法所干警、村干部、社会志愿者等多种力量，在村(居)一级建立法务前沿工作站，面向人民群众开展法制宣传教育、人民调解、社区矫正、安置帮教、法律维权等工作，将矛盾化解在基层，化解在第一时间，以实现小事不出村、大事不出镇(乡)、矛盾不上交的目标。

三、由罗田县向全省推广

作为一项创新的社会管理工程，法务前沿工程受到各级部门的高度重视与肯定。

2009年7月23日，新华社《国内动态清样》刊登《湖北罗田“法务前沿工程”创新司法服务新模式》。原湖北省委书记罗清泉指示：应进一步总结罗田的经验并加以推广。8月5日，省司法厅副厅长刘治安批示：法务前沿工程是“一所三中心”运行机制向基层的延伸，经验很好，建议以省厅名义转发，供各地借鉴。8月10日，省司法厅厅长汪道胜就推进法务前沿工程做出批示：罗田县法务前沿工程是罗田县司法局在加强司法行政基层基础工作中，围绕中心，服务大局，贴近实际，维护稳定，充分发挥各项职能作用，创造出来的一种很好的工作模式。请基层处在实地考察认真总结的基础上，在全省司法所建设工作会议上号召各地学习他们的经验，推广他们的做法。

9月2号，湖北省政协调研组专程到罗田县调研法务前沿工程。罗田县委副书记、县政协主席刘华强，县政协副主席、司法局局长王国强，县政协副主席刘细波陪同调研。

11月19日，湖北省司法厅基层工作处处长蒋万彪带队到罗田调研法务前沿工程。

2010年1月17日至19日，省司法厅在罗田召开全省加强基层司法所机制建设深入推进三项重点工作现场会,推广法务前沿工程的经验。

在全省加强基层司法所机制建设深入推进三项重点工作现场会上,司法部副部长陈训秋等领导先后做出批示,罗田县法务前沿工程是基层维稳工作的好模式,搭建了司法服务的新平台,值得学习推广。湖北省司法厅厅长汪道胜在大会上指出,罗田县实施的法务前沿工程符合湖北省的实际,代表了司法行政工作的发展方向。

2010 年 8 月,湖北省司法厅决定结合全省基层司法行政工作实际,在继续完善乡镇(街道)司法所“一所三中心”工作运行机制的基础上,深入推进村(居)、社区法务前沿工程建设,充分发挥司法行政机关在服务社会管理创新工作中的独特优势。这个决定也意味着法务前沿工程在全省的推广。

2011 年 3 月 26 日至 27 日,司法部基层司副司长王学泽在省司法厅党委委员、副厅长刘治安,黄冈市司法局副局长殷怀中等的陪同下,调研了罗田县法务前沿工程建设情况。王学泽同志在调研后,充分肯定了罗田县的法务前沿工程工作经验。他认为,法务前沿工程作为一项社会管理创新性工程,符合胡锦涛同志关于加强和创新社会管理的重要讲话精神,切合了三项重点工作的新要求,围绕中心,紧扣大局,具有前瞻性,是司法行政工作的一大创新,同时做到了理论支撑先行,工作常抓不懈怠,值得总结推广。

2011 年 9 月 20 日,湖北省司法厅印发《关于深入推进“法务前沿工程”强化基层社会管理创新的意见》,在全省推进法务前沿工程。

2014 年 8 月 1 日,湖北人民出版社出版《湖北科学发展案例选编》,《罗田县实施基层维稳的“法务前沿工程”》入选。

2014 年 12 月 29 日,“健全基层‘法务前沿’和‘法务网格’,促进基层群众在自我管理和服务中增强法治意识”写入《中共湖北省委关于贯彻落实党的十八届四中全会精神全面推进法治湖北建设的意见》。

四、罗田经验向全国推广

法务前沿工程的成功,得到了司法部的肯定,罗田经验开始在全国范围内推广。

2010 年 5 月 13 日,司法部基层司处长舒国华带队到罗田县调研法务前沿工程。他认为,法务前沿工程是落实“三项重点工作”的有效载体和重要保证,是维护基层社会稳定的有效途径,符合中央的精神和现阶段中国社会的实际状况,代表了政法机关工作的发展方向,应当大力推广。

2011 年 3 月 26 日至 27 日,司法部基层司副司长王学泽在省司法厅副厅长刘治安等的陪同下调研罗田县法务前沿工程。王学泽认为,罗田县法务前沿工程符合中央关于创新社会管理、促进社会和谐的要求,是司法服务创新品牌工程，值得推广到全国范围内进行学习。

2012 年 6 月 17 日，司法部组宣处处长崔建管到罗田考察法务前沿工程建设情况，司法局荣记全国集体一等功。12 月 7 日，罗田县委、县政府召开表彰县司法局荣记全国集体一等功暨法务前沿工作推进会议，湖北省司法厅党委委员、政治（警务）部主任邓传荣，政治部副主任覃孟江，省司法厅基层工作处处长吴全柱，省司法厅政治（警务）部组宣处副处长官全安，黄冈市政法委副书记殷怀中、市司法局局长周晓华，罗田县委书记肖燕梅、县长詹红运、县委副书记郑光文、副县长陈世龙、县委政法委书记王丰华、人大常委会副主任孙大桥、政协副主席王国强出席大会。会议由县委书记肖燕梅主持，县长詹红运做进一步推进法务前沿工程动员报告，会议印发《中共罗田县委、县政府〈关于进一步推进"法务前沿工程"建设的意见〉》。12 月 8 日，罗田县司法局喜领由国家司法部授予的"全国集体一等功"锦旗。

随着罗田经验的推广，全国各省、市的领导人也主动到罗田县学习法务前沿工程的创新经验。2013 年 7 月 15 日，江西省吉安市司法局到罗田考察法务前沿工程；2013 年 9 月 12 日，新疆司法厅考察团到罗田县考察法务前沿工程，新疆司法厅巡视员张爱国带队考察。法务前沿工程之所以引起巨大的社会反响，吸引各地的关注与学习，其原因是该工程的实际社会效果显著。第一，工程的落实有利于增强农民的法律意识，满足其维权需求。法务前沿工程通过一系列的普法宣传活动和法律援助工作，使农民认识到法律的重要性，并运用法律武器维护自身的合法权益，通过这个过程，法律逐渐走入农村社会并发挥规范农民行为、维护农民权益的作用。第二，工程在农村社会起到化解纠纷，维持农村社区和谐的效果。实施法务前沿工程，建立法务前沿试点村，出现了"四多四少四无"的良好局面：遵纪守法的群众增多，违法犯罪的明显减少；群防群调队伍增多，民转刑案件明显减少；爱岗敬业的民调干部增多，违法乱纪的明显减少；注重预防的增多，可防性案件明显减少；无重大恶性刑事案件；无重大纠纷引起灾害事故；无重大群体械斗事件；无重大群体上访事件。农村社区稳定与和谐得以实现。第三，工程有利于创新社会管理模式。法务前沿工程的实施最终形成了农村社会管理多元化、科学化格局。第四，工程推进农村社会的转型。法务前沿工程是实现农村社会由人治向法治转型的一个抓手，并为其在农村的实施提供一个平台，是推进农村依法治国的一项基础工程。因此，法务前沿工程的实施满足了农民、农村社区以及社会的发展需求，并带来整个农村社会的转型，具有积极的社会效果。

第三节　媒介助力:学者深耕与媒体关注

一、学者聚焦研究,深耕专业知识,提升理论水平

从法务前沿工程实施之初到中期开花结果再到后期运作乏力,都伴随着许多专家学者的高度重视和广泛关注。武大社会学系早在 2008 年初就组织教授和研究生到罗田进行了实地专题论证,2009 年又组成法务前沿工程课题组多次深入罗田开展调研,根据法务前沿工程实施一年多的状况写出了《新农村建设中司法行政部门的创新管理机制:基于罗田县法务前沿工程的调查报告》,该报告主要就法务前沿工程提出的背景、运行机制及创新性、主要做法和试点效应进行了客观描述,并在充分肯定法务前沿工程实施意义的基础上提出了建议,为法务前沿工程在全县的推广提供了理论支撑。县委、县政府采纳了这份报告,并将法务前沿工程写入政府工作报告,还在全县 412 个村(居)建立了法务前沿工作站,陆续聘用 6 000 多名法律服务志愿者作为村湾、社区快速有效的维护乡村秩序的力量。为了建设这支队伍,法务前沿工程有计划地对志愿者进行法律知识和调解技能的培训,2011 年 6 月开始,武汉大学法学院组织专家教授 20 余人在罗田县和武汉大学对法务前沿工程的志愿者进行免费培训。培训班分四期进行,每期三天,共有 450 人受训。法务前沿工程开展以来,成绩斐然,受到广大村(居)民的认同和欢迎,同时,法务前沿工程作为一项创新的社会管理工程,受到各级部门的高度重视与肯定。

罗田县法务前沿工程从先期试点到全面铺开,渐渐演变成湖北地区出现的社会治理实践模式,越来越多的专家、学者开始关注和研究。武汉大学资深教授李龙同志对法务前沿工程给予高度评价:法务前沿工程是罗田县的光荣,也是湖北省的光荣。华中师范大学政治学研究院院长、中国问题研究中心主任、湖北省政治学会会长徐勇教授,省社科院院长宋亚平等专家也对法务前沿工程的探索和实践进行调研并给予了高度评价和肯定。徐勇教授指出,法务前沿工程是罗田县司法局的一项创新性工作,它通过搭建村(居)一级工作平台和广泛吸纳社会志愿者参与,变被动服务为主动介入,不仅使基层司法行政机关的各项职能得到更加充分的发挥,而且使城乡多了一个纠纷苗头的探测器、矛盾冲突的减压阀、社会动态的预警仪。法务前沿工程同时得到武汉大学社会学系系主任朱炳祥教授的高度肯定:法务前沿工程是对中国传统社会结构的深度洞察的创新。

2011 年 5 月，武汉大学成立了笔者主持的“湖北研究专项”——“社会管理创新研究：法务前沿工程的理论与实践”课题组，研究法务前沿工程。课题组成立后，经多次讨论，制订了研究计划，并于 8 月到罗田县进行了 20 多天的调研，调查内容包含了工程的实施状况、志愿者的总体情况和反馈建议等。课题组调查结束之后，通过资料的整理以及反复研讨，于 2012 年 2 月完成了《社会管理创新的有益探索——罗田县法务前沿工程调研报告》。

湖北省政协社会和法制委员会的《罗田县实施“法务前沿工程”纪实》，主要描述了法务前沿工程的措施和效果，并总结了其特点：思路新、方法新、队伍新和机制新①。陈荣卓、唐鸣先生则认为当前农村基层政府和广大农民群众遇到的法律问题与日俱增，农村基层司法行政机构的职能弱化问题日益凸显，给传统农村基层司法行政管理模式带来了许多新的问题和挑战。因此，应改变原有管理观念、管理体制及管理方式，促进传统农村基层司法行政向以主动介入、部门联动和社会参与为特色的新型农村基层司法行政服务模式转变。

法务前沿工程以村（居）自治组织为依托，通过搭建村（居）一级工作平台，吸纳、整合多方力量，促使农村基层司法行政机构将法制宣传教育、人民调解、社区矫正、安置帮教、法律维权等多项职能延伸到最基层的村、组和社区，形成了多方参与、共同作用的农村基层司法行政综合服务体系，取得了较好的效果，形成了较为成熟的模式。法务前沿工程也需要重点研究和解决农村基层司法行政机构的职能延伸范围以及村（居）法务组织的职能内容、自治性质、资金支持等问题，从而保障农村基层司法行政服务模式创新的合法性，促进村（居）法务组织在承接农村基层司法行政服务职能的轨道上实现自身的独特性、独立性、延续性②。许振奇先生从社区矫正的角度分析了法务前沿工程在社区矫正方面的模式创新，他通过个案访谈的方法描述和解释了罗田县法务前沿工程的社区矫正模式的主题、内容、运行、成效、功能、特性等③。汪道胜先生作为省司法厅厅长，从强化四个意识（中心意识、全局意识、资源意识和群众意识）方面论述了法务前沿工程的探索与创新，并提出巩固、深化、提升的措施④。

杨智先生从人民调解的角度对罗田县法务前沿工程中的人民调解的运行

① 参见湖北省政协社会和法制委员会：《罗田县实施“法务前沿工程”纪实》，《世纪行》2010 年第 1 期。

② 参见陈荣卓，唐鸣：《城乡统筹中的农村基层司法行政服务模式创新——湖北罗田“法务前沿工程”的经验与反思》，《江汉论坛》2012 年第 4 期。

③ 参见许振奇：《一个山区农村社区矫正的模式——基于罗田县法务前沿工程中的社区矫正调查》，《中国司法》2011 年第 11 期。

④ 参见汪道胜：《积极探索“法务前沿工程”努力创新基层社会管理与服务路径》，《中国司法》2011 年第 10 期。

机制、功能的新变化以及法务前沿工程下人民调解推广的可能性进行探讨[①]。王国强先生作为法务前沿工程的倡导者和实际推动者也撰文,从法务前沿工程的理论表述及背景、功能、运作、实践效果及建议五个方面,全面介绍和探讨了法务前沿工程[②]。笔者作为法务前沿工程的经历者也一直在调查和研究法务前沿工程,2009 年年初,我和研究生一行 8 人专程深入罗田进行了为期一周的调研,根据法务前沿工程实施一年多的状况写出了《新农村建设中司法行政部门的创新管理机制:基于罗田县法务前沿工程的调查报告》。该报告主要就法务前沿工程提出的背景、运行机制及创新性、主要做法和试点效应进行了客观描述,并在充分肯定法务前沿工程实施意义的基础上提出了建议,为法务前沿工程在全县的推广提供了理论支撑[③]。

2011 年 5 月,武汉大学成立了"社会管理创新研究:法务前沿工程的理论与实践"课题组,笔者作为课题组负责人带领课题组成员进行实地调研并写出了 2.8 万字的《社会管理创新的有益探索——罗田县法务前沿工程调研报告》[④],笔者也从历史社会学的角度探讨过法务前沿工程对中国农村社会秩序重建的作用[⑤]。在这里还必须特别提到的是,笔者所带的研究生从 2007 级开始,都曾多次随我赴罗田县调研,不仅参与写作调研报告,还有五位同学以法务前沿工程为素材写出了硕士学位论文,吕文敏同学从农民维权的角度[⑥]、朱海艳同学从民间纠纷及其调解机制的角度[⑦]、徐朝光同学从基层司法职业共同体的角度[⑧]、陆雯琦同学从人民调解过程的角度[⑨]、关浩浩同学从农村社区志愿者参与的角度[⑩]研究了法务前沿工程。

这些对法务前沿工程的研究有一个共同的特点,都是站在肯定的立场上分

---

① 参见杨智:《探讨"法务前沿工程"对人民调解功能的拓展与完善》,《人民调解》2010 年第 11 期。

② 参见王国强:《"法务前沿工程"理论与实践》,《中国司法》2009 年第 8 期。

③ 参见罗田县司法局内部资料汇编:《法务前沿工程理论与实践》,2010。

④ 参见徐炜:《社会管理创新的有益探索——罗田县法务前沿工程调研报告》,未刊稿,武汉大学人文社会科学研究院保存,2011。

⑤ 参见徐炜等:《中国农村社会秩序的重建:法务前沿工程的历史社会学解析》,《アシァのれきしと文化》(亚洲历史与文化)(日本),アジァれきl. 文化研究会编,平成 25 年(2013 年)3 月,第十七辑,第 91～98 页。

⑥ 参见吕文敏:《欠发达地区农民维权行为分析:以 L 县为例》,武汉大学硕士学位论文,2009。

⑦ 参见朱海艳:《民间纠纷及其调解机制的人观研究》,武汉大学硕士学位论文,2010。

⑧ 参见徐朝光:《职业共同体与中国经验:以基层司法职业共同体为例》,武汉大学硕士学位论文,2010。

⑨ 参见陆雯琦:《话语视角下的村人民调解过程分析:基于鄂东 L 县的调查》,武汉大学硕士学位论文,2012。

⑩ 参见关浩浩:《农村社区志愿者参与社会管理研究:以罗田县法务前沿工程为例》,武汉大学硕士学位论文,2012。

析其特点、机制、功能、经验等，或指出其完善措施以便推广，或分析其社会背景论述其合理性，都是在法务前沿工程顺风顺水的情况下探讨的。2012 年 5 月，由于人事变动，罗田县法务前沿工程偃旗息鼓，谁也没有否定，牌子还挂着，处在一种后续发展乏力的瓶颈状态，面临着向何处去的迷离。向前之路在何方？如何完善使之嵌入现代基层社会治理体系中？似乎没有人关注和研究，这恐怕也是其他许多治理模式的命运的共同写照：一哄而上，总结经验，然而经验的推广和模式的后续发展问题往往没有下文。因此笔者认为，研究法务前沿工程的成功之处，有成功经验而不加以总结、提升，无论是对当前中国社会治理的实践还是对本土化理论的建构都是不可弥补的损失。

除此之外，我们也应当探讨法务前沿工程“消沉歇绝”（当然说“绝”言过其实，“消沉歇”则反映其客观状况）的原因，站在“价值中立”的立场，客观地描述和解释一个案例的完整过程和状况，才能通过这个案例了解和认识中国社会治理实践的真实状况，分析其原因，发现事物存在的逻辑，寻找背后实际上隐藏着的中国社会治理转型的历史逻辑、市场逻辑和平民主义取向的社会逻辑①，构建本土的社会治理理论。笔者四年多来曾以极大的热情投入法务前沿工程的实践推动和研究中，从轰轰烈烈到后期发展乏力，经历太多。不过随着时光的流逝，“刀光剑影暗淡” 之后，回过头来重新检视罗田县法务前沿工程的“前世今生”，站在更为宏观和客观的角度来审视它的一切，沉下心来认真琢磨法务前沿工程作为中国社会体制改革、社会管理创新、社会治理的一个个案所反映的我国社会治理实践探索中所获得的具有一般意义的成功经验、存在的问题与学术意义。特别是最近读美国约翰霍普金斯大学历史学教授、东亚研究中心主任罗威廉（William T. Rowe）先生的《红雨：一个中国县域七个世纪的暴力史》，深受启迪，更有研究法务前沿工程并写一本书的冲动。因为从社会治理的角度看，罗威廉先生描述了帝制晚期中国的“暴力经济”：“非法的力量是社会秩序的重要组成部分，正如它也是对这种秩序的重要威胁”②。这本书让读者看到七个世纪中“暴力不仅长期存在，事实上还全面嵌入当地社会经济和国家行政机构。秩序的力量（地方强人和军事首领这样的强势者）与反秩序的力量（经常被随意贴上土匪的标签）共存于一种妥协达成的粗略平衡中”③，可以说秩序与反秩序的力量共存状况决定了当地的“治”与“乱”的格局，也从另一种视角诠释了黄麻起义的历史起源和社会治理的重要性。罗威廉先生描述的“麻城县”就是罗田县的邻县，所使用的资料，如《湖北通志》《蕲黄四十八砦纪事》的作者就是罗田

① 参见仇立平等：《当代中国社会治理转型及其逻辑》，2014 年中国社会学年会会议论文。

② 参见罗威廉：《红雨：一个中国县域七个世纪的暴力史》，中国人民大学出版社 2013 年版，第 6 页。

③ 参见罗威廉：《红雨：一个中国县域七个世纪的暴力史》，中国人民大学出版社 2013 年版，第 6 页。

县的先贤、武汉大学教授王葆心先生,四十八个山寨中有近一半的山寨在罗田县,元末南方红巾军的首领、天完帝国皇帝徐寿辉也是罗田人[①],因此,作为罗田人,笔者不仅欣赏此书,也想探究本县之旧事今闻。基于此,笔者研究法务前沿工程从而写作本书。

二、借力媒体造势,打造品牌模式

法务前沿工程是因社会形势而产生的,较好地解决了农村社会的矛盾和问题,并与中央的社会管理的要求保持了高度的一致性,因此它一产生,就被媒体关注,进而引起了巨大的社会反响。新闻媒体对罗田县实施法务前沿工程给予众多好评,到目前为止,包括《人民日报》《光明日报》、新华社、中央电视台、《法制日报》《湖北日报》、湖北电视台、《黄冈日报》在内的近30家媒体多次报道了法务前沿工程。如新华社《国内动态清样》第2985期刊登了《湖北罗田"法务前沿工程"创新司法服务新模式》一文,介绍了罗田县开展法务前沿工程的做法和成效。2009年3月《湖北日报》刊登题为《罗田县"法务前沿工程"促社会和谐平安》的报道,指出将法务前沿工程作为一项重点工作来推进,抓住了打造"全国平安县"的"牛鼻子",让人民群众吃了"定心丸"[②]。2009年3月6日,《黄冈日报》头版头条刊登题为《罗田县"法务前沿工程"促社会和谐平安》的报道。同月,荆楚网报道《罗田着力构建基层祥和 实施"法务前沿工程"》,报道指出法务前沿工程取得初步成效[③]。2009年8月,新华每日电讯发布题为《法务进乡村,定纷止争促和谐》的报道指出法务前沿工程改善了农村法律服务环境,及时化解了矛盾纠纷。同月,《中国司法》2009年第8期刊登了《"法务前沿工程"理论与实践》。2009年9月22日,国务院法制办公室做了法务前沿工程的相关报道,介绍了法务前沿工程的主要内容和基本做法,取得的主要成效以及启示、建议,大大肯定了法务前沿工程在基层农村社会治理方面的贡献。司法部基层工作指导司的《基层工作简报》2009年10月第16期(总第358期)刊登了《湖北省

---

① 王葆心(1867—1944)是湖北罗田人,民国时期历任湖北革命实录馆总纂、武昌高等师范学校教授、武汉大学教授;其间兼任湖北国学馆馆长、湖北通志馆筹备处主任、《湖北通志》总纂,遗著达170余种。1957年,湖北省人民政府为"嘉其学行",重修王葆心墓。国家副主席董必武借鉴其诗,亲笔题下了"楚国以为宝,今人失所师"二语,以表墓门。王葆心先生所著《天完志略》在国家图书馆发现藏本,而罗威廉先生认为不存在此书,并且在描述天完帝国的事实时将麻城人邹普胜排在徐寿辉之前,笔者以为不妥,有待商榷。

② 参见荆楚网:罗田着力构建基层祥和 实施"法务前沿工程"[EB/OL].http://news.cn.hubei.com/hbrb/hbrbsglk/hbrb03/200903/t625631.shtml。

③ 参见黄冈日报:罗田县"法务前沿工程"促社会和谐平安[EB/OL].http://www.hg.gov.cn/art/2009/3/7/art_33_22321.html。

罗田县“法务前沿工程”创新司法行政工作新模式》，司法部常务副部长陈训秋同志做了批示——“我也看到罗田经验的报道，请你们进一步研究探索，推广成功经验”①。

2010年1月22日，新华网湖北频道报道：法务前沿工程司法服务新模式受到关注。2010年2月28日，《法制日报》报道法务前沿工程：《法务前沿工作站遍布罗田村社》。2010年10月23至24日，中央电视台、《人民日报》、新华社、中央人民广播电台、《法制日报》等国家级新闻媒体的记者组成采访团，专程到湖北省罗田县采访法务前沿工程。中央电视台拍摄并播出法务前沿工程新闻。

2010年10月30日，新华网报道：法务前沿工程将人民调解做到田间地头。2011年8月3日，《湖北日报》报道：我省全面推进法务前沿工程。2011年8月7日，《湖北日报》报道：名校与政府携手，理论和实践结合——武大给力罗田法务前沿工程。此时，法务前沿工程已作为罗田特色基础治理模式被广泛推广和学习，法务前沿工程充分发挥触及各个角落的社会力量，促使各地的法制宣传、人民调解、社区矫正、安置帮教、法律维权等综合服务实现经常化、高效化、社会化，确保矛盾纠纷在第一时间得到预防和化解。

第四节　小　　结

从法务前沿工程的社会反响和社会效果来看，罗田县的法务前沿工程成功地探索出了一种社会治理的新模式。那么，它的创新点在哪里？也就是说，它的成功经验有哪些？它的实施会对农村社会与中国的发展产生怎样的影响？这就需要理论总结和挖掘。经过深入研究，课题组总结出以下成功经验。罗田县法务前沿工程的主要成功经验可以概括为三条。

一、社区是实施社会管理的基本单位和最重要的载体

发达国家社会治理的经验表明，社区是实施社会管理的基本单位和最重要的载体，因此村（居）平台（社区）是实施社会治理（法务前沿工程）的最佳场所，为社会治理的四种主体提供了治理活动的基本舞台。同时，罗田县地处山区，交通不便，且村落之间分布较为分散，这无形之中增加了县、乡两级政府对基层农村社区的治理难度。在现有体制下，农村社区（村）由于经费与人员的限制，

① 参见罗田县司法局内部资料汇编：《法务前沿工程理论与实践》，2011，第9页。

以及指导思想方面重视经济建设而忽视社会治理的重要性,存在农村社会治理的缺位与不及时的问题。罗田县法务前沿工程的设计者与领导者充分认识到社区在社会治理中的重要性以及罗田县农村社区的基本特点,着力打造法务前沿工程的村(居)平台,充分发挥社区在社会治理中的重要作用。村(居)一级法务前沿工作平台的建立,使社会治理的空间距离由远变近,社会治理不再远离社会,服务(社会治理)就在农村之中和农民身边,社会治理的心理距离被拉近,由"他们"变成"我们",社区居民变成治理的主体,而不再仅仅是被治理的对象,只要"我"愿意和有能力,也能成为治理中的一员,从而使社会治理工作由"难"变"易"。

法务前沿工程村(居)工作平台的工作人员主要来自三个方面。一是司法所干警,二是村(居)干部,三是人民调解员与社会志愿者。人民调解员与社会志愿者一般由村离退休老干部、老教师、村民代表、无职党员与村里的"明白人"组成,他们是法务前沿工程的骨干力量,村内纠纷都会由他们经手,对于能够解决的小纠纷,他们会积极将其化解于湾内,对于大一些的纠纷,他们会及时向上汇报,做好信息传达、矛盾化解的中间人。同时,他们也会在日常生活中对村民进行法律宣传,协助做好安置帮教与社区矫正工作,为村民提供法律咨询服务。法务工作站与"两委"(村支部委员会和村民委员会)一套人马两块牌子,"两委"主要负责人兼任站长,村干部在工作平台中起承上启下的枢纽作用,他们一方面对志愿者和人民调解员化解不了的纠纷进行调解,并对调解员进行法律培训,定期对村民进行法律宣传,另一方面反馈平台工作信息,并接受司法所的工作指导。司法所干警是国家公职人员,他们主要对各村的法务工作站进行法制宣传、人民调解、安置帮教、社区矫正、法律援助、法律服务方面的业务指导,并对一些大纠纷、复杂问题进行综合调解。由此可见,法务前沿工程的工作机制既体现了国家意志,又使乡村社会力量发挥了积极作用。这一方面使国家对乡村社区的管理变得简单可行,另一方面也满足了乡村社区对于自我管理的需求。

法务前沿工程村(居)工作平台的建立积极响应了中央关于加强和创新社会管理体制的精神,实践了中央提出的"树立关口前移、源头治理"的指导理念。在我们这样一个处于快速发展时期的发展中大国,一些社会矛盾和问题是难以避免的。处理这些问题的关键是要及时发现矛盾、问题,弄清其产生的原因、发展的规律,从源头上主动解决问题、减少矛盾,把社会管理的关口前移,不断增强工作的前瞻性、主动性、有效性。许多社会矛盾是在改革发展中产生的,也要靠改革发展去解决。积极建构源头治理、动态协调、应急处置相互衔接、相互支撑的新机制,最大限度地使社会矛盾不积累、不激化,这是社会治理应该达到的最基本的要求和目标。

二、农村精英是社会治理(法务前沿工程)的主力军

农村精英是村(居)工作平台工作人员的重要组成部分,就数量而言,他们是村(居)工作平台人数最多的构成部分,因此,可以称他们为法务前沿工程的主力军。同时,农村精英是法务前沿工程基本工作的执行者,与村(居)民接触最多、最紧密,扮演着社会治理的重要角色。根据罗田县司法局文件《关于聘任“法务前沿”志愿者和首席人民调解员的通知》[①],罗田县为了进一步推进法务前沿工程的实施,方便各法务前沿工作站志愿者和首席调解员开展工作,经各村(居)委员会推荐,所在乡镇人民政府审核同意,决定聘任马福生等413位同志为所在村(居)法务前沿工程志愿者兼首席调解员、陈锡文等826位同志为所在村(居)法务前沿工程志愿者。这一千多名成员大都由农村“五老”(老党员、老干部、老教师、老战士、有威望的老人)构成。到2011年11月,这支队伍扩大到6 000多人。笔者从罗田县司法局获得了该县12个乡镇的志愿者花名册,进行了简单的统计分析,如表4-1所示。

表4-1 罗田县法务前沿工程志愿者统计表

	类别	人数/人	比例/(%)	总计/人
性别	男	5 652	92.8	6 091
	女	439	7.2	
年龄	30岁及以下	49	0.8	
	31～50岁	2 637	43.3	
	51岁及以上	3 405	55.9	
受教育程度	初中级以下	4 178	68.6	
	高中及中专	1 852	30.4	
	大专及以上	61	1.0	
职务	村干部	993	16.3	
	小组长	5 098	83.7	
政治面貌	党员	1 535	25.2	
	群众	4 556	74.8	

① 参见罗田县司法局内部资料汇编:《法务前沿工程理论与实践》,2011,罗司发〔2009〕14号文件。

调查组对当地四个乡镇的志愿者进行了调查,志愿者的构成状况如图 4-2 至图 4-4 所示。

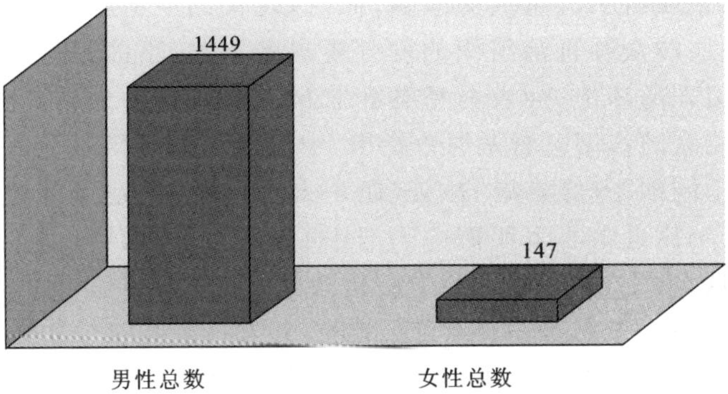

图 4-2　法务前沿工程志愿者的性别构成

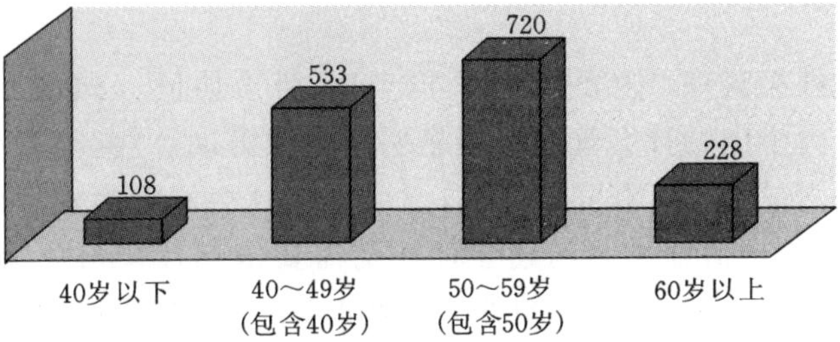

图 4-3　法务前沿工程志愿者的年龄构成

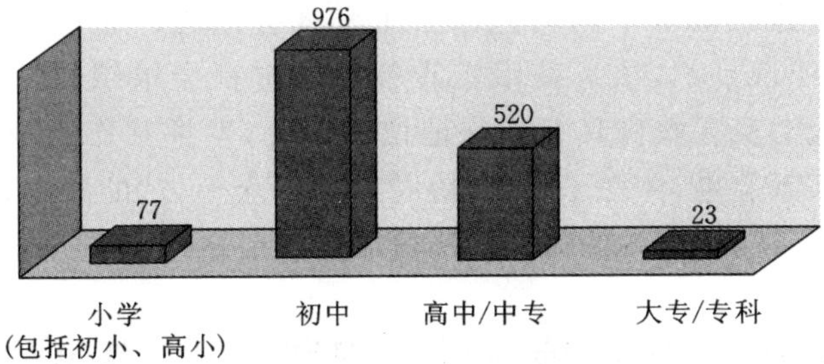

图 4-4　法务前沿工程志愿者的学历构成

一方面,这些人资历老、见识广,非常了解村庄的情况;另一方面,他们具有广泛而良好的人际关系网络,根扎得很深,在村民中有一定的影响力。法务前沿工程之所以选择这些人当志愿者与人民调解员,是经过慎重考虑的。一方面,这是依据农村当下的人口现状而做出的制度安排。在改革开放的浪潮下,大量农村青年背井离乡,外出务工,致使留在农村的人口基本上是老人、妇女与儿童。因此，选择“五老”作为志愿者，是符合当下农村人口现状的。另一方面，这是根据农村目前的组织状况而采取的因地制宜的措施。在不发达的农村社区中，传统的宗族组织力量大为减弱，同时，现代的乡村经济组织、群众组织力量薄弱，基层群众性自治组织的发育还很不完善，不能很好地发挥组织民众参与社会治理的功能，而农村精英在农村有着特殊的地位，能起到重要的凝聚与组织民众的作用。费孝通曾指出，中国农村的传统社会是一个与西方“团体格局”不同的“差序格局”社会，即个人通过血缘、地缘等纽带形成一个个圈子，圈子越靠近中心表明圈内人与中心的关系越紧密，而中心对圈内人的影响也就越大①。这里，圈子的中心指的就是农村精英。可见，农村精英作为“中心”，在传统乡村社会中具有重要地位，并发挥维持农村社会秩序、进行社会治理的作用。目前，尽管在现代化浪潮下农村社会发生了重大变化，但其社会结构的“差序格局”依旧存在，并且越是在欠发达的地区，这种“差序格局”就越明显。因此，法务前沿工程的这个制度设计是对中国传统社会结构的深度洞察的创新。

中央有关社会管理“党委领导、政府负责、社会协同、公众参与、法制保障”的二十字方针为中国的社会管理创新指明了发展方向。“党委领导、政府负责”体现了国家的力量，它强调的是一种自上而下的社会治理模式。西方的经验表明，一个成功的社会治理体制的建立往往更需要依靠社会与公众的参与，即要着重体现“社会协同、公众参与”的方针。然而，中国幅员辽阔，各地方之间差异巨大。因此，如何结合各地自身的实际状况，充分调动社会力量与公众的积极性，让他们参与到社会治理中去，从而建立灵活有效的自下而上的社会治理体系，是我国推进建立健全中国特色社会主义社会治理体系的创新点和难点所在。正如前面所谈到的，法务前沿工程针对农村社会组织缺乏和不健全的现状，因地制宜地动员在农村具有特殊地位的精英，发挥其作用，从而将“社会精英”与“公众”联系起来，体现了“社会协同”与“公众参与”的原则，因而具有创新性。正如前文所述，该工程的这个做法也取得了很好的效果。

三、以法律为主，辅以地方性知识和道德、舆论的手段

这里强调的地方性知识根据现在的乡村传统还存在影响力，是法律的“在场”，而不同于法律“不在场”的情况②。法律既不是一个超经验的哲学思辨，也

① 参见费孝通：《乡土中国　生育制度》，北京大学出版社 1998 年版，第 24～30 页。

② 参见郭星华：《从中国经验走向中国理论——法社会学理论本土化的探索》，《江苏社会科学》2011 年第 1 期。

不是一个纯粹的逻辑分析,而是可以通过经验研究去关注的问题。经验世界的法有多个层次,除了国家法这个层次外,还有多个层次的非国家法。从国家的视角观察,中国社会有着不可克服的弊端,不但会造成强化国家集权意识,忽视社会的真实需求,而且单一的国家法因为忽视了区域差异,难以实施,使制定的法仅具有条文意义而无实践意义。民间法也有自身的不足与缺陷,乡土社会的习俗常常与市场经济规则相冲突。因此,真正健全的法制应当互相补充,一方面国家法要吸收民间法中合理的成分,另一方面地方性知识要接受普遍性知识的刷新,两方面互相补充、相互融合。“在法社会学的视野中,社会规范可以统称为法”①,法治是社会的法治,仅有少数人——法律工作者和管理者掌握法律不可能实现法治,所以十八届三中全会强调社会治理的四个原则包括“依法治理”原则,应该说解决了社会治理实施的主要依据和手段问题。只有当全社会的居民都认知和认同法律时,社会才有可能实现真正的法治,法律的生命在于实行,只有当法律既能体现国家意志,又能满足社会大众需求时,法律才具有合法性与合理性。从社会治理的角度来说,只有将现代的治理法制的基本理念要求、体制机制、程序方法转化为社会治理服务主体和公民的实际行使方式和公民权利实现方式,社会治理创新才能实现,从这个意义讲,社会治理创新是社会治理权力依法行使,公民依法参与社会治理服务,依法享有社会公共产品、公共服务,自觉接受社会治理的过程。

法律(law)是国家制定或认可的,由国家强制力保证实施的,以规定当事人权利和义务为内容的,具有普遍约束力的社会规范。作为一种社会规范,它限定了人们的行动范围,规定了合理的行动方式,使人们在一个规定的框架下行动,从而保证了社会的和谐与有序。同时,法律也作为一种现代社会治理手段存在,现代社会充满利益博弈与纷争,也会有众多矛盾出现。法律作为一种仲裁手段,对出现的矛盾进行有效调节,对利益博弈进行有效平衡,从而履行了治理社会的功能。在当下农村中,经济改革已深入进行了三四十年,市场化程度不断加深,一些新的价值观被不断引入,农村也不再封闭,而是愈发开放。在这个过程中,农民不断接触新事物、新观念,也不断产生新问题,因此,引法律入乡村,既能规范农民们的行为方式,为他们提供行为准则,让他们在新的社会环境下合理行动,从而保证乡村社会的基本秩序;又能对乡村生活中的纠纷、矛盾进行有效调解,对不当行为进行有效矫正,达到对乡村社会的治理与控制。

由司法部门提出、推动并实施的工程被明确定义为法务前沿工程,“法”体现了工程的核心内涵,这也是罗田县法务前沿工程模式不同于其他模式的最大亮点之一,也高度契合社会治理的“依法治理”的原则。法务前沿工程的宗旨是

---

① 参见郭星华,石任昊:《社会规范:多元、冲突与互动》,《中州学刊》2014年第3期。

以法为主要手段，并以多种手段为辅助，创新农村社会治理，保证社会治理的公正与效率。法务前沿工程的设计者非常清醒地认识到“与乡规民约、民俗风情、伦理道德等非正式的社会规范相比，法制是一种正式的、相对稳定的、制度化的社会规范。前者是后者的主要来源和有效补充，后者是前者发展、变化的制度化产物”[①]，因此，强调社会治理手段的多元化。这里的“法”指的是国家法，是一种统一的、具有高度规范性的现代化治理手段。在传统中国农村中，正式的国家政权只延伸到乡、县一级，致使国家法往往只能在乡、县及以上的行政单位中发挥重要作用。而在乡村中，却是家法、地方法、乡规民约在发挥重要作用，国家法往往处于缺位状态。随着现代化浪潮的迅速推进，农村已发生了重大变化，原有的地方性法律已不能很好地适应当前情况，切实运用统一而又规范的现代化国家法律来管理乡村迫在眉睫。法务前沿工程正是基于“法”的深刻内涵，将现代法律意识、法律规范与法律手段引入乡村，从而打造农村社会治理的新格局。

现阶段，农民与国家的矛盾尤为突出，由征地、拆迁、补偿等问题引起的乡村群体性事件屡屡发生，究其原因，还是因为农民们缺乏制度化表达利益诉求、解决矛盾纠纷的渠道。总体而言，我国农民表达利益诉求的制度化方式只有上访这一种，但是，上访却不是一条积极而有效的道路，一是因为上访所需要的成本高，有些农民承担不起，二是因为地方政府都对上访持高压态势，层层灭火的工作方式仍然屡见不鲜。在这样的情况下，未解决的问题会越来越多，社会矛盾会越积越深，对于社会秩序的破坏力和杀伤力很大。美国社会学家科塞也指出，一个社会必须有化解矛盾的“安全阀”机制[②]，即通过制度化的手段建立人民群众表达利益诉求、发泄心中不快的渠道，这样，社会才能够良性运转下去。法务前沿工程的推广，为农村居民提供了一个“法就在身边”的伸手可及的表达利益诉求、解决矛盾纠纷的制度化渠道。

法务前沿工程的中心工作之一是人民调解，即通过志愿者、村干部等法律工作者对日常乡村中的种种纠纷（如土地纠纷、邻里纠纷、征地纠纷、补偿纠纷）进行调解。这种做法有两点好处。一个好处是为农民提供了触手可及的表达利益诉求的渠道。志愿者深入每个村民小组，当村民遇到纠纷时，会主动找到志愿者，表达他们的意愿。这改变了以往某些农民说理无门的尴尬境地。正如一位农民所谈到的那样：“现在总算有了一个说理的地方。现在遇到什么问题，只要去找那些调解员，一般都能解决得很好，心里的疙瘩一下子就解开了。”另一个好处是缓解了矛盾双方的紧张关系，使纠纷双方的人际关系重归于好。参

① 参见郭星华，石任昊：《社会规范：多元、冲突与互动》，《中州学刊》2014 年第 3 期。

② 参见 L.科塞：《社会冲突的功能》，华夏出版社 1989 年版。

与人民调解工作的志愿者,都在当地具有较高的社会声望,人际关系好。因此,当他们作为第三方进入矛盾调解的过程中时,矛盾双方或多或少都要给他们面子,各自退一步,矛盾也就得到了缓解。"矛盾双方就算不给对方面子,多少也要给我一点面子,这样问题解决起来就方便了一些。"一位资深志愿者这样谈到。而且,那些通过法律途径解决问题时往往会破裂的人际关系,如果通过志愿者调解,纠纷双方一般都会互相谅解,人际关系也未撕裂。由此可见,法务前沿工程一方面为农民提供了一个制度化表达利益诉求的渠道,另一方面也在解决纠纷的过程中通过志愿者的人际关系与社会威望使矛盾缓解,从而保证了乡村生活的和谐、有序。

总之,法务前沿工程的成功经验是村(居)工作平台或社区是实现社会治理的最佳场所,社会治理的四个主体都能发挥其作用,农村社会精英在其中起着至关重要的作用,社会治理规范和手段的多元能保证法务前沿工程的效果。场所、队伍、规范与手段的有机结合,实现了农村社会治理机制的创新,这也是法务前沿工程的经验总结。

第五章 观往示今:新时代乡村法治之道的求索经验及再出发

第一节 经验总结

一、多元主体:共建农村基层社会治理平台

(一) 现实背景:经济转型带来农村人口“空心化”和价值观缺失

在市场经济体制改革后,中国社会城市化、工业化不断推进,乡村社会的发展远远滞后于日新月异的城市建设速度。一方面,不断扩大的城乡差距牵引着农村中年轻力壮、素质较高的劳动力流向城市,农村人口“空心化”严重,难以承担农村建设任务。“706138”部队(老年人、儿童和妇女)留守在农村,不仅意味着农村的“空巢化”,更意味着人才的流失。大城市提供了大量非体力劳动岗位,相较于微薄的务农收入,工业和服务业无疑提供了相对丰厚的薪资回报,因此,有能力进城务工的劳动力人口都愿意通过这样的方式养活自己的家庭,而这无疑意味着农村剩余的人口素质被进一步削弱,新农村的建设任务难以在和城市相比农村完全不具备收入吸引力的情况下开展。

林:现在农村种田的人多吗?

王:多,70%的人种田。

林:您觉得只种田够他们生活吗?

王:种田只顾温饱,田种了下去,可以出去务工,田地都是机械收割,一两天就可以了。一亩田产粮1 200斤,1斤卖一块二,总价还不到1 500元,除去投入,剩下不足500元。不够你怎么生活?所以很多人在县城打工,钢筋工、水电安装、卖衣服等各种情况都有,除了老、少和身体不好的人,年轻的人都出去了。(31.8月13日凤山镇王汝朋的录音笔记,位置107~110)

当然，农村人口的“空心化”不仅给治理平台的建设带来了困难，也相应地削弱了治理的难度，即人口密度的下降降低了矛盾发生的概率。

肖：嗯，一般的矛盾比较少，第一就是大家的法律素质提高了，第二就是年轻人都不在家，在家的都是老弱病残，这样，矛盾就比较少，吵嘴打架的情况就少了很多。有矛盾的话就是田地之间的边界、经济林里的树的归属。现在普法活动一年也搞几次，再加上年轻人在家少，老弱病残的事也少，有点小事情就调解、化解了，基本没有大的矛盾了。（45.肖维清的录音笔记，位置 3）

另一方面，受到现代化的生产方式和市场经济体制发展的影响，乡村内部的价值观念也呈现多元化、复杂化的特征，缺乏团结精神的乡村想要实现有效治理是难上加难的。现在的农村与过去的农村相比，以儒家孝悌思想为代表的伦理道德对个体的强制力逐渐消解，血缘社会中规定的各项道德义务也逐渐被人们抛弃，个人的自由和发展成为关注的重点，这意味着农村的价值观朝着更开放、自由和理性的方向发展。

不过慢慢地，人们的思想就不同了，社会的发展主要还是向“钱”看。也不是说只看钱，社会上没有钱不行。以前大家家里没什么事情就出去打工，打工的钱就买房子、盖房子，买高档商品，一些小事就不计较了。有的人打工走了，土地就扔给别人种，你愿意给他点粮食就给他点儿，不给就不给，他也不要你的。（35.方国庆的录音笔记，位置 11）

传统伦理弱化和结构性力量缺乏的乡村能够给人们带来“自由”的感受，但这也意味着乡村团结性的缺失，非正式规范难以以共同信仰和共同习惯的形式从内部产生凝聚力。相应地，在市场经济的冲击下，村庄内部成员在行为上更趋于理性，没有外部强制力量和内部规范力量的约束，只会造成人人都信仰个人利益最大化的恶劣局面。原子化的乡村急需被重新凝聚成一体，急需内部秩序的重新建立，也急需共同价值观的引领。

现在啊，大家都只顾自己，只顾钱。（47.徐维禾的录音笔记，位置 52）

比如说，我门口的这个鱼塘是集体的。但是有人没有承包就在里面养鱼，每天都往里面倾倒大粪，撒各种鱼食等，把鱼塘的道路和鱼池都搞得很脏，他又不住在这里，他不管。我们附近的人每天都被臭味熏得难受，这不就是自私嘛！只看到了自己的好处，其他的都不管。你跟他讲道理吧，告诉他鱼塘里面的脏东西、激素有很大的味道，要处理后再扔进鱼塘，但这个事情我作为一个村民又解决不了，他也不听，搞不好他还和我闹。这只是一个小事情，还有很多其他事情。(47.徐维禾的录音笔记，位置 52)

一个小孩子可能在学校受到的教育是拾金不昧，不要随便拿别人的东西。但是回家后，家长问孩子捡到什么东西，一看是好东西、有用的东西，就让孩子藏起来，不还给别人。如果我是个小孩，就会说："爸爸，这个东西是要还给别人的。"爸爸会说："还给人家干啥呀，自己留着用，又没人知道是你拿的。"(47.徐维禾的录音笔记，位置 52)

(二) 问题出现："悬浮型"政权和缺位的治理主体造成治理困境

2002 年农村税费改革不仅有助于农民增收减负，也削弱了基层治理的权能[①]。在当时乡村发展缓慢、农村内部矛盾加剧、干群关系恶化的背景下，税费改革实现了切实的惠农目标，给乡村发展带来了红利。

陈：您觉得现在干部和群众的关系如何？

廖：我觉得现在的干部和群众的接触比以前更少些，原来搞缴税，需要上交，现在也不搞上交了。以前还修路通渠，现在都没有了。以前缴税，你不交，还要罚分，后来就让村干部去找村民催粮。现在都不需要了，政策好了。现在一亩地还补 70 多块钱。往年缴税，现在补贴，政策就是好。(40.廖家荣的录音笔记，位置 35～36)

但另一方面，由于基层政府在财政上由依靠收取农业税向依靠上级转移支付转变，基层政权与农民的关系由"汲取型"向"悬浮型"转变[②]，其治理威望无可避免地被削弱。具体而言，税费改革涉及县、乡、村三级财税体制，乡镇政府的经济自主性被极大地降低了，相应地，只能依赖于上级财政拨付支撑的基层政权的日常运作无疑是捉襟见肘的。特别是在应对农村多样、繁杂的纠纷矛盾处理时，受到农村经济发展水平的限制，基层法律服务机构设置和法律人才队伍建设现状毫无疑问是难以满足实际需求的。

---

① 参见陈锋：《分利秩序与基层治理内卷化：资源输入背景下的乡村治理逻辑》，《社会》2015 年第 3 期。

② 参见周飞舟：《从汲取型政权到"悬浮型"政权——税费改革对国家与农民关系之影响》，《社会学研究》2006 年第 3 期。

村里虽然出钱，但是村里现在比较困难。政府每年给村里 28 609 块钱。每年怎么吃、喝、玩，政府不管。我们村干部五个人的工资，一个人 1 万块钱，一年也有 5 万块钱。村干部没有基准工资，不知道什么时候起，村书记好像副科级待遇了。副科级就是 3 000 块钱一个月，什么时候实施，不知道。有的村好一点，可以讨一点，讨点项目、小钱，慢慢凑合。我们村的经济情况不是很好，像我们村一年没有三四十万元运转不开。我们有 25 个村民代表，58 个党员。如果要开会，我们适当给他们一些工资。按组织纪律他们必须要来开会，但是我们会适当给点钱。多少钱呢？上午一次 2 个小时 30 块钱。50 个人，一次就要给 1 500 块钱。一年少说开 10 次会，那不是一两次，真的不好搞。我的车，跑一天至少几百块钱，一年也得万把块钱。村里的开支、费用、人员费、手机费很多，摩托车的消费一年最少也得 200 块钱，车要买保险、要维修、要油钱，我的手机费一个月就是四五百块钱。有时候做计划生育工作，跟别人罚款、上环、引产，打个电话就是个把小时。（93.7 月 31 日中午肖宏启，位置 60）

访：法务前沿工程的项目经费来源是哪里？财政预算拨款有多少？

王：县级财政每年对法务前沿工程拨款 10 万元，从 2008 年至今一直持续，到现在还有，是课题费用和研究费用，是唯一的经费来源。如果政策落实到位，还是有钱的，但是实际上落实不了。比如人民调解、社区矫正，处理一件案子就有钱，矫正这一块也会给社区钱，但是下面落实不了。还有法院委托司法所判决前进行审前社会调查，犯罪人员能不能判缓刑，能不能作为矫正对象，是收监管还是社区管，是要做评估的。但是这些都属于“中央请客、地方买单”的模式。有政策没支持，地方没有能力配套，是全国性问题。（59.王国强汇总，位置 173～174）

村庄事务的日常处理，不仅仅面对着外在政权的“悬浮”，村民自治运行不顺畅更造成治理主体内生动力不足的困境。根据《中华人民共和国村民委员会组织法》第二条，村民委员会是村民自我管理、自我教育、自我服务的基层群众性自治组织，实行民主选举、民主决策、民主管理、民主监督。但在实际的运作中，村委会的主要职能仍然以配合乡镇政府安排的任务为主，而非以对村民负责为导向满足民众的日常诉求，村级自治组织的行政倾向明显。具体而言，村委干部疲于应付上级行政体系施加的政治任务，对群众的利益诉求缺乏反馈机制，基层民主参与局限于换届选举的一张选票，农民对政治事务态度淡漠、参与不足。

方：叫村民来开会真的不容易，人也来不齐。一般在村里的都是老人、小孩，中年人不多，都出去打工了。我们做调解，有些人来听，当旁观者，就可以趁着这个机会讲一下。我也会找"明白人"来协助,我们农村称之为官风和家法。我们三个人都忙不过来。农村普法很难做,村民不容易接受,召集开会很难,八点半开会,村民十点半才来,还会提前走,很涣散,没有什么能约束村民的办法。村民又不交税,对他有利才做,对他没有利就不做。我们也要帮他们扶贫啊,他觉得是给我脸上贴金,没办法。现在很辛苦。我们一年8 000元都不够。每一年的人情费也少不了。人情费最少都要6 000元,没有经济实力就干不下去,还怎么做工作?(65.8月5日上午方权高的录音笔记,位置16)

罗:在农村,工作不好开展,一方面开会组织不起来,现在开个会都要给报酬(32.8月14日凤山镇罗资文,位置301)

(三)主体嵌入:村(居)治理平台的搭建实现有效治理

"三农"问题是全党工作的重中之重,乡村振兴战略的实施需要稳定和谐的公共秩序,而媒体上屡见农民上访或是其他基层群体性事件,都意味着要实现基层有效治理还有很长的路要走。一方面,在社会结构和价值观念剧变的背景下,原子化的个体行为呈现出极大的理性主义、个人主义和功利主义特征,而在利益导向的行事方式之外,草根民众受限于较低的文化水平更难以理解政府依法行政的政治意涵,不能主动承担公共事务。另一方面,进入21世纪之后,社区资源和税收的锐减、村干部承担角色和功能的锐减,导致村级治理的正规化和官僚化仅存于形式之上[①]。同时,如上所述,村庄在市场要素的配置下,人口流动加强,内生秩序趋向瓦解,一直到2015年末,"精准扶贫"政策逐步落地,国家加大了对农村输入财政资源的力度,乡村内外力量的对比从"内外双弱"的状态向外部力量增强的方向转变。因此,基层治理平台的建设是为了应对基层群众自治和政府行政管理的"内外双弱"局面。

村(居)治理平台的组织结构图如图5-1所示。

第一,县、乡(镇)、村(居)三级联动治理架构实现了国家司法力量与村庄内生秩序的相互补充。县级领导小组统筹指导,乡镇司法所作为中间枢纽,村级工作平台充当前沿阵地,三级联动的治理架构旨在纳入多元主体的参与,既依靠司法行政部门自上而下的推动,又依赖基层自治组织自下而上的带动,通过组织创新去疏通、重建、打造多方力量参与农村法治建设的路径,国家与社会协作推进乡村法治化建设。

① 参见黄宗智:《集权的简约治理——中国以准官员和纠纷解决为主的半正式基层行政》,《开放时代》2008年第2期。

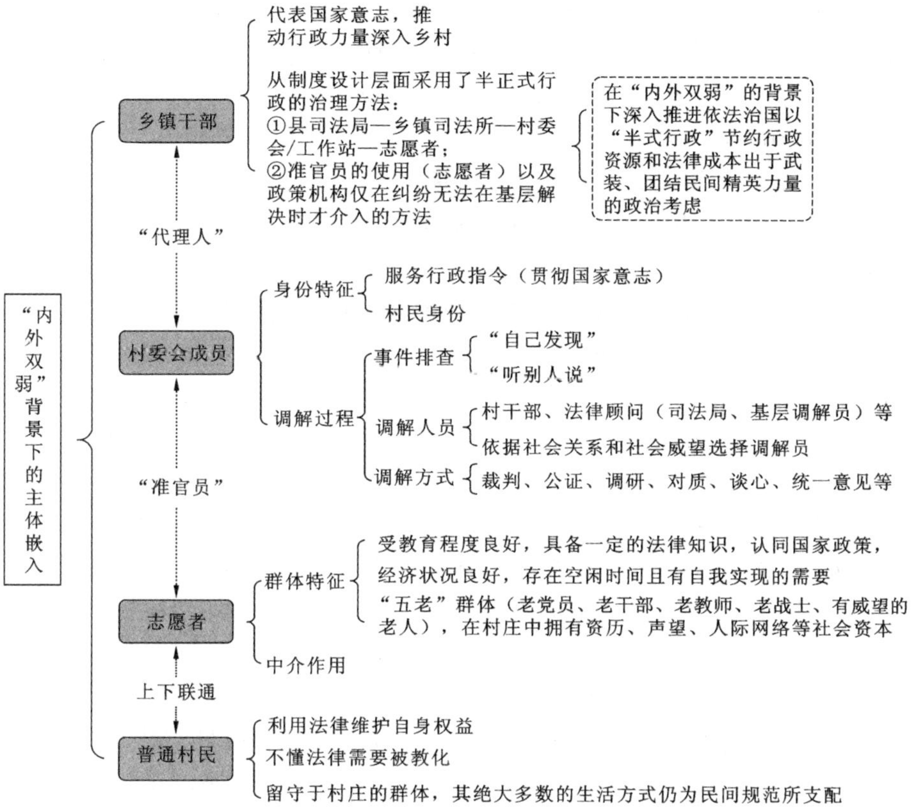

图 5-1　村(居)治理平台的组织结构图

访：因为它涉及三个问题。第一，为什么是法务？第二，为什么前沿？第三，为什么是工程？

熊：简单来说，法务，就是法律事务。就像打仗一样，所以它是前沿阵地。这是个系统性工作，所以叫工程。当时简单理解是这样的。党委政府领导、村支书组织，结合在一起建设什么体系，我是很清楚的。[89.熊战辉(工程历史、法工)，位置 15～16]

第二，村(居)治理平台的建设，是与城乡一体化相适应的新型组织、管理和服务体制，顺应了当前农村社会治理的实际需要。发达国家的社会治理经验表明，社区是实施社会管理的基本单位和重要载体。农村社区建设也是我国基层组织管理和服务体制的第三次重大变革①。为了应对税改后时代的来临以及村

① 参见袁方成：《当前两岸乡村治理的新理念、新阶段和新动向》，《社会主义研究》2011 年第 6 期。

民自治制度的实践困境，通过发挥社区在社会治理中的重要作用，以法务前沿工程为载体打造村(局)治理平台，使社会治理的空间距离由远到近，服务客体深入农村和农民，这是适应时代发展的实践需求。

司法局把我们法务前沿放到城镇一级，法院、公安都一起，工作都下放到城镇一级，想做一个大的法务前沿工程。(法务前沿工程的要求)都能够延续到村(居)一级。(68.8月10日下午胡喜平的录音笔记，位置8)

问：您觉得法务前沿工程在哪些方面起到的作用比较大？

胡：一个是邻里纠纷，虽然看起来是小事，但是闹起来很大。现在，每个村(居)都有法务前沿工作站，像是一个小组。发现问题以后，要明确问题才能理直气壮地站出来，这样就能很好地化解矛盾。二是重大问题会及时报告，比如非正常死亡、重大经济纠纷、村(居)群体事件。小组向村里报告，村里及时向村里的派出所报告，司法所就能知道有这么个情况。我们村有1～2个人懂一些法律知识，知道遇到事情不能盲目，知道该怎么做。(68.8月10日下午胡喜平的录音笔记，位置14)

第三，村(居)治理平台发挥了农民群体这个重要主体的内生力量，节约了国家治理成本，有助于实现有效、稳定、长效的社会治理机制。司法所干警、村(居)干部、人民调解员与社会志愿者构成了法务前沿工作站的主要工作人员。人民调解员和社会志愿者是由老党员、老干部、老教师、老战士、有威望的老人这样的村中“五老”构成，能够尽可能地实现就地化解湾内矛盾，及时向法务工作站汇报、传达信息，承担日常的法律法规宣传教育等，这不仅贯彻了国家自上而下的管理意志，同时满足了乡村社区自我管理的需求。

(法务前沿工程)这个系统是基于农村社会秩序中松散的村民关系构想的，农村有一些有能力的人，比如“五老”，如果不利用他们，他们就会被其他势力利用，是社会稳定的一个消极因素。法务前沿工程的构想重点有两个，第一个就是把司法所的功能迁移到村级单位，第二个就是扩大司法队伍，把“五老”纳入队伍，协助村干部做好综治工作，扩大维稳的力量。这种力量是从基层内部来挖掘的，而不是从上面来争取的。法务前沿工程不是用行政的力量来做的，要是安排一个人来做，就要给他工资和编制待遇，成本很高。基层内部的力量，成本低，而且他们的熟练程度也高，效果也好一点。(43.丁世英所长的访谈，位置5)

二、乡土法杰：盘活内生资源，助力乡村法治

（一）乡土法杰的概念和禀赋

乡土法杰，简单来说，就是乡村精英，他们熟悉地方法、热心调解地方纠纷、广泛参与民间活动，是传统乡贤的现代形态[①]。与传统社会中拥有土地、权力和声望的乡绅不同，新时期的乡土法杰不强调必须是“本土乡贤”。另外，他们需要熟谙地方法与国家法，他们与地方政府的合作更多是处于协助地位。从拆解的含义来看，乡土法杰兼具“乡土”和“精英”两种特征：一方面，“乡土”可以指本土居民的身份特征，也可以是对所在社区有强烈熟悉感和归属感的居民，这意味着他们在参与社会治理的过程中，既能够基于已有的地方性知识因地制宜地开展各项工作，又具备本土权威和一定社会影响力，对于开展基层工作来说，正因为其是“田野”的一部分，“在场”的精英具有“进场”的先天优势；另一方面，“精英”意味着他们是“米筛面”上的，即相较于普通村民，他们在文化水平、人生阅历、道德品质和公共事务的参与热情上都具有独特的优势。“乡土”和“精英”实质都是强调乡土法杰具备协助推进基层法治建设的先天优势和参与能力。

在市场经济和城市化发展的冲击下，以血缘、地缘维系的家族和邻里关系仍然广泛存在于乡村社会，因此非正式规范在村庄中仍然具备发挥作用的空间，这也成为乡土法杰能够将地方性知识、本土性威望转化为治理工作优势的社会条件。具体而言，乡土法杰的禀赋包括以下几点。

第一，自我实现的助人初心。乡土法杰不仅具备参与基层社会治理的能力，更重要的是，他们往往是以志愿工作者的身份主动参与的，这个方面是由于其乐于奉献的助人精神，即作为乡土法杰的“五老”在年龄构成上往往偏高，退休后仍处于愿意为了公共事业自我奉献和自我实现的心理状态，法务前沿工程恰好提供了退休老人“再就业”的志愿岗位。另一方面，乡土法杰参与治理则反映了其回报家乡的家国情怀。乡土法杰可以是现在或者原来生活在当地社会的成员，不管是外出精英还是本地乡贤，他们都拥有一段长期在当地生活、生产的共同经历，天然的乡情、亲情以及他们本身的社会责任感都促使乡土法杰自愿、无偿地投入法务志愿工作，对于他们来说，这也是个人价值和社会价值得到统一的体现。

---

① 参见高其才：《全面推进依法治国中的乡土法杰》，《学术交流》2015 年第 11 期。

访:您觉得我们村里面把您作为志愿者,为什么呢?

方:做志愿者是这样的,我这个人也喜欢管这些乱七八糟的事。比如说,我们湾子里面有什么大事小事,邻居间有什么纠纷啊,能帮就帮一下。如果能帮上忙,我会感到很开心。

访:有成就感是吧?做这个事情有报酬吗?

方:没有,这个是不需要报酬的,只是为社会做点小事,也没有获得什么荣誉,就是一种爱好和义务。(36.方艳平的录音笔记,位置12～15)

再一个就是老国家干部。他们条件好些,见识多些,有热心参与这个事情。他们在外当官,现在老了,回来了,在这个地方住,是有一定声望的。村里面或者镇上的人也和他们关系好,他们做一些调解工作也是很好的。(49.周发兴的录音笔记,位置12)

第二,德高望重的社会威望。由于是由老党员、老干部、老教师、老战士、有威望的老人这样的村中“五老”群体组成,乡土法杰从身份上能得到乡村社会成员的普遍认同。乡土社会具有“长老统治”的传统,而除了儒家文化中“敬老”传统对个人声望和权威的保证,“五老”群体由于其退休教师、军人、党员、企业家等职业声望的加持,往往能够在复杂的人情关系网络中具备较高的话语权,从而能够实现教化民众、服务乡邻的引领作用。

农村的人和城市的人不同,大家都是邻里乡亲,是一个大家族的人,所以调解的方法就不一样。第二个就是人,尤其是老人,他们还有一些宗族观念,比如我姓周,在我们的地盘上我们就要团结,相互忍让,听长辈的话。我们这一大片,几个小组大部分人都姓周,这就是一个很好的资源。他是长辈,跟我一个姓,家庭的一些争吵,他来调解大家都听,就没有争吵了,家庭就和谐了。比如我这一片都是姓周的,哪里有什么事情啊,我去看看,一排辈分,你是叔,你是爷爷,劝劝他们,告诉他们不要吵架了,都是亲戚。有什么纠纷,把双方叫到一起吃个饭就解决了,他们都听。(49.周发兴的录音笔记,位置12)

一般志愿者都是村里的老党员。退休的品行比较好的老干部,可以发挥一下余热。还有老教师,很多人都是他们的学生,他们说话也算数。老村干部如果都能站出来讲话,很多问题就能化解了。他们都有工资,村一级的退休人员也有一点补助、退休工资。他们主要就是发挥余热。一遇到事情他们就会去做,他们也都不要钱。他们乐于做志愿者,也有经验。他们也有时间。(68.8月10日下午胡喜平的录音笔记,位置16)

那么这个法律工作需要一个品质比较高尚、说话比较让人信服的人。假如我的道德品质不好，我在社会上的声誉不好，你们两个人发生矛盾，你觉得你们会找我做调解吗？这种人，大家都会觉得他不是正经人，他不说正经话。（48.张卫兵的录音笔记，位置 29）

第三，通情达理的地缘优势。通达乡村社会中的人情和道理，并能够基于这样的地方性知识，利用自身的社会威望和灵活的言语调节实现当事人对矛盾的一致认同，这就是乡土法杰在法务前沿工程中能够承担的重要任务。对村庄的乡风民俗、伦理道德的内化，是实现与其他村民无障碍沟通的前提，也是乡土法杰“乡土性”的内涵。

有些小事，比如兄弟分家，现在倒不是争什么值钱的东西，主要是分家的时候什么东西该给谁，需要年纪大的人来把握一下。说白了就是规矩、礼貌。年纪大的人可以平衡一下，根据经验说说话。（35.方国庆的录音笔记，位置 13）

第四，睿智灵活的文化优势。较高的文化程度保证了乡土法杰在学法、普法和用法上具备知识基础，同时具备将现代法律知识应用到本土乡村情境中的思维能力。一方面，他们整体的受教育程度较高，同时思想较为开放，对新鲜事物的接受能力强，具备一定的法律知识基础和民主法治理念；另一方面，乡土法杰熟悉当地的风土人情，能够理解乡村中的德治内涵和礼俗文化，从而具备融合法律“现代化”和“在地化”的能力。

陈：我们在村部了解到您是我们村的三个志愿者之一，您觉得为什么选您作为志愿者呢？

周：这个原因很多，最起码我是个老党员，嘴巴还可以，能说，反应也比较快，做人也比较正直，也做过村里的书记。我在岗位上很正派，是比较直的人。我反应快，对各种事情有自己的理解和见解。需要写东西的时候，很多人写不好，我写得好，也写得快。我现在也经常替村里写东西。我的职位不高，但是思想觉悟高。（49.周发兴的录音笔记，位置 24～25）

（二）乡土法杰参与乡村法治建设的必要性

从乡土法杰的概念和禀赋我们了解了该群体具备参与乡村法治建设的能力，而外在的社会结构因素也让我们了解到法务前沿工程吸纳乡土法杰的必要性。在转型期的中国，国家与社会的力量对比发生着持续性的变化，市场经济发展和城市化、工业化的推进影响着乡村地区人们思想观念的变革，这意味着推动乡村法治建设、维护基层社会稳定至少面临着两个方面的问题：一方面是表象，即在日常纠纷调解中如何弥合地方法和国家法的张力；另一方面是本质性的，即面对基层司法机构职能弱化和村庄内生性力量薄弱的现实困境，如何打破"内外双弱"的僵局。盘活乡村社会中的精英群体，发挥其作为社会治理主体的有生力量，弥合国家与社会之间的沟壑，是乡村实现有效、稳定和长效治理的历史必然。

乡土法杰作为国家法和地方法的共同学习者，是弥合国家与社会鸿沟的纽带。一方面，国家法的功能是有限的。传统的情理规则无法处理日益复杂且趋近现代化特征的乡村矛盾纠纷，正式法律从而存在介入和发挥作用的空间，其以国家强制性为保障，能够限定社会成员行动的范围和方式，确保了稳定的乡村社会治理。但是在乡村的情境中，国家法律的融入往往面临诸多"水土不服"的情形，原因主要有以下三点。

第一，国家法律难以完全适用于大多数农村纠纷的发生情境。事实上，农村地区发生的大多数摩擦、矛盾中，只有少数需要庭审，同时符合法律的应用情境。倘若对日常纠纷置之不理，"小事不化了"对乡村地区的长治久安而言，必然是贻害无穷的。

> 访：法律和人情分别对村民的纠纷调解有什么样的作用呢？
>
> 肖：我们主要从人情的角度来调解，还上升不到法律的角度。比如婆媳关系，只能从人情的角度来调解，上升到法律的角度怎么办呢，不就把事情闹大了吗？农村的人还是认人情伦理的。除非是土地纠纷，有明文规定这是你的承包地，那才用到法律，用《土地管理法》，其他的法律是用不到的。（45.肖维清的录音笔记，位置 30～31）

第二，国家法律的运行成本高，普通村民难以承担经济、时间乃至于社会成本。诉讼对金钱和时间的要求是毋庸置疑的。此外，特别的是，在农村地区，发生矛盾的两个人往往并非完全是陌生人，而在熟人之间要讲法律势必会损害人情或社会关系网络[1]，这样的结果无疑是生长于熟人社会的村民们不愿意看到的。

① 参见费孝通：《乡土中国与乡土重建》，风云时代出版社 1993 年版。

陈：从人情的角度，您怎么处理这个交通事故？

罗：肇事者是富家坳的人，正好隔一个队。死者是我们村的人，大家经常要见面，也没有必要搞成那样。肇事的一方，开车把人撞死了，拿点钱出来，在能承受的基础上，那就没有必要坐牢，甚至打官司，没必要造成那个结果。

陈：那就是说，通过法律的方式处理对双方来说成本都比较大。

罗：你打赢了官司，输了钱，请律师、诉讼都要花钱。（19.罗千金＋凤山镇十里铺村，位置65～68）

第三，国家法律的运行逻辑和法理知识追求的是“程序正义”，有可能不能从本质上解决矛盾，难以获得村民的认可。法律的程序正当性对“结果正义”的强求可能导致判决结果没有解决实际的困难。多数情况下，乡村社会的生活逻辑和法理是不相容的，农民对法律的理解和期待也会产生不契合，因此，农民因为不认可判决而上访的案例并不少。

在城镇，这么一块地方，这么一米，我不要钱，只是法律规定你必须留这个通道，我给你补偿。这样的事用法院来看吗？这是怎么执行的问题，是直接考虑法律后果的问题，是吧？比如说我这个地方，哪怕是我租了一个很小的房子，或者说农村，我们讲的就是复建工程，我就不让给你，对吧？不让给你，你再想要我也不给，这是我的地方，怎么给你？法院即使判了，按照法律规定判的，但是执行不了。怎么来执行这个问题？人民调解就不一样，可以通过人情进行调解，所以说，通俗来讲，供给条件可以，我自然就会让给你，可能能够达到想要的效果。法律最终还是为了有效果是吧？社会不能评价，再好的法律（没有解决问题）也不是良法，对吧？没效果就不是了。［89.熊战辉（工程历史、法工），位置175］

另一方面，地方法在农村社会秩序维持中发挥着极大的效用，能够弥补国家法的限制。地方法除了在适用情境、运行成本以及结果正义上更加符合乡土的场域，也更适应农民的需求外，其适用条件依赖于乡土法杰的运作。其逻辑在于，乡土社会中的有效治理依赖于乡土法杰对地方性规范的运用。首先，地方性规范的内涵包含了民间的习俗惯例、村庙的超验权威，而在实践中往往是多个权威而非仅仅依靠国家的法律条文或者政府的权力运作平息民间的纠纷[①]。其次，在乡村社会中起支配作用的原则归纳为村社内部的地方性规范的

① 参见赵旭东：《习俗、权威与纠纷解决的场域——河北一村落的法律人类学考察》，《社会学研究》2001年第2期。

基础上，包含乡土法杰的地方精英是地方性规范实践的依托主体[①]。借助“准官员”等地方精英实现“化公为私”和“公缺私补”的治理技术，搭建了沟通国家与社会、法律法规与地方性规范的桥梁[②]，对这个治理技术的创造性援引能够消解权力下沉带来的乡村活力不足、效能较低、成本上升的问题。

在人民调解这一块，农村的一些纠纷，人的因素很大。很多事情，一个有威望的人说的话，比法院的法官讲的话有用多了。这个情况在农村很普遍，现在就是宗族观念。所以农村社会的文化，农村的传统观念——家庭观念，宗族观念，和法治建设的需要、需求、要求，都有一些内在联系，也有冲突。[89.熊战辉(工程历史、法工)，位置175]

乡土法杰同时作为国家意志的贯彻者和自我治理的有生力量，能够打破“内外双弱”的僵局。

一方面，基层司法机构的供给能力衰落，主要表现：首先，农村的法治建设和基层维稳是由司法机构单方面推动的，法律服务的供给主体单一；其次，现实中基层司法的职能任务繁重，人员队伍建设无法跟上，往往存在一人兼任多职的情况。

访：法务前沿工程实施之前，村里有一个专职的调解员，只负责调解纠纷、矛盾，至于其他的事情他不负责，村里也不负责？

周：是的，不过这半年来调解员还负责普法教育、宣传这一块的工作。

访：专职调解员负责这一块的工作吗？

周：农村没有改革之前，也就是2002年以前，是这样的。2002年之后，村里都是兼职的调解员，没有专职的调解员。

访：这个改革是什么样的？

周：以前我们村在没有改革之前，村干部是7个人，改革之后只有4个人。每个方面都安排专职的人员很难，都是兼职的，一个人要管好几种事情。这四个人是书记、村主任、民兵连长兼治保调解、妇女主任兼计生干部。

访：2002年的改革只是对村委会人员进行调整和改变职能的划分？人民调解的工作具体归哪个人管？

---

① 参见李怀印：《华北村治——晚清和民国时期的国家与乡村》，岁有生、王士皓译，中华书局2008年版。

② 参见赵晓峰：《中国农村基层的简约主义治理：发生机制与功能定位》，《西北农林科技大学学报(社会科学版)》2014年第6期。

周:就是负责治保调解的那个人。

访:我们这边书记和村主任是一个人吗?

周:现在是一个人。

访:有事都找书记?

周:是的,是的。(73.周伟光,位置 3)

另一方面,村庄的内生性力量薄弱,这主要表现在以下几个方面。

首先,农村精英的大量外流限制了村民参与治理的能力,人口学认为这是推力和拉力共同作用的结果。一方面,农业发展的利益空间远低于工业和服务业促使农村的剩余劳动力退出乡村建设事业;另一方面,城市的教育、医疗等公共资源供给以及众多的就业机会吸引着精英劳力进入城市,从而导致普通民众的治理能力和村委会干部的治理能力都受限于年轻、受教育水平高的农村精英的大量流出。

年轻人都不在家,家里只有老人或者小孩。(69.70.刘文质、张大爷,位置 25)

现在山区的地方,外出的人多,家里的人少。(71.丁文进,位置 2)

年轻人都不在家,在家的都是老弱病残。(45.肖维清的录音笔记,位置 3)

其次,理性化和个人主义倾向降低了村民参与治理的动力。市场经济改革也推动着农村社会的生产生活方式变革:一方面,社会交往的趋利化削弱了村庄的凝聚力;另一方面,地缘、血缘和亲缘关系走向衰落,普通村民的参与能力欠缺,更重要的是,公共精神在农村社区也逐渐不见踪迹。

目前这个管理方式,群众是散漫的。你要他来开个会,他就要和你讲价,你要给他工钱,他才来开会。你不给他工钱,就算通知他,他也不来。哪怕晚上在村里开个群众会,村民也不愿意来。干部要到 37 个人,村民只有 17 个人,有的时候甚至只有几个人。(19.罗千金+凤山镇十里铺村,位置 82)

矛盾没有少。因为我们村的发展慢,矛盾就少。修路需要钱,但这个路是大家要走的,路坏了村里要给钱,边界不清楚,就争,争钱嘛。以经济建设为中心的时代,大家学会了一切向"钱"看。现在学雷锋、无私奉献的精神荡然无存。比方说今年的洪灾,有些地方受灾严重,有些地方受灾不严重,大家都等着要救援。还讲什么奉献?你受灾我帮你的情况也很少。

(27.8 月 11 日九资河叶成伍,位置 61)

现在啊,大家都只顾自己,只顾钱。(这)和政治、和集体的东西不匹配。(47.徐维禾的录音笔记,位置 52)

总而言之,吸纳乡土法杰不仅是根据农村当下的人口现状做出的制度安排,更是对农村当前的组织状况采取的适宜策略。在老人、妇女、儿童大量留守,而精锐力量不足的农村,动用天然具备地方威望的“五老”群体能够实现凝聚民众、维护秩序的治理目标。

(三)乡土法杰作为乡村法治建设主体的实现路径

1. 宣传引领推进乡村法治建设

在以往的普法实践中,司法所主导、村委会协助开展的程序化模式无法取得良好的宣教效果,而法务前沿工程吸纳乡土法杰,他们掌握了一定的法律知识并能够在人民调解的实践中运用,能够潜移默化地引导民众学习法律知识、树立法治观念,在不增加工作成本的前提下有效促进了乡村法治文化建设。

一方面,普法学法,可以提升村民法律思维和法治意识。法务前沿工程实施以来,罗田县开展集中普法教育活动 548 场,参加普法的对象达 14.9 万人。各乡镇司法所每月组织村组干部、群众代表、党员以及志愿者通过案例再现和知识普及的方式开展一次法律政策知识、纠纷调解技巧等业务培训,这是为了提升普法队伍素质,确保他们在实际工作中尽量靠近法律精神开展专业性的工作。实际上,乡土法杰们往往就是利用日常的闲聊时间,轻松自然地开展法律知识普及工作,“润物细无声”地帮助村民树立法治观念,实现知法、尊法、守法、用法的自觉性,推进乡村法治建设。

问:法务前沿工程是怎么推动法律宣传的?

黄:主要是“六五普法”,一些常规性的普法、考试、集中学习。村的法务工作站也会开展一些工作,就是法律进县、进村、进学校。如果群众之间有矛盾,就主动引导他们通过法律解决。还有一些好的案例,可以进行宣传。法律进学校就是(培育)未成年人的安全防范(意识),学习法律知识,进行答疑解惑,一年 1~2 次。法律进村就是人民调解,调解之后记录完整,法律(知识)使用准确。(67.8 月 11 日下午黄胜平的录音笔记,位置 51~52)

张:培训的话我参加过一次,就是讲解人民调解的一些相关的法律法规、新出台的一些法律规定。还有案例的培训方式,就是发生什么事情,怎

> 么去做调解,以案例的方式来学习。学习的目的是了解出现事情后,为什么要这样去调解……我觉得案例的方式最好,因为可以把每年发生的调解案例总结起来,把这些案例分类,这一类有多少件,这一类的案例是怎么调解的,当时调解失败是什么原因,调解成功的原因是什么,都可以进行分析。这种案例的方式比讲法律条文的成效要好一些。因为都是一些基层的人,到基层工作时需要形象性的方式,需要有深度的案例,案例比教科书上枯燥的理论要好一些。(48.张卫兵的录音笔记,位置71)

另一方面,实践引领,内化法治精神和法律规范。乡土法杰在日常生活中依法办事的习惯本身就是对法治理念的一种宣传,此外,在矛盾纠纷化解的实践中,案例的调解过程经过口耳相传同样能够帮助村民增长法律知识、树立法律观念、规范自身行为和保障自身权益。

> 在一个小组里面,村民小组会讲一下法律条款。另外,在调解过程中,邀请一些人来。因为调解过程也需要普法宣传,他们可以以案例说法,讲清楚当事人违反了哪些法律,哪方面的法律是怎么规定的,进行说教,很直观地让当事人了解。不然直接跟当事人说条款,他们是听不进去的。必须通过生活中的实例,让他们记得牢一些。(73.周伟光,位置13)

2. 解纷止争,疏导分流社会矛盾

中国的调解制度,包括非正式民间调解传统、非正式社区干部调解以及正式法庭调解传统(排除其过分强制性的运用),是比较独特而成效相对较高的制度,是受到民间广泛认可而远远超越西方的调解制度①。在法务前沿工程的发扬下,这种非正式民间调解功能主要就是由乡土法杰承担的。通过日常纠纷调解和提供法律援助,乡土法杰的参与为村民提供了触手可及的表达利益诉求和化解矛盾纷争的制度化渠道,是实现乡村社会的长治久安的“安全阀”。

据统计,开展法务前沿工程以来,罗田县已进行纠纷排查856次,受理和调处各类纠纷1748起,群众上访前置化解19起,防止群体械斗8起,防止民转刑案件12件,防止民间纠纷引起自杀案件3起。其中,调研中笔者团队收集到有案卷、有调解记录的案例就有330件,如表5-1所示。

① 参见黄宗智,尤陈俊:《调解与中国法律的现代性》,《中国法律》2009年第3期。

表 5-1　调解案例卷宗汇总表

乡镇	房屋土地纠纷	其他财产纠纷	婚姻家庭纠纷	工伤纠纷	交通肇事	民事赔偿	社区矫正	其他	总计
三里畈镇	29	7	8	1	2	16		5	68
河铺镇	20	18	8	7	5	23		2	83
胜利镇	51	21	17	3	7	51	27	2	179
总计	100	46	33	11	14	90	27	9	330

注:其中达成一致 288 件,继续协商 10 件,协商失败 5 件(社区矫正 27 件)。

乡土法杰开展调解工作的一般流程有以下几点。

首先,重视事先排查。在开展法务前沿工程以前,调委会的工作大部分属于被动的"事后调解",即只有接收到调解申请,才会实施调解,这给及时干预和化解矛盾增加了难度。而村法务工作站采取定期和不定期排查相结合的工作制度,力求在萌芽状态消除潜在的矛盾纠纷。在实践中,由于乡土法杰本地人的便利身份,结合其消息灵通、深入民众的特性,他们在日常闲聊中通过"自己发现"和"听别人说"两种方式就能够及时发现矛盾。

一般农村的一个地方,一听说哪里有打架的话,传得很快。比方说现在比较闲一点,大家都谈一点家长里短,过段时间去哪里挣钱等,顺便就聊到了哪家和哪家有什么矛盾。我们就赶紧把两家都找来做工作。(36.方艳平的录音笔记,位置 22)

他就住在人们身边,生活在这里。这些事情有时候是他自己发现的,有时候是听别人说的,知道了事情就可以进行调解。(73.周伟光,位置 24)

其次,根据社会关系和社会威望选择调解员。参与人民调解工作的志愿者,一般都在当地具有较高的社会声望,比如退休的老教师、老村干、老战士等,但在具体的调解中,还是要因人制宜、因时制宜,根据当事人的社会关系选择能够令人信服的调解者。在"半熟人"社会①,我们仍然需要遵从人际关系的平衡机制。

在调解过程中,儿子当家,会和父亲讲清楚,父亲当家就不好说,要根据实际情况而定。一般来说,我们的工作是全方位的,不仅要从父亲的角

① 参见贺雪峰:《论半熟人社会——理解村委会选举的一个视角》,《政治学研究》2000 年第 3 期。

度,还要从儿子的角度,甚至儿媳妇的角度考虑问题。(67.8 月 11 日下午黄胜平录音笔记,位置 66)

如果说是鸡毛蒜皮的小事情,谁去都行。大一点的事情就是看谁能说上话,就让谁去。有的时候,我们不仅派自己的调解员去做工作,也邀请社会上跟当事人关系好的人一起去做工作。(73.周伟光,位置 28)

我们安排这种小组的负责人去做调解工作,就是因为他们一般是比较有威望的人。一般小孩子回来了也会找这些人聊聊,就能够平息这些事情了。(73.周伟光,位置 30)

最后,多种手段并举进行调解。调解最重要的是能够提供第三方视角以正视听,而由于乡土法杰的知识性、专业性和权威性,村民往往愿意听取其意见,让其主持调解,而他们也会采取多种技巧、方法。

(1) 裁判,即在事实认定的基础上根据共有的规则划定双方权责。

在这种情况下,你就要做两方面的工作,把事实给他们弄清楚,事情的缘由是什么,按事实情况划定谁对谁错,双方错在哪里。这就像这旁边的篮球场,你是裁判员,要找出是谁的问题。划定谁对谁错后,要按事实说清楚,是你的就是你的,是他的就是他的。像这样的小事很多,比如放水,你要抽水到你的田,他也要抽水,你能抽但你也要让别人抽。我作为小组长就说:“这个水是从上往下放的,任何田里面不能关水,放完为止。”有的人水到他的田了,他把田堵住,不让上面的水放到下面的人的田里。也正是因为放水很容易发生矛盾,我们每年放水前就找村里的干部、村民代表、组长,商量个制度。这几年天旱,虽然大家都有约定,但是水少,总有矛盾。每年都是那样,每次放水时,我们村干部和组长亲自到水渠旁监督,每个人负责某一段的放水工作,保证不能有人堵水,一直到水放完。人人都受益,就没有矛盾了。你把水关了,都放在你的地里,水多了不好,下面的土地没有水,起不到抗旱的作用,还容易引起大家的不满,打架骂娘的事情就出来了。所以要有个约束机制啊,约束所有人,避免大的矛盾。在矛盾的萌芽状态就要把它捂住,铲除掉。(46.徐世良的录音笔记,位置 21)

(2) 公证,强调以第三方的正义判断为尺度,而不仅仅是当事人对辩。

公证人把公正的话一说,界限一拉,什么都清楚了。如果没有公证人,光自己说那肯定说不清。(44.文兴亚的录音笔记,位置 17)

（3）对质，强调当事人双方同时在场的前提下陈述事实。

方：就是要公正。既然做调解，肯定要公正，不能偏向任何一方，不然更容易发生冲突，更容易激化矛盾。我们调解的过程就是把双方叫到一起，两个人当面说，有什么想法自己说，对方有什么想法也自己说出来。

陈：两个人坐在一起不会吵起来吗？

方：那肯定不会，我们也在。我是调解员，他们要给我面子吧。（36.方艳平的录音笔记，位置 34～37）

以上三种调解技巧也有重合的部分，而在日常调解中，乡土法杰往往综合多种手段以应对复杂的调解事务，如以下陈述中就将调解流程归纳为调研了解、集中对质、单独谈心、统一意见几个步骤。

我们的调解过程一般是这样的，比如他们两户发生了纠纷，我们就要先把情况了解清楚，再组织小组长了解情况。第二步就是调解人把双方集中起来，先听听双方是怎么说的，不管谁对谁错，发生纠纷是什么原因，当然这时候肯定是各说各有理。我们在了解情况以后，从他们说的情况以及表情可以判断谁说的是真实的，要注意观察他们说话的细节。第三步就是把他们双方分开，单独谈心。我们在单独做工作的时候，可以宣传农村法律方面的知识，告诉他们这个事情按照法律是谁对谁错，那么你跟他们这样一说，他们这时候肯定气也小了，知道自己是对是错，知道自己的责任了，大是大非明确了就好搞了，你接下来讲的话他们就会听。然后我们治保主任和调解人再集中处理意见，指出双方错在哪里，告诉错的一方他的这个行为在法律上站不住脚，指出他的错误和违法的地方，让他心服口服。（42.欧木贤的录音笔记，位置 18）

三、手段融合：乡村法治建设引领治理创新

（一）“法治”引领，推进乡村法治建设

完成法务前沿工程阵地建设的村庄，累计开展集中普法教育活动 48 场；纠纷排查 856 次；受理和调处各类纠纷 1748 件；办理法律维权和援助服务 183 人。通过法务前沿工程，全县共为 100 多名农民和困难群众提供了法律维权和法律援

助，为他们避免和挽回经济损失 1 000 多万元[①]。法务前沿工程真正实现了法律的触手可及，实现了法律在群众身边，改善了乡村法律服务环境，促进了社会和谐稳定。

1. 通过法律宣传深化农村法治观念

罗田县司法部门“整合资源、健全网络、构筑载体、突出重点”，以村法务前沿工作站为平台，在普法宣传上形成了模式化、特色化的工作方法。

首先，吸纳农村精英，壮大普法队伍。罗田县将中心户长、党员、退休干部、乡村教师和“垸内明白人”等村庄内的精英组织起来，不仅仅依靠司法所的组织、村委会的协助和司法工作人员的宣讲，还运用“群众带动群众”的方法，让法律知识深入农村，在街头巷尾、邻家闲话中口耳相传，极大提升了普法宣传的频率和效率。

其次，开展定期培训，优化队伍素质。基层资源的深入降低了法律服务专业性的门槛，为了更好地“发动地方力量解决地方问题”，需要定期进行法务培训保证法律服务的质量。法务前沿工程对人民调解主任、基层调解员一年进行至少 2 次培训，以农村常用的法律法规等实用性知识为主要培训内容，同时培训伴随着考核，以督促调解员消化内容，保证村民最终接收到专业性的法律常识。同时，县司法局和乡镇司法所也会不定期地到地方进行普法宣传教育。此外，随着农村社会状况变化而日益复杂的村民用法情境，也不断要求着普法人员更新法务知识，从而满足基层民众的用法需求。

最后，创新普法形式，适应教育需求。在对传统的普法教育形式（如座谈会、书籍、电台等）无法取得良好效果的反思中，法务前沿工程通过免费发放法律资料和书籍、定期发送普法知识短信或者微信、收集日常需要的法律知识、法治主题文艺演出、开展法律知识竞赛、在人民调解中以案说法等多元的、人民群众喜闻乐见的形式开展普法工作，潜移默化地将法治理念融入群众生活。

访：我们这里的普法宣传工作是怎么做的？

张：首先还是抓干部这个层面，马上就是“六五普法”了，要组织大家学习有关国家的法律条文。干部学习以后，到村里面去宣讲。现在宣传的手段也多了，第一个是通过互联网，第二个是通过电视上的节目，观看电视，进行违法事件的警示教育。宣传方法还有在中、小学举办法律知识竞赛。每年都有普法考试，普法考试直接与公务员的考评挂钩，这都是比较正式的。每年组织的普法考试是必须考的。在每个村里，有法律知识宣传长

---

① 参见罗田县司法局内部资料汇编：《法务前沿工程理论与实践资料汇编》，2010，第 170 页。

廊,和村民生活比较密切的法律条文都会张贴出来。我不知道你去了孝德文化长廊没有。

访:去了,我们这几天都从那旁边经过。

张:就是那个宣传栏。宣传的内容每年都会更换,村部都会有。宣传方法就是宣传长廊、培训、知识竞赛、考试。平时电视里有违法案件的分析,电视台会制作案件分析报道,分析违法的原因和教训是什么。大家通过互联网可以看到中央办的一些法制栏目和座谈会,比如撒贝宁的“今日说法”节目等。这些东西都对我们很有帮助。现在是互联网时代,学习的形式都是在变化的。(48.张卫兵的录音笔记,位置72~75)

2. 提供法律援助,规范农民维权路径

在非诉讼方式无法解决纠纷的情况下,乡土法杰也会借助正式制度解决当事人之间的矛盾,即提供法律援助服务,重点工作包括两个方面。

第一,帮助外出务工人员联系法务工作者。由于基层农村社区的司法机构仍然处于“悬置”状态,村民为了寻求法律援助常常需要到乡镇甚至县区,这给基层民众法律权利的保障和维护造成了极大的阻碍,同时,也不利于法治理念深入乡村。法务前沿工程的推进和乡土法杰的参与,一定程度上缓解了村民无法寻求维权资源的困境。

王:这个我深有体会,当时全国法律援助在我们这里开展。遇到这样的事情,家乡很多人需要法。第一,体现家乡的温暖。第二,很多人不懂人情,不懂外面的情况,不懂法,甚至有的人还不识字。村里的领导带律师进行法律援助,这个法律援助也是法务前沿工程的内容。我们现在有一个响应机制,司法所决定这个事情应该怎样处理。如果你家里很穷,应该搞法律援助,会马上为你联系律师,法律援助的律师陪你去,路费都不要。(59.王国强汇总,位置31)

第二,为经济困难的村民提供法律援助服务。法务前沿工作站规定工作人员有帮助经济困难的村民联系法律援助服务的义务,切实保障弱势民众的合法权益。

周:我们这个村曾经有一个人。当时他也是贫困户,派出所派人到天津帮他做法律援助,免费的。这个是法务前沿工程实行之后的事情。后来没有打官司,而是通过沟通,和当地的劳务部门一起把这个事情解决了。

访:调解之后赔偿金额大吗?

周:他这个不涉及赔偿,只是拖欠工资。这个人是个单身汉,五十多岁,也没什么说得上话的朋友,就找到村里来了。村里就找司法所,然后找司法主任开了一个东西。因为法律援助要先申请,就先帮他开了个申请,让他签字。

访:那去那边的费用呢?

周:县司法局从国家法律援助的经费里面给的,不需要交其他费用,都是免费的。那一次,法律援助帮他挽回了两万块钱的损失。他参与的是小工程,转承包的人很多。后来我们找到他的上层承包商把钱垫付了,到时候再去找那个小的包工头把钱追回来。(73.周伟光,位置4)

3. 巩固调解制度,发挥纠纷化解职能

人民调解是指通过民间而非行政机构的力量来化解当事人之间的纠纷。罗田县以镇、村、组为中心,乡镇政府监管村委会的工作,而村委会监管村人民调解委员会的工作。具体而言,村调委设一个调委会主任,3至7个调委委员,调委委员包括首席调解员、普通调解员、社会志愿者。法务前沿工程取得良好调解效果的原因不仅在于其调解工作是符合"群众路线"的,以人民调解人民,使工作发挥了实效、开展得深入,更在于其调解模式的科学性、预防性、前沿性。

第一,使用网格化治理技术进行排查。在矛盾纠纷形式日益复杂的背景下,在第一时间而非矛盾激化后排查纠纷能够最大限度地避免人力、法治资源的更多投入。为了突破被动的、触发式的工作模式,通过使用网格化把"静态"的、汇总的人口信息运用到人民调解这个"动态"的日常实践中,综合了现代技术型和传统本土型治理手段,有利于最大化预防性调解机制的效用。

调解要创造一个品牌,四两拨千斤,省力,想一个解决办法。不是调解不了,是要提高效率。传统方法的调解效率很低,有问题找村干部,村干部再去找县、镇,不去解决问题,都在推,大量的矛盾化解不了。(64.8月11日下午廖家禄的录音笔记,位置4)

方:网格化就是各种信息细致化,多大年龄、在哪儿务工都要在上面显示。法务前沿只是指法律这一块的工作。网格化都是动态管理、跟踪管理,有没有过错都会显示,所有信息都是清清楚楚的。每个组都有网格员(组长)。村民以前在家,现在出去打工了,都要跟我们讲。(94.8月8日上午方礼平,位置47~48)

第二,多样式调解联动化解基层矛盾。中心户把关、村委把关和联调式调解实现了调解模式分级化、调解效率最大化。“中心户把关”指依托扎根于村庄中心的村户,在日常串门和村庄活动中服务村民,具有非正式性、灵活性和较低的法律知识门槛。“村委把关”是指在前者无法满足调解需求的前提下,将事件上交到村调委,经过事先调查、当事人陈述掌握事实,最终实现双方和解,签协议并加盖村调委公章,该协议具有民事合同的法律效力。“联调式调解”是指多个上级部门联合介入跨地域的矛盾。多样式的调解联动旨在实现“小事不出组,大事不出村”,分级分类进行调解。

我们组的人经常和其他组的人联络,有什么问题大家交流一下。尤其是现在农村的赌博现象比较严重,我们就经常去走访一些爱赌博的村民,劝他们少赌。(46.徐世良的录音笔记,位置 51)

第三,回访巩固纠纷化解事实。由于调解协议的民事合同性质,对案情复杂、发生时间长、矛盾性质重大的纠纷,协调纠纷的强制力和效力有限,需要回访确认矛盾的“既调已解”。对仍有激化可能的潜在矛盾,需要及时处理或者酌情上报,稳定事态。

(二)佐以“德治”,推动治理方式转型

以乡规民约为载体,地方性知识在现代社会的文化侵袭中不仅仍保留有生存空间,而且依托“五老”群体,在法务前沿工程的现代治理实践中焕发出新面貌、体现出新价值,成为“以德治村”的典型案例。

第一,以地方性知识为内核,发挥非正式规范的功用。地方性知识除了涵盖各家各户、地方风貌的人口地理组成信息外,还包含了地方传统规范、风俗、伦理等文化信息,即对风土人情的全貌性、沉浸式理解和运用。下述关于老人要求盖新房和赡养的案例,就是综合运用“情理法”知识的典型案例,涉及的地方性知识包括“老了也需要叶落归根”“老人不好跟媳妇沟通”(传统的家庭观念中儿子的妻子仍然是“外人”)等。

去年我们组有个人,他家 5 个人,2 个人出去打工了,两个老人和孙子在家。去年他家的老房子倒了,他孩子在三里畈买了房子,但是老人不愿意去住。老人说去了生活不便,老是上下楼不习惯。他让他儿子在宅基地上盖个房子给他老两口住,他孩子就和他有矛盾了,说在镇上买房还要在老家盖房,上哪里找那么些钱呢?儿子和儿媳妇就不同意。后来他孩子给我说了这件事,我就去他家。他儿子、儿媳,他两口子都在家,我就做他们

的工作。我说："你们买房，在当时的情况下确实需要买，小孩读书什么的也方便。但是你也别后悔，等你老了，你的房子可以给孩子。你小孩以后买房，你老了，行走不方便，你也不会同意，是不是？再说，你是农村的，根生土长的，树老了还要叶落归根呢，你老了后还是要回老家，是吧？"他说："现在让我给他盖房子我没有意见，我就是拿不出钱来。"我说："等你有钱再买房子你就买不起了。你现在有块地皮做房子，你就赶紧盖。现在农村人口多，耕地减少，你有钱了但是没地了。"最后，他儿媳妇就说："那我给你先盖个简易的房子，小一点，等有钱了再盖主屋，现在只盖边房，能住。"最后，他们一家人都同意这样做了。他们也很感谢我。他们两个老人可以直接跟儿子说，但是媳妇那里他们就不好说，是吧？（46.徐世良的录音笔记，位置55）

第二，以乡规民约为载体，实现"法治""德治"权威同构。乡规民约可以拆解为"乡规"和"民约"两部分：前者是书面载体，内容上是村庄层面对法律精神的贯彻，将抽象的、宏观的法律条文具象化为村民的行为守则及其配套的奖惩条例；后者是约束机制，强调自我管理、自我约束，以群众监督群众。总之，乡规民约强调国家法律和民间法规的结合，以民法增加国法进入村庄场域的亲和力，最大限度节省了治理成本，并有利于村民社区精神的培育，在"法德同构"中实现了村内民主法治建设由"虚"化"实"。

法律只是在会上说，而乡规民约是让村民把素质提高。农村社会风貌改变是需要乡规民约的。在法律层面，村民和干部之间要有一个互相监督的机制，大家齐心把事情做好。靠法律监督，只能停留在表面上。上面派个人来，他哪里了解我们的情况，随便听听看看就走了，找不出问题，也不了解情况。乡规民约我们都熟悉，才能起监督作用，监督和改正也更加实际、快速。比如有些村干部贪污，靠法律是很难查到他犯法的，靠现有的制度肯定是不行的，还是要监督的。但是要靠群众监督，要有一定的奖罚措施，群众才会主动参与进来。现在，可以说上面的制度还是比较完善的，比较好的，就是缺少监督，以及担责意识，一旦发生了问题，都是相互推诿扯皮，没有人愿意承担责任。（33.叶宗胜的访谈录音，位置39）

第三，以"五老"为依托，通过宗族力量凝聚村民。罗田县农村面大人多，乡镇基层干部的数量相较于治理辖区的人口数量而言，其服务能力有限。如果能够吸纳热心于公共事务的退休干部、退休教师以及德高望重的宗族长老到法务前沿工程的志愿队伍中，村庄中的法律宣讲、人民调解工作就有了做好、做精、做充分的抓手，这充分体现了“以小家带动大家”和“从全面普法到有效治理”的工作思路。

> 我们还有乡规民约，我们做宣传，以小组开群众会，宣传法律知识，形成尊重法律的意识。农村的人会修族谱，一个小家一个大家，国家是大家，姓氏是小家，家庭是最小家。普法宣传都是在组里面进行的，小组里面开会，把大家的法传递给小家、个人。(35.方国庆的录音笔记，位置21)

(三) 深化“自治”，强化村民主体意识

借助村(居)委会的治理平台，法务前沿工程吸纳了大量农村精英作为志愿者，本质上实现了以村民为治理主体的自我教育、自我管理和自我服务，“法治”和“德治”是作为手段和方法在“自治”的过程中一以贯之的。因此，法务前沿工程是窥视“自治、德治、法治”如何实现融合运作的极佳的微观案例。

第一，在个体层面，以农村精英为主体推动治理队伍建设。农村精英是基层矛盾化解的重要内生力量，是村民自我管理、自我规范的制度性体现，能够最大限度地减少基层治理的成本，实现高效和有效治理。

> 老国家干部的条件好些，见识多些，有热心参与这个事情。他们在外当官，现在老了，回来了，在这个地方住，是有一定声望的。村里面或者镇上的人也和他们关系好，他们做一些调解工作也是很好的。(49.周发兴的录音笔记，位置12)

第二，在制度层面，以村(居)委会为平台健全基层治理制度。法务前沿工程是司法行政职能整体下移的体现，村(居)委会成为司法行政工作的强有力的抓手，实现“近距离”防范重新犯罪，“零距离”服务群众，第一时间排查化解各种纠纷。

> 比如犯罪分子都是基层的事情，基层做得好，那就没事了。要是每个基层都做得好，那就没有犯罪分子了，也没有他的藏身之地了……关键在基层，法务前沿工程的关键在基层。我以前在罗田县给他们领导说，我们走马岗村自己可以调解好自己的事情，不需要劳改法，也不需要监狱。矛盾积压起来就变成了犯罪，解决事情要抓住苗头，在苗头出现之前如果可以化解，就没事了。(37.张保周，位置27)

第三，在方法层面，以“法德共治”为架构创新村民自治手段。实践证明，乡村自治仅仅依靠道德品质的培育是不够的，还需要法律执行的强制性和严肃性，即法律为德治秩序的形成提供了保障。同时，也要用道德提升法律的亲和性，避免后者在与乡土社会融入的过程中发生强烈的碰撞和震荡。总体来看，道德和法律手段的使用都是贯彻在“五老”参与基层治理的自治过程中的，二者相互交融、互相补充。

一个是基层为什么要法务前沿——法律和道德的界限和空间。我们基层政府做社会稳定的管理，要明确自己的责任，发现矛盾（就）调解它，村级干部不行怎么办，就请德高望重的老党员、老教师、老干部、老军人、宗族长老来帮忙，他们德高望重，知识水平高，在村里，他们处在道德高地，所以实施起来也比较有效。而且我觉得我们国家在法制体系、依法治国方面利用我们的传统文化和社会道德是应该的。所以，依法治国要辅以以德治国。你看以前党政领导违纪了就通报，现在道德出问题了也通报，这就是国家法制的实践。领导干部或者国家公职人员，必须也处在道德高地，道德不高的话，那对社会的反面影响就非常大。

第二节　实施效果

一、法务前沿工程推动乡村社会治理法治化建设

（一）法务前沿工程建设了多方搭建、多元参与、多维手段的基层法治机制

在乡村传统治理规范式微而现代化治理格局尚未有效建立的背景下，法务前沿工程基于乡村社会缺乏青壮劳力且非正式规范尚未完全瓦解的现实特征，采取了治理平台构建、法务队伍整合、多维手段采用等一系列的举措，实现了治理平台、治理队伍和治理手段的创新，建设了适应乡村社会现实的基层法治机制。

第一，在机构层面构建了协调多方的基层治理平台。一方面，法务前沿工程通过建立协调工作临时小组，发挥司法所“穿针引线”的功能，实现部门之间的“上下贯通，左右协调”。另一方面，法务前沿工程通过建立权责明晰的管理

制度，确保参与力量的“社会化”和组织建设的“网络化”，避免职能部门之间的相互推诿和当事人四处奔波后仍求助无门。这个制度设置的理论合理性在于，在以政府为主导的自上而下的单一治理结构下，各级政府及职能部门之间的协调沟通欠佳[①]，极易造成政策执行偏差，无法实现治理目标和治理资源在全社会范围内的有效整合。而法务前沿工程由县委、县政府带头，县司法局主导，县公安局和检察院监管社区矫正的帮扶监管工作，法院提高人民调解协议的采信率以实现对民间纠纷的衔接，民政局确保符合低保标准的社区矫正和安置帮教对象“应扶尽扶”，劳动保障部门为没有就业能力的社区矫正和安置帮教对象提供就业培训机会，宣传部门通过推广工作典型为法务前沿工程的全面开展创造良好的舆论环境。同时，县政法委以定期开展联络会议的方式进行跟踪督办，确保部门联动，建构了多元协作式、系统化、整合式的基层治理平台。

第二，在组织层面整合了多元参与的优质法务队伍。在青壮年劳动力大量外流的背景下，农村地区“空心化”的状态持续已久，而取消农业税后，基层政府的政治权威衰变，村民自治的参与主体和内生动力处于未经整合的离散状态。但另一方面，在国家权威和行政考核的高压下[②]，村级组织却需承担配合乡镇政府工作的政治功能[③]，更加挤压了村民自治参与的空间和途径。村民自治主体性的缺失是“内外双弱”治理格局下农村发展内生动力不足的体现。在这样的治理现状下，基层行政人员数量少而服务群众数量多的矛盾进一步催生了发动群众自我管理的迫切需求，根据农村留守群体多为老人、妇女、儿童的人口特征，法务前沿工程吸纳了老党员、老干部、老教师、老兵和老企业家等具备社会声望、人脉宽广、文化水平较高、空闲时间多且热心于村庄公共事务的农村精英进入志愿者队伍，不仅解决了基层干部数量有限、力量薄弱的问题，更触发了群众自我管理的治理模式，通过优质社会力量的整合实现了基层法治机制的高效运行。

第三，在方法层面采取了全面多维的法治建设手段。传统的乡村治理存在事后治理、单一治理的弊端，法务前沿工程贯彻源头治理、综合治理和标本兼治的方针，以法制宣传、人民调解、社区矫正、安置帮教、法律援助等治理手段多管齐下，以知法促执法，以执法促知法，有效维护农村社会秩序稳定，取得良好治理效果。

（1）法制宣传：在对以往普法宣传队伍人员数量有限、素质低下，普法内容

---

① 参见何植民，陈齐铭：《精准扶贫的“碎片化”及其整合：整体性治理的视角》，《中国行政管理》2017年第10期。

② 参见徐炜，陈民洋：《农村社会治理创新模式的持续发展问题解析》，《江汉论坛》2015年第1期。

③ 参见王晓毅：《完善乡村治理结构，实现乡村振兴战略》，《中国农业大学学报（社会科学版）》2018年第3期。

不切实际、流于形式的弊端进行反思后,法务前沿工程吸纳、整合多方力量壮大普法队伍,以定期的培训提升普法队伍的素质,以事先的调研了解村民的用法需求。

(2) 人民调解:法务前沿工程在人民调解方面的主要经验在于强调“事前排查”和“事后回访”,通过第一时间对矛盾的介入和调解后对当事人的回访,能够最大限度地保证矛盾解决的高效性。

(3) 社区矫正:司法所干警的宣传培训、村工作站的“零距离”与“远距离”相结合的监管模式以及社会志愿者的“熟人监管”是公安机关向司法所转交社区矫正职能的体现,力求克服村委及村民对矫正对象的偏见。

(4) 安置帮教:村级组织成立了由党支部引领、对接刑释解教人员家属的小组,向上对接县和乡(镇),真正落实了安置帮教工作在村级的执行。

(5) 法律援助:县、乡(镇)和村三级联合维权,充分调动了法务工作者、村干部和农村精英的力量,一定程度上减轻了法律援助存在的专项资金短缺、服务供需紧张等方面的困难。

(二) 法务前沿工程推广的可行性在于其政策契合性和现实需求性

在党和国家推进法治乡村建设和构建农村社会治理现代化体系的政策诉求下,法务前沿工程本身就具备前瞻性的政策意涵。而乡村社会“迎法下乡”的内在需求更为法务前沿工程提供了广阔的社会支持基础。

第一,法务前沿工程与乡村法治建设政策相契合。国家自 2015 年起发布的“中央一号文件”中都着重强调了农村法治建设,这是因为原有的“送法下乡”“依法治村”活动已经不能满足乡村治理现代化的需求。法治在农村社会的推行面临着极大的挑战,一方面,广大农村仍然依赖人情关系和传统惯例的秩序维持运转,根深蒂固的传统思想并非一朝一夕可以被改造,另一方面,落后的经济条件限制了法治发展需要的配套制度和人才支持。法务前沿工程不仅深刻意识到了法治建设在现代化治理体系中的重要地位,在具体措施上更是积极探索将司法行政体系改革与农村前沿的法务治理平台搭建相结合的实现路径,这在全国的乡镇治理方式探索中是一马当先的。具体而言,把法律和道德手段融入乡规民约,把“五老”群体发动起来参与人民调解,是法务前沿工程的重点和亮点。法务前沿工程通过“法律下乡”的可行路径探索,强化了民众法治意识和素质提升,推进了乡村社会治理法治化工作,因此法务前沿工程和乡村法治化建设的政策需求无疑是相当契合的。

第二,法务前沿工程适应了农村对国家法律的诉求。在传统的“熟人社会”,生产力和生产关系发展水平低下,个体的生产生活囿于一方土地,人情、面子、关系等集体文化图式以非正式规范的形式制约人们的社会行动。而法律以不近人情、消耗人情的面貌进入乡村,自然无法发挥很大的作用。21世纪以来,随着现代化的发展,村庄扩张和流动性的增强,本就弱化了乡村礼俗秩序,而对城市文化的追逐和热捧促成了农村文化的断裂,原有的农村行为规范、文化传统的生存空间被城市文化挤压,新的价值规范尚未成型,最终在人口空间分布乃至于文化价值观念上都造成农村的"空心化"[①]。另一方面,生产力的发展促使农民的生产生活逐渐摆脱土地的束缚,地理空间的松绑使人们在抽象意义上也被卷入更广阔的市场化范围,与外界的频繁互动催生了更加复杂多样的矛盾关系。为了解决这些无法由村庄内部权威裁定的矛盾关系,人们产生了对国家法律权威介入的诉求[②]。旧有的地方性共识瓦解,新的秩序亟待重建。因此,法务前沿工程是乡村社会在现代化浪潮中对法治力量呼唤的回应,更是农民对法律精神和理性精神的诉求的回应,因此,必将在强大的社会力量支持下具有广阔的发展空间。

(三)法务前沿工程存在内部完善可能和外部提升潜力

在上级政府部门推动下实施的法务前沿工程,尽管发动了自上而下的农村精英参与治理,仍然在实际运行中出现了农民主体参与基层自治的内生力不足、依赖单一部门强制推行从而导致后续发展动力不足和财政资金短缺的问题。因此,某种程度上仍然保留传统管理特点的法务前沿工程仍然存在内部完善可能和外部提升潜力。

第一,健全管理制度。法务前沿工程要求达到"六有""四落实""十四上墙"和"十二项工作台账"。"六有"是有牌子、有章子、有工作台账、有档案柜、有办公室、有办公桌椅;"四落实"是组织落实、机构落实、制度落实、责任落实;"十四上墙"是领导小组、工作职责、服务范围、工作制度、调委会组成人员名单、岗位责任制、纠纷排查调处制度、学习制度、统计制度、档案管理制度、工作原则和工作纪律、纠纷当事人的权利和义务、绩效挂钩和考核细则、联调联防图等宣传上墙;"十二项工作台账"包括普法对象花名册、普法学习登记册、调解组织花名册、纠纷排查登记册、简易纠纷调处登记册、矛盾纠纷受理调解登记册、社区矫正对象花名册、协管帮教活动登记册、帮教对象花名册、帮教活动登记册、外出务工人员花名册、法律援助法律咨询登记册等。细致烦琐的工作要求是出于流

---

① 参见黄开腾:《论乡村振兴与民族地区农村"空心化"治理》,《北方民族大学学报(哲学社会科学版)》2019年第2期。

② 参见董磊明,陈柏峰,聂良波:《结构混乱与迎法下乡——河南宋村法律实践的解读》,《中国社会科学》2008第5期。

程规范性、标准化的管理要求，但流于形式的程序可能会导致工作人员被“文山会海”和海量表格所堆积，并无实质性的工作进展，从而使基层的治理效果大打折扣。贺雪峰指出，当前农村基层治理中存在的主要问题是上级要求太高、太具体，这就造成了当前全国农村基层普遍的空转与形式主义，造成农村基层治理的严重内卷化①。法务前沿工程的评价考核体系要从根源上杜绝以文件材料为功绩标准，着重对矛盾调解的质量、当事人的调节反馈等各项职能进行针对性考察。

第二，完善运行机制。法务前沿工程平台的搭建极大程度依托于村干部和司法所干警的组织投入。实际上分配给各个村的资金有限、村干部设置的岗位有限，往往是“上面千条线，下面一根针”，负责事务和服务范围过于庞杂，难以投入足够的时间和精力维持法务前沿工程，即便能够兼顾也难以保证质量。志愿者队伍的日常运营也需要资金和考核的支持，仅仅依靠主观意愿和工作自觉是难以保证运行机制的稳定性的。具体而言，首先法务前沿工程的职能和村委会基层治理的日常工作要融合打通，二者不应该割裂，这样在组织上有助于统筹管理，在人力成本上也更加节约，提高了基层治理的有效性。其次，司法所干警的指导者地位需要加强，法律从业者的专业性能够保证人民调解、社区矫正、安置帮教、普法教育、法律援助、法律服务等基层司法行政工作的专业性。最后，志愿者队伍的稳定运行需要充分的资金支持和社会嘉奖，要广泛吸纳“五老”精英，以公益性岗位的设置推动法务前沿工程的深入开展，反过来，也要以法务前沿工程的发展支撑志愿者价值的实现。

第三，突破组织障碍。在条块分割的职能设置下，传统治理模式往往存在难以协调整合的困境。法务前沿工程在运行中仍然是司法部门主导，其他部门由于工作理念和工作目标没有统一，存在松懈、退让和规避的情况。应对部门联动难以实现的困境，首先要强化法务前沿工程上级部门的领导，以行政强制力保障协调联动机制的长效运营；其次要明确权责，既要防止缺权的情况，也要避免越权的情况，尽量保证部门协调关系处于积极圆融的运行状态；最后要健全各部门相互监督的评估机制，使法务前沿工程在形式上要求各部门实现的协作一体是落到实处，这样才能实现协调联动机制的长效性和常态化。

第四，保障资源投入。法务前沿工程对村民提供的纠纷调解、法律援助很大程度上是免费的，由于税改后村委会的财政支出由上级部门承担，受制于罗田县较为落后的经济发展状况，法务前沿工程在推广过程中的最大阻力就是财政压力。在法务前沿工程作为地方基层治理经验宣传推广的过程中，尽最大可能争取国家扶持、落实经费乃至于设置专款专项，是现实的需求。另一方面，要

① 参见贺雪峰：《规则下乡与治理内卷化：农村基层治理的辩证法》，《社会科学》2019年第4期。

重视对专业人才的引用和培养，以提升法务工作者和志愿服务队伍的素质。在国家补贴大学生下乡的政策激励下，优秀的高校毕业生，特别是法律专业的学子能够进入基层锻炼，对乡村法治建设的推进无疑是大有裨益的。此外，对现有的队伍还要通过培训、讲座和实地考察学习等形式，提升其思想道德素质，丰富其法律知识储备，切实增强其服务人民群众、服务和谐社会、服务乡村法制化建设的本领。

二、法务前沿工程促进基层社会综合治理能力提升

（一）村（居）平台实现基层有效"自治"

第一，主体上的社区建设多元化。2017 年，中共中央、国务院出台的《中共中央　国务院关于加强和完善城乡社区治理的意见》提出"促进城乡社区治理体系和治理能力现代化"，明确了社区治理体系的四大主体，包括基层党组织的领导核心作用、基层政府的主导作用、基层群众性自治组织的基础作用和社会力量协同作用①。正是由于社区公共事务数量庞杂、种类繁多、分布分散的特征，行政部门、社区成员和社会组织合作共治才能实现有效治理②。作为基层社会治理领域近年来最为流行的治理模式，网格化在主体建设上仍然存在行政化趋势严重、社会自治不足的问题，且其仍然属于自上而下的管理模式，和社区居民自下而上的自治愿望和权益诉求相违背。法务前沿工程通过在村委会建立法务前沿工作站，由司法所干警负责法务工作站的业务指导，"两委"主要负责人兼任站长，同时吸纳人民调解员、社会志愿者（离退休老干部、老教师、村民代表、无职党员、村里的"明白人"）进入农村事务管理的格局，实现了农村事务管理主体参与的多元化格局。

第二，功能上的社区平台复合化。在我国基层社会治理的实践中，社区平台的功能还比较单一，不能很好地满足居民生活的多样化需求。中共中央、国务院在 2017 年出台了《中共中央　国务院关于加强和完善城乡社区治理的意见》，明确了社区治理体系的六大功能，包括社区民众参与能力、社区服务供给能力、社区文化引领能力、社区依法办事能力、社区矛盾预防化解能力、社区信

---

① 参见中华人民共和国中央人民政府：《中共中央 国务院关于加强和完善城乡社区治理的意见》[EB/OL]. http://www.gov.cn/zhengce/2017-06/12/content_5201910.htm.

② 参见朱仁显，邬文英：《从网格管理到合作共治——转型期我国社区治理模式路径演进分析》，《厦门大学学报（哲学社会科学版）》2014 年第 1 期。

息化应用能力,要求把社区建设成满足居民多样化需求的复合功能平台[①]。法务前沿工程是动员社区群众参与、增加法律服务供给、培养民众法治观念、村庄矛盾预防调解以及网格化治理的结合,是完善社区治理体系、实现复合型功能社区建设的前瞻性努力。

(二)依托农村精英,运用"德治"手段

习近平总书记指出,"要重视中华传统文化研究,因为一个国家的治理体系和治理能力是与这个国家的历史传承和文化传承密切相关的。我们推进国家治理体系和治理能力现代化,当然要学习和借鉴人类文明的一切优秀成果"[②]。因此,在推动乡村治理体系现代化的过程中,如何在现代治理中融入"德治"手段,是我们需要关注的一个非常重要的课题。

第一,主体上动员乡村精英参与治理过程。乡村精英参与乡村治理实际上并非本质上的创新之举。在封建时期,乡绅、士绅就作为国家和农民之间的桥梁,为维护乡村社会的稳定发挥着作用。而在现阶段,我国的乡村精英一部分是以村干部为主体的体制内的精英,另一部分则是以宗族老人、技术能人和社交达人为代表的体制外的精英,他们都对社区结构产生重要的影响,在农村的社会网络中都处于较为中心的位置,甚至一定程度上决定了乡村社会治理的成败。乡村精英实现了传统与现代的"可译性",能够通过自身能力和魅力以村民可以接受的方式传播现代知识,使现代的法律精神和传统的价值伦理、宏观的国家制度和微观的地方性知识得以协调贯通。法务前沿工程把"五老"群体吸纳为志愿者,并且通过培训和教育,使其与村干部一起成为村庄法务工作的重要力量。实践证明,乡村精英不仅可以参与治理、缓和村民的冲突,更重要的是,他们作为村民利益诉求的集中代表、地方和国家沟通的桥梁,能够增强乡村地区的凝聚力。

第二,规范上运用地方性知识创新治理手段。受到宗族文化、人情社会、传统道德、伦理文化的影响,如何在乡村社会中培养法治精神和弘扬法治文化,成为推进乡村社会法治化的一大难题。苏力在大量的乡村法治实践案例中发现,在传统的"熟人社会"中,村民发生纠纷后对簿公堂,对社会关系是断裂性的消耗,由于纠纷解决以后双方还要在同一地理空间乃至社会空间中共同生活,诉讼的人情代价迫使他们更愿意采取"私了"的方式进行协调解决。但在现代化

---

① 参见中华人民共和国中央人民政府:《中共中央 国务院关于加强和完善城乡社区治理的意见》[EB/OL]. http://www.gov.cn/zhengce/2017-06/12/content_5201910.htm.

② 参见习近平:《解决中国的问题只能在中国大地上探寻适合自己的道路和办法》.[EB/OL]. http://www.xinhuanet.com/politics/2014-10/13/c_1112807354.htm.

的发展过程中，理性化带来的疏离、冷漠以及纠纷矛盾类型的复杂化也呼唤着现代法律精神的介入。为了让乡村法治化建设深入推进于基层，地方性知识的润滑缓冲作用必不可少。法务前沿工程在实践中创新使用多种手段进行社会治理，在法律框架内运用情理规范，实质是促进了农村法治化的完善，在保证社会治理有效性的前提下推进依法治理。

第三，形式上重视人民调解，完善治理功能。在发动“五老”精英参与治理过程和运用“德治”创新治理手段的基础上，法务前沿工程强化了人民调解的治理模块。通过志愿者、村干部等法律工作者对日常乡村中的种种纠纷（如土地纠纷、邻里纠纷、征地纠纷、补偿纠纷）进行调解不仅为农民提供了触手可及的表达利益诉求的制度化渠道，也利用最低的时间、人力和关系成本缓解了村庄内部纠纷双方的紧张关系。一方面，由于志愿者深入每一个村民小组，当村民遇到纠纷时，会主动找到志愿者，充分表达他们的意愿，这改变了以往某些农民说理无门的尴尬境地。另一方面，由于参与人民调解工作的志愿者在当地的社会声望、关系网络都具有一定的权威性，当他们作为第三方进入矛盾调解的过程中时，当事人或多或少都要给他们面子，各自退一步，矛盾也就得到了缓解。此外，人民调解的性质也决定了双方的关系不至于是打官司的“仇人”，从而具备修复和好的可能性。由此可见，法务前沿工程不仅为农民提供了一个表达利益诉求的正式渠道，另一方面，在调解纠纷的过程中志愿者利用其自身的社会威望通过调节的温和形式缓和了矛盾，从而保证了乡村生活的和谐、有序。

（三）法务前沿工程推动法治建设

党的十九大指出，实施乡村振兴战略，要坚持农业农村优先发展，按照产业兴旺、生态宜居、乡风文明、治理有效、生活富裕的总要求，建立健全城乡一体融合发展体制机制和政策体系，加快推进农业农村现代化。作为一项系统性的工程，乡村振兴战略对乡村社会发展提出了全局性和系统性的要求。在这二十字方针中，“治理有效”是对基层社会治理的新要求，即加强党和政府对乡村工作的领导，通过发挥基层党组织的领导核心作用，形成多元治理主体良性互动，从而凝聚、带动乡村治理的共识和力量，以较低的治理成本实现乡村和整个社会的最大化和可持续发展。从政策要求可以看出，“治理有效”重视长期的治理稳定，实质是对高效且可持续治理的理想化概括，而不只是对具体问题的解决。在社会治理的领域中，法治能够实现系统内部的协调，稳定主体间的互动预期以及防范治理失灵的陷阱，因此，“治理有效”的实现必须依赖法治的积极建设和功能释放[①]。

① 参见江必新，王红霞：《社会治理的法治依赖及法治的回应》，《法制与社会发展》2014年第4期。

此外，在乡村振兴战略的要求之外，党的十八届四中全会也明确提出了“推进基层治理法治化”，强调“全面推进依法治国，基础在基层，工作重点在基层”。而实际情况是，我国基层法治发展不充分、法治工作不得力、法治人才分布不均衡、民众法治素养不高，这受到城乡发展不均衡、农村发展不充分和广大农村法治传统缺乏的影响。因此，新时代乡村治理的法治建设任重而道远，这是保障农民在乡村治理的主体地位，运用法治解纠止纷、稳定秩序、促进发展，为基层社会治理提供良好法治环境的现实要求。

法务前沿工程对法治建设的推动主要表现在组织建设和手段运用两个方面。

一方面，组织上依托法务前沿工作站使法治建设深入基层。由于国家权威在传统社会中往往难以在基层发挥作用，广大农村依赖地方法维持秩序。然而随着现代化的发展，农村社会形态也随之发生改变，地方法难以适应现代人际交往的复杂性和新型的矛盾关系，原有的自上而下的“送法下乡”向自下而上的“迎法下乡”转变。法务前沿工程正是在对农村地区对法律内在需求的深刻洞悉和前瞻性的考量下，将现代法律精神、法律意识和法律手段以村（居）平台为依托深入乡村的前沿阵地。以人民调解为例，广泛吸纳志愿者作为调解员，可以发挥其扎根农村，与普通村民的地理空间近、心理距离亲的优势，在日常的矛盾调解中以案例说法，通过法律手段的实践运用使当事人和围观群众感受、体会和学习法治精神，不仅发挥了人民调解作为矛盾的预警仪、探测器和解压阀的功能，更重要的是在生活情境中让法治精神内化于心，从而实现规范群众行为、稳定社会秩序的治理目标。

另一方面，手段上以法制宣传为抓手使法律精神深入人心。法制宣传是法务前沿工程的第一要义，该工作中，教育是目标、宣传是手段、普法是内涵、观念是抓手。各乡镇司法所每月组织志愿者开展一次法律政策知识、纠纷调解技巧等业务培训，在日常生活中对村干部进行法律宣传，协助做好安置帮教与社区矫正，为村民提供法律咨询服务。通过以村干部、志愿者带村民的形式，法制宣传有了带头人，同时以自治带动法治，满足了农民自我管理、自我服务、自我教育和自我监督的需求。同时，法制宣传以调普法、以案说法，在生活情境中使法律知识、法律观念和法律精神走进农村社会，潜移默化地让法治的理念外化于行，起到规范行为、保护权益、稳定秩序的作用。

第三节　乡村法治之道：基于地方创新实践的理论省思

党的十九大报告明确指出实施乡村振兴战略，要以产业兴旺、生态宜居、乡风文明、治理有效和生活富裕这二十个字作为乡村振兴的战略指南。想要推进这个战略，乡村治理是关键，“治理有效”是实现这个目标的基础。“三治融合”作为一种独特的自下而上的来自基层的乡村治理经验也已经得到上层的认可并被写入党的十九大报告中，而法务前沿工程作为较早实践“三治融合”这个理念的创新工程，是具有很高的理论价值和实践价值的。

起源于湖北省黄冈市罗田县的法务前沿工程是一种自觉自为的创新型政策，以前，大多数中国地方政府社会治理政策的创新主要是建立在自上而下的“压力型体制”以及横向的“政治锦标赛模式”上的，这种模式下的政策创新产物很容易带来因为过度模仿而“水土不服”的结果或者仅仅被当下的领导重视，一旦出现岗位上的调动就会“人走政歇”的情况。但是从罗田县近十年来推进的法务前沿工程的结果我们可以看出，这个创新之举完全是地方政府根据多年来乡村治理经验自发研制的，并不存在“水土不服”的隐患。同时，从试点到全面推广的过程中，该政策也在不断地完善、优化，这种持续性地对政策的再创新保证了法务前沿工程的生命力与活力。

在大部分的政策创新模式中，创新的效应持续时间平均为两到三年，很难持续进行下去。大多数乡村治理创新型政策在一开始的原发创新阶段，会引起居民的好奇或者对该创新制度的新鲜感，所以在政策创新的初期政府会投入大量资源，对社会各界的动员力度也会非常大，在这个阶段，老百姓从政策中获得的帮助也就越大，居民参与的积极性较高。可是，创新政策持续一段时间以后，特别是短期内无法获得较多收益，政策进入一个平稳期时，当地的政府和居民都会失去继续创新的动力，如此一来，政策的推广就会减缓，进一步削弱该政策持续创新下去的积极性。即使在之前的阶段，该乡村治理政策得到上级政府或者其他权威机构的表彰或认可，也经常会成为“昙花一现”的政策。

但是，法务前沿工程并没有陷入乡村治理创新的窘境，而是呈现出一种持续创新和不断扩散的效应，这种扩散效应主要体现在横向和纵向两个维度上。在纵向维度上，法务前沿工程不仅在全县进行推广，而且进一步成为全市乃至全省的乡村治理的品牌，该过程是一种自下而上的扩散，首先从政策试点的几个村扩散到罗田县全县，将大力实施法务前沿工程写入政府工作报告，然后扩散至全市、全省，通过在全县实施过程中的良好表现，吸引了更高一层政府的注意。2009 年 3 月 4 日，湖北省司法厅厅长汪道胜到罗田县对法务前沿工程的调研；2009 年 3 月 6 日，《黄冈日报》对法务前沿工程的报道；2009 年 3 月 31 日，《湖北日报》对法务前沿工程的宣传；2009 年 11 月 9 日，司法部副部长陈训秋的批示以及肯定都证明法务前沿工程在纵向维度上具有非常典型的扩散效应，这种扩散效应是始于基层政府自发的乡村治理政策创新，再由上级政府吸纳，最后进行辐射全面推广的。在横向维度上，法务前沿工程呈现出日益重要的裂变式扩散效应,从最初试点的三个村,到罗田县全县法务前沿工程向乡村基层社会治理的多个领域进行辐射扩散,相邻的县逐渐出现对法务前沿工程的模仿和学习。同时,该政策本身的理念和组织形式也在不断地完善、扩大,其政策的内涵和覆盖面也逐渐丰富和多元化,能更好地应对出现的各类复杂问题。

从法务前沿工程的诞生、试点到全县推广的经验中,我们可以看出这是一项"自治、法治、德治"高度结合的乡村治理政策,并且在不断延伸、摸索和完善的过程中,三者各司其职并且有机的进行协调,最终达到自治有力、法治有序以及德治有效的良好局面,也只有构建出这种"三治"相互平衡、互相维系,你中有我、我中有你的互补局面,法务前沿工程才能在至今已近十年的历史进程中,为乡村居民的幸福生活不断地保驾护航。这三者也扮演着不同的角色,相互之间也有着不同的关系。总结而言法务前沿工程以"法治"为原则、以"自治"为基础、以"德治"为特色。

"自治"是整个法务前沿工程的基础。它是指治理主体在整个治理体系中依靠自身所拥有的力量来进行乡村治理。这里面的治理规则又分为正式的规则以及非正式的规则,前者一般是指法律规章制度,这一点主要是靠司法局以及基层法务前沿工作站来推进的。作为后者的非正式规则,比如一些民俗、村规,则主要是通过基层法治工作站持续有效的宣传教育后,激发村民自身对这些规则的向往,使其对自身以及周围邻里的日常行为进行自主监督与反思,达到"自治"的效果。

在"法治"方面,"法治"是整个治理体系的原则部分,也是国家意志、规范的一种体现,因为无论是"自治"还是"德治",也不管是"民俗"还是"村规",都必须要在法律认可并允许的框架下推进。另外"自治"和"德治"无论如何演变都不能越过法律的边界,只有在整个治理过程中严格执法、守法,才能从源头上确保法务前沿工程推进过程中公平公正的准则,才能够为进一步构建好农村基层社会治理格局打下基础。更重要的是,乡村治理需要"法治"这样一个客观的外部规则来处理和协调"自治"与"德治"都无法处理的事件。在调研过程中,我们发现很多类似的案例,因为乡村作为一个"熟人社会",很多情况下,发生争执的双方以及执法者都有着沾亲带故的关系。在这样的情况下,"自治"与"德治"的力量就显得比较薄弱,一味地依靠它们很容易出现"帮亲不帮理"的情况。这个时候,只有"法治"才能公正客观地将争执的双方从亲友的角色中"摘除"出来,对整件事进行合理、公正的裁定。

在"德治"方面,"德治"是整个法务前沿工程的特色,也是法务前沿工程在推进的过程中十分有利的一个辅助工具。因为在乡村这个大环境下,"德治"在调节社会关系上比"法治"更加灵活多样,覆盖面也要比"法治"更为宽泛。同时，在新时代的冲击之下，乡村也面临着社会变迁以及社会转型的问题，越来越多的外出打工的农民工、留守的老人和儿童，以及一些曾经在乡村难以见到的产业都构建了一个新的、复杂的乡村社会现状，这使乡村社会不断从闭塞走向开放。因为信息化的补给，乡村接触到新事物的冲击也越来越多，在这种情况下，“德治”作为一种相对“法治”而言的软治理就尤为重要了，它可以通过日常家庭的社会化以及乡村本身固有的文化来达到较为良好的乡村治理效果。首先，“德治”较为尊重传统，法务前沿工程发动本土的文化精英参与乡村治理，这些文化精英本身就是乡村传统文化的传承者。这个治理过程可以进一步挖掘文化在“德治”方面的促进作用，用更加合情理并且容易让人接受的方式进行乡村治理建设，用一种“融于道德”的方式作为真正的“软治理”手段。其次，“德治”是一种非正式的治理模式，本身具有一定的灵活性，更能根据其所面临的不同环境灵活地进行变通，甚至可以根据每个村不同的文化传统和舆论特点进行相应的调整，这更加体现了法务前沿工程在乡村治理方面的灵活性和多样性。

总而言之，通过采取“解剖麻雀”式的案例分析，罗田县法务前沿工程的发展历史已经得到总结，其创新经验同样得到扩散。这种扩散当然是因地制宜的，是结合地方实际的，每一次扩散的本质都是对新时代乡村法治之道的“在地化”探索，都是为了更好地服务人民，满足人民对安定、平和的社会秩序的向往。这个探索并不会因为一时一地遭受的挫折而停滞不前，也不会因为探索风险较大而徘徊不前。这个探索虽然源于地方创新，但也可以求得一般性的运作经验和实践方法。换句话说，摸着法务前沿工程这块“石头”过河，将使新时代乡村治理法治化体系和道路行稳致远。

参考文献

[1] 中共中央宣传部.习近平总书记系列重要讲话读本(2016年版)[M].北京:学习出版社、人民出版社,2016.

[2] 李德.从"碎片化"到"整体性":创新我国基层社会治理运行机制研究[J].吉林大学社会科学学报,2016(5):90-99.

[3] 李友梅.中国社会治理的新内涵与新作为[J].社会学研究,2017(06):27-34.

[4] 郭星华,邢朝国.从送法下乡到理性选择——乡土社会的法律实践[J].黑龙江社会科学,2010(1):5.

[5] 吴锦良."枫桥经验"演进与基层治理创新[J].浙江社会科学,2010(07):31,45-51,128.

[6] 臧乃康.地方政府绩效评估的"南通模式":效应、瓶颈及努力方向[J].北京行政学院学报,2008(06):13-17.

[7] 马俊.夯实国家治理现代化的法治根基[J].重庆理工大学学报:社会科学,2020(07):62-70.

[8] 刘求实,姚佳.推进基层社会治理的基础性支撑平台建设[J].中国国情国力,2019(10):27-32.

[9] 宋才发,张术麟.新时代乡村治理的法治保障探讨[J].河北法学,2019,037(004):2-13.

[10] 梅雪.乡村振兴背景下"治理有效"的法治进路研究[J].智库时代,2020(13):2.

[11] 安东尼·吉登斯.现代性的后果[M].田禾译.南京:译林出版社,2000.

[12] 塞缪尔·亨廷顿.变革社会中的政治秩序[M].李盛平,杨玉生,译.北京:三联书店,1989.

[13] 徐勇."政党下乡":现代国家对乡土的整合[J].学术月刊,2007(8):13-20.

[14] 徐勇."政策下乡"及对乡土社会的政策整合[J].当代世界与社会主义,2008(1):6.

[15] 陆益龙.乡村民间纠纷的异化及其治理路径[J].中国社会科学,2019(10):22.

[16] 费孝通.乡土中国[M].北京:北京出版社,2005.
[17] 费孝通.中国士绅[M].北京:三联书店,2009.
[18] 安东尼·吉登斯.民族-国家与暴力[M].胡宗泽,赵力涛,译.北京:三联书店,1998.
[19] 杜赞奇.文化、权力与国家[M].王福明译.南京:江苏人民出版社,2003.
[20] 苏力.法治及其本土资源[M].北京:北京大学出版社,2015.
[21] 田先红.治理基层中国:桥镇信访博弈的叙事,1995～2009[M].北京:社会科学文献出版社,2012.
[22] 陈柏峰.半熟人社会:转型期乡村社会性质深描[M].北京:社会科学文献出版社,2019.
[23] 张晋藩.中国法律的传统与现代化——'93中国法律史国际研讨会论文集[M].北京:中国民主法制出版社,1996.
[24] 涂尔干.社会分工论[M].渠东译.北京:三联书店,2000.
[25] 费孝通.乡土中国[M].上海:上海人民出版社,2007.
[26] 徐炜等.农村基层社会治理法治化创新经验——基于"法务前沿工程"的社会学研究[M].武汉:武汉大学出版社,2020.
[27] 温家宝主持召开国务院常务会议[N].人民日报,2006.
[28] 中共中央关于构建社会主义和谐社会若干重大问题的决定[N].人民日报,2006.
[29] 司法部关于进一步加强司法所建设的意见[J].中国司法,2006(12):12-14.
[30] 罗田县司法局.法务前沿工程理论与实践[M].2011.
[31] 卢福营.论农村基层社会治理创新的扩散[J].学习与探索,2014(1):46-52.
[32] 秦德君,毛光霞.中国古代"乡绅之治":治理逻辑与现代意蕴——中国基层社会治理的非行政化启示[J].党政研究,2016(3):7.
[33] 吴晓燕.农村土地产权制度变革与基层社会治理转型[J].华中师范大学学报(人文社会科学版),2013(05):13-18.
[34] 李红娟,董彦彬.中国农村基层社会治理研究[J].宏观经济研究,2021(3):14.
[35] 何洪周.为弱势群体撑开法律保护伞[J].人民论坛,2017(19):98-99.
[36] 汪广龙.治安防控体系演化的组织机制——基于"打防并举"到"管理服务"变迁历程的研究[J].公共管理学报,2020(2):128-140.
[37] 范如国.复杂网络结构范型下的社会治理协同创新[J].中国社会科学,2014(2):98-120.

[38] 徐选国,徐永祥.基层社会治理中的"三社联动":内涵、机制及其实践逻辑——基于深圳市H社区的探索[J].社会科学,2016(7):87-96.

[39] 张振波.论协同治理的生成逻辑与建构路径[J].中国行政管理,2015(1):58-61.

[40] 何欣峰.社区社会组织有效参与基层社会治理的途径分析[J].中国行政管理,2014(012):68-70.

[41] 杨丽,赵小平,游斐.社会组织参与社会治理:理论、问题与政策选择[J].北京师范大学学报(社会科学版),2015(06):5-12.

[42] 金太军,赵军锋.基层政府"维稳怪圈":现状、成因与对策[J].政治学研究,2012(4):10.

[43] 孙晓莉.多元社会治理模式探析[J].理论导刊,2015(5):7-9.

[44] 姜晓萍,焦艳.从"网格化管理"到"网格化治理"的内涵式提升[J].理论探讨,2015(6):139-143.

[45] 王阳.从"精细化管理"到"精准化治理"——以上海市社会治理改革方案为例[J].新视野,2016(001):54-60.

[46] 吴晓燕.精细化治理:从扶贫破局到治理模式的创新[J].华中师范大学学报(人文社会科学版),2017(6):8-15.

[47] 夏锦文.共建共治共享的社会治理格局:理论构建与实践探索[J].江苏社会科学,2018(3):53-62.

[48] 陈光中,步洋洋.审判中心与相关诉讼制度改革初探[J].政法论坛,2015,33(002):120-128.

[49] 赵孟营.社会治理精细化:从微观视野转向宏观视野[J].中国特色社会主义研究,2016(1):78-83.

[50] 王顺安.社区矫正的法律问题[J].政法论坛,2014,22(003):102-109.

[51] 魏娜.我国城市社区治理模式:发展演变与制度创新[J].中国人民大学学报,2003(01):136-141.

[52] 李昌麒.弱势群体保护法律问题研究——基于经济法与社会法的考察视角[J].中国法学,2004(2):10.

[53] 陈柏峰,董磊明.治理论还是法治论——当代中国乡村司法的理论构建[J].法学研究,2010(05):34-46.

[54] 陈荣卓,唐鸣.城乡统筹中的农村基层司法行政服务模式创新——湖北罗田"法务前沿工程"的经验与反思[J].江汉论坛,2012(4):131-136.

[55] 董磊明,陈柏峰,聂良波.结构混乱与迎法下乡——河南宋村法律实践的解读[J].中国社会科学,2008(05):88-101,207.

[56] 费孝通.乡土中国 生育制度[M].北京:北京大学出版社,1998.

［57］ 荆楚网.罗田着力构建基层祥和 实施“法务前沿工程”［EB/OL］.http://news.cnhubei.com/hbrb/hbrbsglk/hbrb03/200903/t625631.shtml.
［58］ 贺雪峰.新时期中国农村社会的性质散论［J］.云南师范大学学报(哲学社会科学版),2013,45(003):72-78.
［59］ 湖北省政协社会和法制委员会.罗田县实施“法务前沿工程”纪实［J］.世纪行,2010(1):34-35.
［60］ 黄冈市人民政府.罗田县“法务前沿工程”促社会和谐平安［EB/OL］.http://www.hg.gov.cn/art/2009/3/7/art_33_22321.html.
［61］ 郭星华.从中国经验走向中国理论——法社会学理论本土化的探索［J］.江苏社会科学,2011,000(001):1-11.
［62］ 郭星华,石任昊.社会规范:多元、冲突与互动［J］.中州学刊,2014(3):62-69.
［63］ L.科塞.社会冲突的功能［M］.孙立平等译.北京:华夏出版社,1989.
［64］ 陆雯琦.话语视角下的村人民调解过程分析:基于鄂东 L 县的调查［D］.武汉大学,2012.
［65］ 罗威廉.红雨:一个中国县域七个世纪的暴力史［M］.李里峰译.北京:中国人民大学出版社,2013.
［66］ 吕文敏.欠发达地区农民维权行为分析:以 L 县为例［D］.武汉大学,2009.
［67］ 仇立平等.当代中国社会治理转型及其逻辑［A］.2014 年中国社会学年会会议论文集［C］.2014.
［68］ 汪道胜.积极探索“法务前沿工程”努力创新基层社会管理与服务路径［J］.中国司法,2011,000(010):14-15.
［69］ 王国强.“法务前沿工程”理论与实践［J］.中国司法,2009(8):82-84.
［70］ 徐朝光.职业共同体与中国经验:以基层司法职业共同体为例［D］.武汉大学,2010.
［71］ 徐炜等.中国农村社会秩序的重建:法务前沿工程的历史社会学解析［J］.アシァのれきしと文化(亚洲历史与文化),2013(17).
［72］ 许振奇.一个山区农村社区矫正的模式——基于罗田县法务前沿工程中的社区矫正调查［J］.中国司法,2011(11):73-79.
［73］ 杨智.探讨“法务前沿工程”对人民调解功能的拓展与完善［J］.人民调解,2010,000(011):39-40.
［74］ 朱海艳.民间纠纷及其调解机制的人观研究［D］.武汉大学,2010.
［75］ 陈锋.分利秩序与基层治理内卷化 资源输入背景下的乡村治理逻辑［J］.社会,2015,35(03):95-120.
［76］ 周飞舟.从汲取型政权到“悬浮型”政权——税费改革对国家与农民关系

之影响[J].社会学研究,2006(03):1-38,243.
[77] 黄宗智.集权的简约治理——中国以准官员和纠纷解决为主的半正式基层行政[J].开放时代,2008(02):10-29.
[78] 袁方成.当前两岸乡村治理的新理念、新阶段和新动向[J].社会主义研究,2011(06):59-63.
[79] 高其才.全面推进依法治国中的乡土法杰[J].学术交流,2015(11):87-89.
[80] 费孝通.乡土中国与乡土重建[M].台北:风云时代出版社,1993.
[81] 赵旭东.习俗、权威与纠纷解决的场域——河北一村落的法律人类学考察[J].社会学研究,2001(02):74-84.
[82] 李怀印.华北村治——晚清和民国时期的国家与乡村[M].岁有生,王士皓,译.北京:中华书局,2008.
[83] 赵晓峰.中国农村基层的简约主义治理:发生机制与功能定位[J].西北农林科技大学学报(社会科学版),2014,14(06):127-131.
[84] 黄宗智,尤陈俊.调解与中国法律的现代性[J].中国法律,2009,000(003):2-7.
[85] 贺雪峰.论半熟人社会——理解村委会选举的一个视角[J].政治学研究,2000(03):61-69.
[86] 罗田县司法局.法务前沿工程理论与实践资料汇编[M].2010.
[87] 何植民,陈齐铭.精准扶贫的"碎片化"及其整合,整体性治理的视角[J].中国行政管理,2017(10):87-91.
[88] 徐炜,陈民洋.农村社会治理创新模式的持续发展问题解析[J].江汉论坛,2015(01):63-68.
[89] 王晓毅.完善乡村治理结构,实现乡村振兴战略[J].中国农业大学学报(社会科学版),2018,35(03):82-88.
[90] 黄开腾.论乡村振兴与民族地区农村"空心化"治理[J].北方民族大学学报(哲学社会科学版),2019(02):51-58.
[91] 贺雪峰.规则下乡与治理内卷化:农村基层治理的辩证法[J].社会科学,2019(04):64-70.
[92] 朱仁显,邬文英.从网格管理到合作共治——转型期我国社区治理模式路径演进分析[J].厦门大学学报(哲学社会科学版),2014(01):102-109.
[93] 江必新,王红霞.社会治理的法治依赖及法治的回应[J].法制与社会发展,2014,20(04):28-39.

附 录 A

城乡统筹中的农村基层司法行政服务模式创新——湖北罗田“法务前沿工程”的经验与反思

陈荣卓　唐鸣

摘要:农村基层政府和广大农民群众遇到的法律问题与日俱增,农村基层司法行政机构的职能弱化问题日益凸显,给传统农村基层司法行政管理模式带来了许多新的问题和挑战。因此,应改变原有管理观念、管理体制及管理方式,促进传统农村基层司法行政向以主动介入、部门联动和社会参与为特色的新型农村基层司法行政服务模式转变。当前,可以村(居)自治组织为依托,通过搭建村(居)一级工作平台,吸纳、整合多方力量,促使农村基层司法行政机构将法制宣传教育、人民调解、社区矫正、帮教安置、法律维权等多项职能延伸到最基层的村、组和社区,形成多方参与、共同作用的农村基层司法行政综合服务体系。为此,需要重点研究和解决农村基层司法行政机构的职能延伸范围以及村(居)法务组织的职能内容、自治性质、资金支持等问题,从而保障农村基层司法行政服务模式创新的合法性,促进村(居)法务组织在承接农村基层司法行政服务职能的轨道上实现自身的独特性、独立性、延续性。
关键词:城乡统筹;基层司法行政;职能延伸;法务前沿工程;村(居)法务工作站

农村社会是中国社会的基础,社会管理的重点在基层、在农村。当前,在推进城乡统筹的背景下,农村不仅是社会管理的重点,也是整个社会建设的重点。面对转型期农村社会关系复杂化、矛盾多样化的新形势,如何改革传统的矛盾疏导机制、构建新型的社会稳定机制,是农村社会管理的新课题。党的十七届三中全会通过的《中共中央关于推进农村改革发展若干重大问题的决定》第一次以党的文献的形式确定了司法行政工作服务农村改革发展的重大任务,既给基层司法行政带来了极为广阔的法律服务市场,也带来了化解农村社会新型矛盾纠纷的现实挑战,更带来了如何推进农村民主法治建设的新任务和新要求。

本研究通过分析湖北罗田农村社会变迁和基层司法行政所面临的问题，以全县创建实施的“法务前沿工程”为介入视角，探讨在城乡一体化发展背景下农村基层司法行政工作机制的变化，以促进传统农村基层司法行政向以主动介入、部门联动和社会参与为特色的新型农村基层司法行政服务模式的转变。

一、农村基层司法行政服务模式创新的动机和背景

政府创新是社会经济发展的必然要求，地方发展是地方政府创新宏观而持久的背景[①]。目前，湖北罗田农村社会结构和管理模式正在发生两个突出的变化，一是农村基层政府和广大农民群众遇到的法律问题与日俱增，二是农村基层司法行政机构的职能弱化问题日益凸显。这两个变化不仅使传统的农村矛盾疏导和纠纷解决机制遭到破坏，而且使传统的农村基层司法行政管理模式受到挑战。

1. 日益凸现的职能弱化对农村基层司法行政的挑战

我国司法行政体系中，街道、乡镇司法所是最基层的组织机构，担负着具体组织实施基层司法行政各项业务工作、直接面向广大群众提供法律服务和法律保障的重要职能。乡镇司法所是司法行政工作面向农村基层、服务农民群众的重要渠道和前沿阵地，无论是与刑罚执行、劳动教养有关的社区矫正、安置帮教，还是人民调解、法律服务、法律援助、依法治理、法制宣传等工作，都与维护农村基层的社会稳定息息相关。

但在当前，乡镇司法所的职能弱化问题日益凸显，成为制约农村基层司法行政工作进一步发展的重要瓶颈。以罗田为例，全县 7 个镇 5 个乡，每个乡镇司法所不到 2 名工作人员，却担负着几十个村(居)的法制宣传、法律保障和法律服务工作。比如，凤山镇司法所有助理员 2 名，但有社区矫正对象 24 人、刑释解教人员 68 人，单靠司法所自己来管，只能完成摸底排查、数据统计工作。同时，在实际工作中，绝大部分乡镇党委、政府都是把乡镇司法所当作自己的内设机构，把司法助理员当作乡镇的行政人员或事业单位的工作人员来使用的。通常是，乡镇司法所的助理员除了承担法务职能工作以外，还要同乡镇干部一样承担行政包点、计划生育、殡葬改革等其他乡镇工作，同时还要身兼数职，如综治办副主任、信访办副主任等，完成乡镇党委、政府交办的其他工作任务。

由于长期负重工作，乡镇司法所只能疲于应付、顾此失彼，这样不仅严重影响了业务工作的正常开展，制约了农村司法行政事业的发展，而且导致农村干群对乡镇司法所的满意度逐渐降低，其基础地位被动摇，开始面临被边缘化的窘境。

2. 农村社会结构变化引发的农村社会管理问题

农村社会管理是一项复杂的系统工程。建构与农村社会阶段变化相适应的社会管理机制是农村社会发展的必然要求。当前既是农村群众得到实惠最多的时期,也是农村社会矛盾和问题相对较多的时期。[②]原有的农村社会管理模式已难以适应,农村社会矛盾的对抗性,尤其是利益受损农民对基层干部或者政府的对抗和抵制程度正日益加剧,从而深刻影响到农村社会秩序的维持。[③]

特别是,伴随农村基层政府和广大农民群众遇到的法律问题与日俱增、法律服务需求量越来越大,农村法律服务的资源匮乏与供给不足问题日益凸显。比如,在罗田县,近年来随着县域经济的发展和农村普法工作的深入,农民的维权意识逐渐增强,农村的利益冲突显著增加,并且矛盾纠纷逐渐由原来的村民之间、村民与集体之间扩展到村民与社会之间,宅基地纠纷、经济合同纠纷、产权纠纷、经营活动纠纷等不断涌现,呈现出主体多元化、内容复杂化、调处疑难化等特点。如何从综合性、持续性和动态性的特点出发,优化农村基层司法行政资源配置,满足农村基层政府和广大农民群众的法律服务需求,是摆在农村基层司法行政机关面前的一个亟待解决的新课题。

作为农村社会管理工作的直接参与者,基层司法行政机关不仅要突出矛盾调解和特殊人群管理工作,还要进一步整合职能,发挥教育、服务、援助功能,为农村社会管理创新提供有力的服务保障。当前,涉及农民切身利益的民生问题日益增多,在处理纷繁复杂的农村社会矛盾中,公检法等部门"打击""惩治"的"硬"职能遭遇重重阻力,而注重"预防""教育""感化"作用的司法行政"软"手段能够取得良好的社会效果。因此,充分发挥农村基层司法行政的职能优势,凸显农村基层司法行政工作在创新农村社会管理与构建农村和谐社会中的作为和地位,对于整个司法行政事业的改革与发展具有十分重要的意义。

二、农村基层司法行政服务模式创新的价值与目标

政府创新的目标是积极回应公共需求,改善生活质量,提高政府公信度。[④]罗田"法务前沿工程"以村(居)自治组织为依托,整合乡镇司法所干警、村(居)干部、社会志愿者和其他社会力量,在村(居)一级搭建法务前沿工作站,使司法行政机关将法制宣传教育、人民调解、社区矫正、帮教安置、法律维权等多项职能延伸到村、组和社区。这一农村基层司法行政服务模式的创新,呈现出以下几个维度的价值与目标:

1. 优化司法行政职能

优化职权配置是目前司法体制改革内容的最大亮点。农村基层司法行政

服务模式创新，首先要重新定位农村基层司法行政机构的职能，解决该管什么和不该管什么的问题。其关键是科学划分基层政府、司法行政机构、村民自治组织的职责内容，避免乡镇司法所成为乡镇政府的内设机构，同时防止村（居）法务组织成为乡镇司法所的延伸机构。其次，要将农村基层司法行政工作的目标定位于满足广大农民群众最基本、最重要、最突出的法律需求，集中有限的资金和力量着重解决农民群众最关心、最直接、最现实的利益问题。同时，还要改进提供法律服务的方式，充分利用社会和民间的力量以及多方面的积极性，通过政府主导、社会运作、村民互助等多种途径，解决农村基层司法行政机构该管的事情和如何管好的问题。

2. 行动主体多元化

公共治理理论认为，多元化的治理主体之间相互依赖、相互作用和平等协商，表现在运行机制上，最终必然形成一种自主自治的网络。⑤这一网络要求各种治理主体依靠各自的优势和资源，通过对话来增进理解，最终建立一种公共事务的管理联合体。农村基层司法行政机构的职能履行同样也需要社会组织的介入和配合，以应对社会转型过程中政府和市场失灵所引起的问题。特别是，在农村工作中，相当多的矛盾纠纷涉及不同的部门或单位，单靠乡镇司法所干警和人民调解员的力量很难从根本上解决问题，这就不仅需要整合人民调解、律师、公证、基层法律服务、司法鉴定等力量，还要加强与公安、法院、检察院、信访及有关行政事业单位、行业协会的联动，并同农村社会组织、村民自治组织开展合作，推动法律服务化解、人民调解与司法调解、行政调解联动，构成农村矛盾纠纷调解的联动体系。

3. 农村社区成员参与

现代社会管理绝不可能单独依靠政府来完成。为此，党的十七大强调，要健全党委领导、政府负责、社会协同、公众参与的社会管理格局。在此意义上讲，社会管理是一种“大管理”，它与社会治理紧密相连，应促进政府管理功能与社会治理机制有机融合，加快形成政府、社会、企业、公民共同治理的大格局。⑥因此，农村基层司法行政机构在面对农村社区及农民群众履行职能和提供服务的过程中，不仅要切实发挥自身的主导作用，而且要组织动员社会力量、社区成员积极参与，努力实现组织形式的多样化和服务主体的多元化。在这一过程中，农村社区成员的参与是社区成员主体地位的体现，社区成员不再是被动的被管理、被服务的对象，而是主动的参与管理、提供服务的主体。农村社区成员的广泛参与，不仅可以保证农村基层司法行政服务决策的科学性和可行性，还有助于增加决策的社会可接受性。

三、农村基层司法行政服务模式创新的结构与功能

地方政府创新并非都是实质性的内容创新。很多情况下，创新很可能就是对做事方式的调整与改进，通过“结合”“组合”“联系”，实现多项工作、任务、程序的协同运作，解决以往“单打一”所不能解决的问题。[⑦] 正是在这个层面，罗田“法务前沿工程”通过搭建村（居）一级法务工作平台和吸纳、整合多方力量，形成多方参与、共同作用的农村基层司法行政综合服务体系，促使农村基层司法行政机构的职能得到了更加充分的发挥。

1. 农村基层司法行政服务模式创新的结构

自 2008 年初开始在河铺、匡河、白庙河三个乡镇试点至今，罗田“法务前沿工程”已经形成比较规范的运作模式，构建起县、乡（镇）、村（居）三级司法行政的服务网络，实现了组织建设网络化、参与力量社会化、服务触角系统化的工作机制。具体来讲：

第一，明确组织领导和奖惩政策。县、乡党委政府均成立了以分管领导为组长的“法务前沿工程”领导小组，将“法务前沿工程”纳入乡镇年度目标考核的重要内容，纳入全县社会治安综合治理目标管理责任书的考核内容，同时纳入乡（镇）、村（居）干部与工资挂钩的绩效考核内容，与综治工作同布置、同检查、同考核、同奖惩。

第二，司法行政机关组织实施。基层司法行政机关指导村（居）级法务前沿工作站的制度建设和业务建设，建立规范的工作制度和工作程序；开展拉网式的整村培训活动，培训村（居）法务前沿工作站工作人员和社会志愿者；指导村（居）民依法建制，以制治村（居）；指导一般性纠纷的调处工作，参与重大疑难纠纷的调解，确保矛盾纠纷及时妥善地得到预防和化解；培育“法务前沿工程”工作典型，总结推广先进经验。

第三，村级工作阵地具体开展。村（居）级法务前沿工作站开展矛盾纠纷排查调处；开展法律进农户活动，组织村民学习法律法规和国家政策；帮教本村（居）刑满释放人员，协助解决工作生活实际问题；协助监管本村（居）矫正对象，及时反馈活动情况；帮助本村（居）外出务工人员联系法律服务人员解决涉法问题，维护农民工合法权益；帮助村（居）民联系公证服务；为经济困难的村（居）民联系法律援助服务；定期上报工作进展情况。

第四，相关部门之间协调联动。如法院加强社区矫正和审前社会调查工作的衔接，提高人民调解协议的采信率；检察院加大对社区矫正工作的监督力度，确保矫正质量；公安局加强对社区矫正对象的帮教监管工作；民政部门积极解

决社区矫正和安置帮教对象生活中的实际困难；劳动保障部门积极为没有自谋职业能力的矫正、帮教对象提供职业技能培训机会，并指导就业；宣传部门加强信息沟通和反馈，大力推广工作典型，创造良好的舆论氛围和社会环境；县政法委每季度召开联席会议，了解工作情况，加强跟踪督办，促进部门联动。

2. 农村基层司法行政服务模式创新的功能

罗田“法务前沿工程”把基层司法行政机构的职能向社区、村（居）下移，依托村（居）组织开展司法行政工作，促进司法行政机构的职能与村民自治组织的职能相结合，成为服务农村社会管理的新抓手。目前，这一新型服务模式的功能主要包括：

第一，延伸司法行政职能。“法务前沿工程”依托村（居）组织开展工作，克服了乡镇司法所人力不足这一缺陷，实现了司法所职能的延伸。村（居）委会建立了法务前沿工作站，相当于拥有了一个专属于自己的“小司法所”，而司法干警的参与和业务指导则保证了整个工作的专业性和权威性。

第二，整合法律服务资源。“法务前沿工程”有效整合、调动村（居）委会和农民群众等社会力量，聘任中心户长、无职党员、退休干部、乡村教师、德高望重的老人和为群众热心服务的老板等本地精英、社会贤达为志愿者，对他们进行业务培训。这些志愿者的群众身份和在群众中的威望，使他们在开展群众工作时发挥了其他人很难替代的特殊作用，成为维护农村基层社会稳定的重要力量。

第三，搭建部门联动平台。“法务前沿工程”联动县直各职能部门、各乡（镇）村（居），建立了“一加多”的跨部门协调工作模式。特别是在解决土地问题、拆迁补偿问题、经济纠纷问题、农民工追讨工资问题等复杂的矛盾纠纷的过程中，“法务前沿工程”通过推动部门、单位之间相互协调、共同出力，改变了传统的各司其职的局面，加强了部门、单位之间的合作与联系，成为实现上下贯通、左右协调工作网络体系中的一个重要平台。

第四，畅通群众诉求渠道。“法务前沿工程”促进了乡镇司法所同村（居）组织的联系，能够及时了解和掌握重大社情民意和纠纷隐患，从源头上预防和化解各类矛盾纠纷。特别是，乡镇司法所利用自身独有的专业性、权威性和相对独立性，通过协商谈判的调解方式实现定纷止争，或者通过引导当事人走诉讼渠道解决纠纷，变堵为疏，实现了矛盾化解在基层、化解在萌芽状态。

四、农村基层司法行政服务模式创新的边界与限度

政府创新作为一项复杂的系统工程，需要各种配套措施、制度的支持，以完善创新内容并解决创新过程中出现的各种问题。罗田“法务前沿工程”作为中

部地区的一种地方政府创新，本身也具有局部性、局限性的特点，并带有缺乏规律性和持续性的弱点。为此，今后一方面要倡导有规划的创新，将“法务前沿工程”导向合乎规律的通道上来，另一方面要强化持续性创新，将“法务前沿工程”变为持续不断的行为模式。而在当前则需要重点研究和解决“法务前沿工程”实践中已经或即将凸显出来的障碍和问题，及时厘定农村基层司法行政服务模式创新的边界与限度。

1. 合理界定农村基层司法行政机构的职能延伸范围，使其在发挥基层司法行政服务职能的轨道上具备自身的合法性

司法行政职能的延伸是有限度的，同时又是应当受到有效规制的。“法务前沿工程”这一迎合现实需求的职能延伸行为并没有直接充分的法律根据和严格的程序规则，因而对于如何延伸职能要把握好“度”，慎重对待，严格管理。特别是当基层司法行政机构将主要精力花在对村(居)一级法务前沿工作站的管理、指导、协调等方面，并使自身的工作融入当地党委、政府的中心工作时，实际上其地位就从直接服务者更多地变成了间接管理者。这时，可能会出现司法部所严禁的超越职权、参与非职务活动的问题，如直接参与联合执法、征地拆迁、招商引资、村镇建设等。而超越法定职权、承担非本职任务，不仅涉及是否侵犯其他部门职权的问题，还涉及国家宝贵的司法行政资源能否承受额外工作量的问题。如果足够保证履行额外任务的需要，则说明按职能延伸、分工所配置的资源数量不尽合理，有节约的必要和空间；如果没有多余资源可供额外工作的需要，则会使司法行政工作缺乏正常的保障。由此，农村基层司法行政机构的服务模式创新必须首先落实宪法和法律规定，准确理解并正确实践延伸职能，把握好行使职权的边界和限度，依法有所为、有所不为、为所当为，使基层司法行政工作专一化、专业化、专门化，避免因围绕农村基层党政中心工作而削弱自身应尽的公共服务职能。其次，要把握基层司法行政权的基层性、保障性和服务性特点，禁止以基层司法行政权代替或者干扰其他国家权力、社区自治权利的正常行使。最后，要尽快出台相关的政策指导意见，引导基层司法行政机关和工作人员既坚持把化解农村社会矛盾的价值追求贯彻到执法办案的各个环节，又坚持在法定授权之内做好职能延伸工作；并且，出台相应的工作规范和禁止性规定，防止在职能延伸过程中可能出现的滥用职权的违法现象；同时，及时全面地掌握实施情况，总结经验教训，把总体部署与分类指导结合起来，积极稳妥地推进。

2. 准确把握村(居)法务前沿工作站的触角职能，使其在发挥基层司法行政服务职能的轨道上凸显自身的独特性

赋予部门或组织职能必须以其能够胜任为前提。面对当前政府各个部门

层层下移到村(居)的一系列农村社区服务工作,“法务前沿工程”规定的村(居)法务前沿工作站的法务职能不仅超出了村(居)干部的能力范围,同时也对志愿者的能力和素质提出了非常高的要求。司法行政工作特别是法律服务、适用是一项专业性很强的工作,而乡镇司法所仅通过每月一次的法律政策知识、纠纷调解技巧等业务培训,很难保证培养出村里真正懂法用法的“法律明白人”。所以,倚重于村(居)法务工作站把矛盾纠纷化解在村里,完成“小事不出组、大事不出村、矛盾不上交”的依法治村目标,全然不顾解决过程是否“以事实为依据、以法律为准绳”,极有可能造就一个个“民间法”与“国家法”、乡土共同体与国家共同体相脱节的“无法无天”的“土围子”。在我们看来,将村(居)法务前沿工作站的职能边界定位于农村基层司法行政的触角可能更为合理,这不仅能充分发挥其在社区地缘、法务资源方面的优势,给村民提供法律服务方面的信息和帮助,同时还能广泛搜集村居民情,第一时间掌握矛盾纠纷情况并及时报告,使农村基层司法行政机关多了一个纠纷苗头的探测器、矛盾冲突的减压阀、社会动态的预警仪。当发现矛盾纠纷时,工作站的成员都有义务第一时间介入,稳定事态的发展,至于要达成怎样的协议以及接受调解还是诉诸法律则应该全凭当事人的意愿。只有这样,才能明晰乡村司法行政服务网络之间的内部关系,简化并凸显村(居)法务前沿工作站的独特职能地位。当然,与其配套,欲进一步改革和完善农村基层司法行政服务体系,还需要根据服务需求、服务产品性质等加以分类,建构多元化的农村法律服务主体和运行机制。比如,必须由农村基层司法行政部门承担的法律服务职能,不宜一般地推向社会、推向村(居),少量的法律服务需要通过“养人”才能“养事”,更多的法律服务可以采取购买方式,即“养事不养人”,将竞争机制引入农村法律服务,以保证服务主体能够提供价廉质优的服务产品。

3. 科学定位村(居)法务前沿工作站的自治性质,使其在发挥基层司法行政服务职能的轨道上保持自身的独立性

理性化社会的组织建构是自组织过程,这是个人参与公共事务必要的组织基础。农村基层司法行政开展服务进社区,同样需要农民的合作和参与,而农民的合作和参与也需要组织,但组织一定要是农民的自愿行为,否则,单纯以外部力量推动或强制农民合作、参与,结果往往是农民一切听命于上,会大大弱化农民之间的有机联系和自我整合能力。⑧ 从这个角度来看,罗田全县 412 个村庄、社区全部要求统一建立法务前沿工作站,所有的法务前沿工作站必须全部适用统一的软硬件建设标准等,无疑显示出一种外部力量对农村社会的强力整合。这种自上而下推进的设置方式和严格的工作责任制,使得村(居)法务前沿工作站体现出一定程度的“官办”或“半官办”色彩,实际工作中很容易产生以下

后果:一是缺乏内在力量的支撑,持续性不强;二是强迫命令和“一刀切”;三是组织成本高,效率递减;四是在组织农民的过程中造成农民主体性的失落。在我们看来,作为农村基层社会自治的一种载体,以村(居)自治组织为依托,以村(居)干部、社会志愿者和其他社会力量为主体的村(居)法务前沿工作站,应该根据各村庄村民居住状况、人口多少,按照便于群众自治,有利于经济发展和社会管理的目标来设立。首先,应确立“需设即设,不需设则不设”的原则,设还是不设由村民会议或村民代表会议自主决定。因为法律服务的专业人才不可能在每个村都能落实,而对专业法务人才的服务需求也不一定在每个村都存在。同时,村(居)法务前沿工作站作为一种社会自治载体,其在日常管理方面应具有更多的开放性,基层司法行政机构应仅限于提供基本的原则和制度框架,而不应规定得过多过细,严重捆缚村(居)法务前沿工作站的创新空间和行动能力。在此意义上,我们认为,农村基层司法行政的服务模式创新,不应该只是简单地保存或设立机构,或是组织农民开展一些法务活动。更需做到的是,尊重社会自治的自身规律和发展需求,建构起充分体现农民主体地位、适应社会主义新农村建设需要的,上下贯通、城乡一体的新型基层司法行政机构服务平台,并在这一平台上实现自上而下的国家管理与农村社会的自我管理的有效衔接与良性互动。

4. 有效保障村(居)法务前沿工作站的资金支持,使其在发挥基层司法行政服务职能的轨道上实现自身的延续性

社区是社会的基本单元,是基层党委政府加强社会管理、提供公共服务的基础平台。新农村建设中,伴随着政府管理重心的下移,许多部门都提出了本部门业务工作进农村社区的要求。但多数部门不是把服务送进社区,而只是简单地把机构设到社区、把任务交给社区,相应的职权和经费却没有给社区,并习惯性地将农村社区理事会、村民委员会当成本部门的下属单位,再次造成“上面千条线,下面一根针”的局面。在基层司法行政服务模式创新的过程中,“法务前沿工程”同样也是较多地关注基层司法行政机关自身的基础建设、硬件配置、交通工具、现代化办公设施等方面的投入,而对于位居第一线的村(居)法务前沿工作站则关心不够、投入较少。特别是,有些基层司法行政部门对职能延伸缺乏正确的认识,把法律服务“进”村(居)误作为各项工作“给”村(居),增加了村(居)治理的负担,加重了村(居)法务前沿工作站的行政化倾向,致使其自治功能未能得到有效发挥。不可否认,村(居)法务前沿工作站与社区居民联系紧密,在开展群众性、社会性工作方面有其自身优势,有必要协助基层司法行政部门开展相应工作,但如果要持续性、长远性地开展互助与合作,则应当实行“权随责走,费随事转”,做到责权利配套到位。为此,需要进一步做好两个方面:一

是属于村(居)法务前沿工作站自治范围的工作,基层司法行政部门要搞好服务,加强指导,更好发挥村(居)法务前沿工作站的自治功能;二是属于基层司法行政部门自己的工作,如需要村(居)法务前沿工作站协助,则应该实行准入制度。目前江苏、浙江、重庆、天津、湖南、云南等地在城市社区建设中已经建立并开始实行社区工作准入制,即除法律、法规和政策明确规定应由社区承担的工作以外,区、镇(街)级各部门的相关组织机构、工作任务等要进入社区,均须经社区建设领导小组审核批准;对确实需要社区协助完成的工作任务,应明确工作内容、对象、权限、时限和拨付的经费,按照"费随事转"的原则,根据交办工作量的大小、难易程度、所需人员多少以及时间长短,由交办部门给予社区相应的工作经费或补贴。在"法务前沿工程"实践中实行准入制,对于实现基层政府统筹安排、基层司法行政部门依法指导、村(居)法务前沿工作站依法自治三者之间的良性互动具有一定的积极作用,符合目前新型的农村基层司法行政服务体系的基本要求。

注释:

① 杨雪冬:《地方政府创新形式与特点》,《学习时报》2008 年 1 月 28 日,第 6 版。

② 农民日报编辑部:《构建农村和谐社会的基础性工程》,《农民日报》2011 年 3 月 25 日第 1 版。

③ 唐鸣、张丽琴:《农村社会稳定研究:共识与分歧、局限与进路》,《社会主义研究》2012 年第 1 期。

④ 陈雪莲:《国外政府创新的研究与实践》,《国家行政学院学报》2010 年第 1 期。

⑤ 沈荣华、周义程:《善治理论与我国政府改革的有限性导向》,《理论探讨》2003 年第 5 期。

⑥ 张子良:《社会管理如何实现"大管理"》,《解放日报》2011 年 4 月 12 日,第 6 版。

⑦ 吴建南、马亮等:《中国地方政府创新的动因、特征与绩效》,《管理世界》2007 年第 8 期。

⑧ 徐勇:《如何认识当今的农民、农民合作与农民组织》,《华中师范大学学报(人文社会科学版)》2007 年第 1 期。

(资料来源:陈荣卓,唐鸣.城乡统筹中的农村基层司法行政服务模式创新——罗田"法务前沿工程"的经验与反思[J].江汉论坛,2012(04):131-136.有删改。)

农村社会治理创新的地方实践与经验总结
——以法务前沿工程为讨论中心

徐炜

摘要:改革开放 40 年农村社会治理创新的地方实践,以 2004 年 9 月中央提出要"加强社会建设和管理,推进社会管理体制创新"为界线可分为两大阶段,前一阶段的创新实践是零星的、倒逼式的,后一阶段是在中央引领下大量涌现类似于法务前沿工程的创新实践模式。这些模式之所以取得成功得益于不同于过去的、因地制宜的创新经验,其经验主要包括平台建设、队伍建设、多元方式三者的有机结合。农村社会治理创新的地方实践及其经验,是我国改革开放 40 年来农村社会治理方面取得的巨大成就。

关键词:农村社会治理创新;地方实践创新模式;法务前沿工程

2013 年 11 月 9 日至 12 日中国共产党第十八届中央委员会第三次全体会议通过的《中共中央关于全面深化改革若干重大问题的决定》中,第一次明确提出"社会治理"概念,将之前一直使用的"社会管理"改为"社会治理",从此社会治理概念正式走入我们的政治生活和社会生活,对中国社会的发展正在产生深刻而重大的影响。社会治理概念替代社会管理概念表明一种重大理念的转变[1],在三个层面上对原有的社会管理体系进行了扬弃[2]:在治理的主体层面上,它将把政府从包揽一切的行政重负中解脱出来,谋求社会的多个主体、多种力量,包括社会组织、社区组织、企事业单位的协商合作;在治理的功能与责任层面上,它强调与社会组织加强联系,增强私营部门与公民社会的活力和自主性,要求其对公众负责;在治理的效果层面上,它追求效率与公平的齐头并进,不厚此薄彼,力求达到促进社会最大的福利。因而这一概念是对人类社会古往今来各种政府或组织的统治、管理或治理活动的高度概括和提炼,更明确中国社会发展的理想目标——"共建共享""社会共治""社会自治"。今年是改革开放 40 周年,在此用社会治理的视角回顾我国农村各地这 40 年社会管理或社会治理创新实践的历程、经验就显得格外有意义,不仅可以了解过去所取得的成就与不足,更可以启迪未来。本文试图对这些地方实践进行回顾与总结,这里的地方实践主要指县(县级市)级以下政府和组织(包括社区)所主导的创新实践行为,主要指的是治理创新模式或经验,并将主要以作者研究过的罗田县法务前沿工程为材料进行描述与解释。

农村社会治理创新的地方实践的历史回顾

人类社会产生伊始，对社会治理的实践活动就必然进行，一方面为了保证正常的社会秩序，面对困扰人类的社会问题和危机，任何政府与组织必须想办法解决。另一方面由于受历史条件的限制，中央政府的治理理念与方案总是与历史发展阶段保持一致，并且在解决社会问题与危机的方法手段上、满足人们不断增长的需求与要求等方面不断进步，直至今天社会治理概念和理念的提出。正如有学者指出："社会治理的核心问题无非两个：一个是'公益'事业如何促进，另一个是'公害'事务如何治理。'公益'促进的核心问题是如何形成激励机制，把各种社会力量组织和动员起来，打破集体行动困境，让社会成员形成正向的社会合力"。[3]同时由于中国地域广阔，各地社情民意千差万别，因而各地方政府的治理实践因地制宜，各有特色。改革开放 40 年来也是沿着这一逻辑，各地按照中央的顶层设计，充分发挥地方治理作用，形成了各种地方实践模式，积累了大量有益的治理经验，取得了不可小觑的成就，为保证地方社会和谐与发展做出了贡献。

有学者对改革开放 40 周年社会治理历程进行过概括："我国社会治理领域变革大体经历了三个阶段。第一阶段，从党的十一届三中全会到党的十四大，主要是冲破高度集中的计划经济体制和社会治理模式，逐渐放松社会领域管控，着重释放社会活力。第二阶段，从党的十四大到党的十八大，主要是构建与社会主义市场经济体制相适应的社会治理基本框架，积极探索中国特色社会主义社会治理的新路子，着重引导社会发展活力。第三阶段，从党的十八大至今，主要是全面深化社会治理变革，着重推进社会治理体系和社会治理现代化，推动社会充满活力又和谐有序运行。"[4]魏礼群主要从宏观、中央顶层设计、政策的影响及功能层面对 40 年的历史进行了阶段划分，有一定的说服力。本文认为如果一定要给基层特别是农村基层的社会治理实践划分阶段的话，倒是以 2004 年 9 月中国共产党十六届四中全会提出要加强社会建设和管理，推进社会管理体制创新，2005 年 10 月党的十六届五中全会明确提出社会主义经济建设、政治建设、文化建设和社会建设"四位一体"的理念和社会主义新农村建设的要求作为分界点划分为两个阶段，更能反映社会治理地方实践的实际情况。前一个阶段主要注重经济建设，进行经济领域的改革，包括家庭联产承包责任制、市场经济体制的确立等，在政治领域主要是废除人民公社体制、建立"乡政村治"格局等，从社会治理角度来看尽管建立了村民自治制度等，但仍沿袭旧的单向管控型管理方式，基层政府、自治组织和个人的治理自主性和创造性受到一定限制。后一阶段当然可以细分为两到三个小的阶段，如社会建设阶段、社会管理阶段和社会治理阶段（前两个小的阶段也可以合并为一个小的阶段），但考虑到事物发展的连续性，2004 年以后大量涌现的社会治理的地方实践创新模式方兴未艾,如果硬要细分小阶段,就会影响到这些地方实践创新模式描述和解释的完整性,故而本文采用两阶段划分法,并且着重描述和解释后一阶段。之所以这样做并不意味着前一阶段不重要或者乏善可陈,而是因为一方面对前一阶段在纪念改革开放 30 周年的时候,有大量研究对其经验如咸安政改[5]等进行过较为全面的总结,因而不想赘述,另一方面限于篇幅,本文只着重研究后一阶段地方实践的创新模式或经验。

中国社会进入新世纪以后,随着经济的高速增长,城市化程度提高,社会转型[6]进一步加速,农村社会也正处于一个关键转型时期,面临许多问题:市场经济发展对我国以小农经济为特点的农村和农业的冲击,农业的低效和农民的相对收入下降,农村社会保障体系建设严重滞后,农村劳动力大量过剩;人口的大规模流动,村落"空心化"的出现,城市化的加速发展,征地拆迁中农民权益受损及其利益诉求渠道不畅,城乡居民收入差距扩大,等等,都导致了我国农村社会矛盾进入一个历史性的高发时期[7],有学者用"新乡土中国"[8]或"后乡土社会"[9]来描述与解释这一现象。正是在这种形势的倒逼下,一些地方开始创新,如河北省青县在 2002 年开始形成"青县模式",开始主要是为了应对村民上访、"两委"矛盾而形成的"村代会常任制"等一系列调整村治结构的措施,取得了不错的效果[10]。而后有江苏"南通模式"、四川"北川模式"等。总之这个时候这些地方实践模式的出现是零星的,都同青县模式一样是被逼做出的一些治理探索。直到 2004 年 9 月中国共产党十六届四中全会提出要加强社会建设和管理,推进社会管理体制创新;2005 年 10 月党的十六届五中全会明确提出社会主义经济建设、政治建设、文化建设和社会建设"四位一体"的理念和社会主义新农村建设、构建和谐社会,全国各地农村才涌现出数十种治理创新模式,笔者挑选出十种模式,如附表 A-1 所示[11]。限于篇幅,本文只介绍湖北省罗田县的法务前沿工程这一典型地方实践案例。

法务前沿工程是 2008 年由罗田县司法局提出并实施的一项社会治(管)理创新实践探索活动,是指在当地党委、政府的领导下,在司法所指导下,以村(居)委会为依托,整合司法所干警、村干部、社会志愿者等各种力量,建设融法制宣传教育、人民调解、社区矫正、安置帮教、法律维权等多项工作为一体的将司法行政服务职能下移到村(居)级的综合服务体系[12]。法务前沿工程从 2008 年初提出至今有十年多的时间,经历了从提出构想与试点、全县推广及全省推广等阶段。

(1) 法务前沿工程构想的提出。2005 年,罗田县实行精简政府机关人员的做法导致了罗田县整个基层司法行政机关职能的低效甚至缺位,12 个乡镇司法所的工作人员被压缩到了每个单位 1～3 人,罗田县共有约 60 万人,平均每个司法所管理 5 万多人。由于人力、物力的制约,乡镇司法所在开展有关工作时,往往是被动性地提供服务，服务的范围面也较窄，而有些由村民委员会承担的社会治理职能往往是形同虚设，未能很好履行。而且随着改革的不断深化，近年来农村宅基地、承包地、经营活动纠纷和邻里纠纷日益增多，矛盾越来越突出，严重影响了农村社会秩序。原有的管理模式无法满足新形势下农村社会和谐发展的需要，在这样的社会背景下，2008 年，罗田县司法局提出法务前沿工程构想，把服务平台前移至村级并吸收村干部、志愿者参与其中，提升服务质量与水平。

附表 A-1 地方实践案例表

地方案例	时间	推动力量	经验做法
河北“青县模式”	2002 年	县委县政府	调整村治结构，加强党的领导，发扬民主，规范管理村务
江苏“南通模式”	2003 年	市委市政府	在市县乡分别设立“社会矛盾纠纷调解中心”，在村级设立调解站、配置调解员；每十户设立一名信息员
四川“北川模式”	2004 年	县委县政府	整合乡镇行政执法派生机构，组建“乡镇法律事务中心”；在村级以村治保会、调解委员会为依托组建“村法制工作室”
福建“厦门模式”	2005 年	市人大	引入西方 ADR（替代性纠纷解决方）制度，鼓励以非诉讼方式调解纠纷，强化其法律效力。鼓励乡村调解组织、行业协会、专门性调解组织、企事业单位调解员、律师和基层法务工作者参与
新泰“平安协会”	2005 年	市委市政府	建立“天目工程”“平安灯”“平安互助网”和农村五种巡防模式、“治安保险”兜底工程，构筑起“五位一体”的社会治安立体防控体系
罗田“法务前沿工程”	2008 年	县司法局	首先是加强组织领导，健全工作机制。其次是构建工作网络，搭建工作平台。最后是广纳社会精英，聚集工作力量
肃宁“四个覆盖”	2010 年	县政法委	建立村民代表会议制度、专业合作组织、农村治安组织和完善农村基层党组织
浙江枫桥“大调解”机制	2010 年	镇委镇政府	探索构建人民调解、行政调解、司法调解相衔接的“大调解”；吸纳民营企业；建立网格化管理、组团式服务新机制
云浮“三级理事会”	2010 年	市委市政府	自然村、行政村、乡镇建立三级理事会，实现“民事民办，民事民治”
东营“民警村官”制度	2010 年	市委市政府	将民警与村干部“二合一”，把社区农村警务工作与社会治安综合治理、社区农村基层组织建设“三合一”

（2）法务前沿工程的试点。基于现实的需要和理论的支持，罗田县司法局于2008年2月，在总结实践经验的基础上，结合农村社情和新农村建设的有关要求，提出了法务前沿工程，并开始在河铺镇和胜利镇两个镇的两个村试行。试行半年，在司法部门的积极组织及相关部门的主动配合下，法务前沿工程取得了显著的成效。2008年6月，罗田县开始在河铺、匡河、白庙河、胜利等乡镇进行试点，探索出了法务前沿工程比较规范的运行模式：就是乡镇司法所依托各村（居）自治组织建立法务工作站，与两委（村支部委员会和村民委员会）实行一套人马两块牌子，由两委主要负责人兼任站长，与法务前沿工程志愿者和其他社会力量一道，在司法所指导下，开展本辖区法制宣传教育、人民调解、社区矫正、帮教安置、法律援助和法律维权等工作，使基层司法行政工作社会化。形成了上有司法所干警，下有村民组长、中心户以及社会志愿者参与的工作格局，在没有根本性地改变机构和人员情况下，用同样的人力、物力、财力为群众办更多的实事。

（3）法务前沿工程的发展阶段。在试点工作取得成功经验的基础上，2008年12月5日，县委、县政府、县人大以及县政协相关领导在河铺镇肖家垸村举行启动仪式，在全县启动法务前沿工程。2009年初，为了进一步开展法务前沿工程，罗田县司法局邀请武汉大学社会学系有关专家来罗田县调研，为此社会学系的教授和研究生一行8人专程深入罗田县进行了为期一周的调研，针对该县法务前沿工程实施一年多的状况写出了《新农村建设中司法行政部门的创新管理机制：基于罗田县法务前沿工程的调查报告》。该报告主要就法务前沿工程提出的背景、运行机制及创新性、主要做法和试点效应进行了客观描述，并在充分肯定法务前沿工程实施意义的基础上提出了建议，为法务前沿工程在全县的推广提供了理论支撑。县委、县政府采纳了这一报告，并将法务前沿工程写入政府工作报告。2009年3月，省司法厅汪道胜厅长等到罗田县调研，对罗田县实施法务前沿工程的做法给予了肯定。2009年5月15日，县委办公室、县政府办公室印发《关于成立县"法务前沿工程"领导小组的通知》[13]，县级法务前沿工程领导机构的建立，意味着法务前沿工程正式纳入制度化的轨道。这一新的治理模式引起了新华社记者的注意，相关报道发表在2009年7月23日的《国内动态清样》上，当时担任湖北省委书记的罗清泉同志做出了肯定的批示："应进一步总结罗田县的经验并加以推广"。法务前沿工程实施以来，在维护农村社会的安全稳定方面取得了突出成绩。到2017年底为止，全县412个村（居）均建立起了法务前沿工作站，还聘用6000多名法律服务志愿者作为村湾、社区快速有效的法律服务和社会治理的力量。2010年8月，湖北省司法厅决定结合全省基层司法行政工作实际，在继续完善乡镇（街道）司法所"一所三中心"工作运行机制的基础上，深入推进村居、社区法务前沿工程建设，充分发挥司法行政机关在服务社会管理创新工作中的独特优势。这一决定也意味着法务前沿工程在全省的推广。到目前为止，尽管有一些改变和困难，但法务前沿工程还在有效运用并发挥着治理作用，并成为湖北省乃至全国社会治理创新的地方实践的亮点与名片[14]。

从以上对典型案例的发展过程的描述，我们可以发现，农村社会治理地方实践的创新探索一方面是迫于形势、问题的挑战而必须用新做法回应，另一方面是在中央政府顶层设计的指导引领下开展的。

农村社会治理地方实践的经验总结

类似于法务前沿工程的这些地方社会治理实践模式为什么会取得成功？这些新做法具有什么特质或经验？这些经验成为“中国经验”“中国体验”[15]的一个组成部分，我们认为正是这些特质或经验使得这些模式取得成功。下面我们主要以法务前沿工程为主要案例进行经验总结。

治理平台建设至关重要。每一个模式都注重治理平台的打造，而法务前沿工程在这方面尤为注重。村（居）平台（社区）是实施社会治理（法务前沿工程）的最佳场所，为社会治理的四种主体提供了治理活动的基本舞台。发达国家社会治理的经验表明，社区是实施社会管理的基本单位和最重要载体。同时，罗田县地处山区，交通不便，且村落之间分布较为分散，这无形之中增加了县、乡两级政府对基层农村社区的治理难度。在现有体制下，农村社区（村）由于经费与人员的限制，以及思想方面重视经济建设而忽视社会治理的重要性，造成农村社会治理的缺位与不及。罗田县法务前沿工程的设计者与领导者正是充分认识到社区在社会治理中的重要性以及罗田县农村社区的基本特点，着力打造法务前沿工程的村（居）平台，充分发挥社区在社会治理中的重要作用。村（居）一级法务前沿工作平台的建立，使社会治理的空间距离由远变近，社会治理不再远离社会，服务（社会治理）就在农村之中和农民身边，社会治理的心理距离被拉近、由“他们”而“我们”，社区居民也是治理的主体，而不再仅仅是被治理的对象，只要“我”愿意和有能力也能成为治理中的一员，从而使社会治理工作由“难”变“易”。

法务前沿工程村（居）工作平台的工作人员主要来自三个方面。一是司法所干警，二是村（居）干部，三是人民调解员与社会志愿者。人民调解员与社会志愿者一般由村离退休老干部、老教师、村民代表、无职党员与村里“明白人”组成，他们是法务前沿工程中的骨干力量。村内纠纷都会由他们处理——对于能够解决的小纠纷，他们会积极化解于湾内，对于大一些的纠纷，他们会及时向上汇报，做好信息传达、矛盾化解的中间人。同时，他们也会在日常生活中对村民进行法律宣传，协助做好安置帮教与社区矫正，为村民提供法律咨询服务。法务工作站与“村两委”（村支部委员会和村民委员会）一套人马两块牌子，“两委”

主要负责人兼任站长。村干部在工作平台中起承上启下的枢纽作用。他们一方面对志愿者和人民调解员化解不了的纠纷进行调解,并对调解员进行法律培训,定期对村民进行法律宣传,另一方面反馈平台工作信息,并接受司法所的工作指导。司法所干警由国家公职人员构成,他们主要对各村的法务工作站进行法律宣传、人民调解、安置帮教、社区矫正、法律援助、法律服务方面的业务指导,并对一些大纠纷、复杂问题进行综合调解。由此可见,法务前沿工程的工作机制既体现了国家意志,又使乡村社会力量发挥了积极作用。这一方面使国家对乡村社区的管理变得简单可行,另一方面也满足了乡村社区对于自我管理的需求。

法务前沿工程村(居)平台的建立积极响应中央关于加强和创新社会治理体制的精神,实践了中央提出的"树立关口前移、源头治理"的指导理念。在我们这样一个处于快速发展时期的发展中大国,发生一些社会矛盾和问题是难以避免的。关键是要及时发现矛盾问题,弄清其产生的原因、发展的规律,从源头上主动解决问题、减少矛盾,把社会管理的关口前移,不断增强工作的前瞻性、主动性、有效性,许多社会矛盾是在改革发展中产生的,也要靠改革发展去解决。特别要积极建构源头治理、动态协调、应急处置相互衔接、相互支撑的新机制,最大限度地使社会矛盾不积累、不激化,这是社会治理应该达到的最基本的要求和目标。

治理队伍建设十分重要。各种模式都注重治理队伍建设,只不过是侧重点不一,或注重党的基层队伍建设,或重视干部队伍、机构建设,因而各有特色。但是如果仔细分析各种模式会发现一个共同点就是要吸纳志愿者或积极分子参与治理行动,壮大治理队伍,而法务前沿工程在这一点上做得特别突出。法务前沿工程的决策者认为农村社会精英是社会治理(法务前沿工程)的主力军,作为社会力量参与农村社会治理并发挥重要作用。农村精英是村(居)工作平台工作人员的重要组成部分,就数量而言,他们是村(居)工作平台人数最多的构成部分,因而可称他们为法务前沿工程的主力军。同时他们是法务前沿工程基本工作的执行者,与村(居)民接触最多、最紧密,扮演着社会治理的重要角色。根据罗田县司法局文件《关于聘任"法务前沿"志愿者和首席人民调解员的通知》[16],罗田县为了进一步推进法务前沿工程的实施,方便各法务前沿工作站志愿者和首席调解员开展工作,经各村(居)委员会推荐,所在乡镇人民政府审核同意,决定聘任马福生等 413 位同志为所在村(居)法务前沿工程志愿者兼首席调解员,陈锡文等 826 位同志为所在村(居)法务前沿工程志愿者。这 1000 多名成员大都由农村"五老"(老党员、老干部、老教师、老战士、有威望的老人)人员构成。

一方面这些人资历老、见识广,非常了解村庄的情况;另一方面具有广泛而良好的人际关系网络，根子扎得很深，在村民中有一定的影响力。法务前沿工程之所以选择这些人当志愿者与人民调解员，是经过慎重考虑的。其一是依据农村当下的人口现状而做出的制度安排。在改革开放的浪潮下，大量的农村青年外出务工，致使留在农村的人口基本上是老人、妇女与儿童。因此，选择“五老”作为调解员，是符合当下农村人口现状的。其二是根据农村目前的组织状况而采取的因地制宜的措施。在不发达农村社区中，传统的宗族组织力量大为减弱，同时，现代的乡村经济组织、群众组织力量薄弱，基层群众性自治组织的发育还很不完善，不能很好地发挥组织民众参与社会治理的功能。而农村精英在农村有着特殊的地位，能起到重要的凝聚与组织民众的作用。费孝通曾指出，中国农村的传统社会是一个与西方“团体格局”不同的“差序格局”社会，即个人通过血缘、地缘等纽带形成一个个圈子，圈子越靠近中心表明圈内人与中心的关系越紧密，而中心对圈内人的影响也就越大[17]。这里圈子的中心指的就是农村精英。可见，农村精英作为“中心”，在传统乡村社会中具有重要地位，并发挥着维持农村社会秩序、进行社会治理的作用。目前，尽管在现代化浪潮下农村社会发生了重大变化，但其社会结构的“差序格局”依旧存在，并且越是在欠发达的地区这种“差序格局”就越明显。因而，法务前沿工程的这一制度设计是对中国传统社会结构深度洞察的创新。

中央有关社会治理“党委领导、政府负责、社会协同、公众参与、法治保障”的二十字方针为中国的社会治理创新指明了发展方向。“党委领导、政府负责”体现了国家的力量，它所强调的是一种自上而下的社会治理模式。而西方的经验表明，一个成功的社会治理体制的建立往往更需要依靠社会与公众的参与，即要着重体现“社会协同、公众参与”方针。然而，中国幅员辽阔，各地方之间差异巨大。因此，如何结合各地自身的实际状况，充分调动社会力量与公众的积极性，让他们参与到社会治理中去，从而建立灵活有效的自下而上的社会治理体系，是我国推进建立健全中国特色社会主义社会治理体系的创新点和难点所在。正如前面所谈到的，法务前沿工程针对农村社会组织缺乏和不健全的现状，因地制宜地动员在农村具有特殊地位的精英，发挥其作用，从而将“社会精英”与“公众”联系起来，体现了“社会协同”与“公众参与”的原则，因而具有创新性。正如前文所述，该工程这一做法也取得了很好的效果。

治理规范与手段至为关键。各类模式在治理方式方面都有改变，不再沿用过去单向度的管控方式，而是多元主体的平等协商与合作的方式依法进行治理，而法务前沿工程在这方面根据农村欠发达地区的特点创新了治理方式。法务前沿工程运用治理规范和手段以法律为主，辅以“地方性知识”和道德、舆论的手段进行治理，这里强调“地方性知识”是根据现在的乡村传统还存在影响力，是法律的“在场”，而不同于法律“不在场”的情况[18]。法律既不是一个超经验的哲学思辨，也不是一个纯粹的逻辑分析，而是可以通过经验研究去关注的问题。经验世界的法有多个层面，在国家法这个层次外，还有多个非国家法的层次。仅从国家的视角观察中国社会有着不可克服的弊端，不但会造成强化国家集权意识，忽视社会的真实需求，而且单一的国家法因为忽视了区域差异，导致难以实施，使制定法仅具有条文意义而无实践意义。但民间法也有自身的不足与缺陷，乡土社会的习俗常常与市场经济规则相冲突。因此，真正健全的法制应当是一方面国家法吸收民间法中合理的成分，另一方面地方性知识要接受普遍性知识的刷新，两方面互相补充、相互融合。“在法社会学的视野中，社会规范可以统称为法”[19]，法治是社会的法治，仅有少数人——法律工作者和管理者掌握法律不可能实现法治，所以党的十八届三中全会强调社会治理的四个原则中包括“依法治理”原则，应该说解决了社会治理实施的主要依据和手段问题。只有当全社会的居民都认知和认同法律时，才有可能实现真正的法治，法律的生命在于实行，只有当法律既体现国家意志，又能满足社会大众需求时，法律才具有合法性与合理性。从社会治理的角度来说，只有将现代的治理法制的基本理念要求、体制机制、程序方法转化为社会治理服务主体和公民的实际行使方式和公民权利实现方式，社会治理创新才能实现，从这个意义讲，社会治理创新是社会治理权力依法行使，公民依法参与社会治理服务，依法享有社会公共产品、公共服务，自觉接受社会治理的过程。

法律是国家制定或认可的，由国家强制力保证实施的，以规定当事人权利和义务为内容的、具有普遍约束力的社会规范。作为一种社会规范，它限定了人们的行动范围，规定了合理的行动方式，使人们在一个规定的框架下行动，从而保证了社会的和谐与有序。同时，法律也作为一种现代社会治理手段而存在，现代社会充满利益博弈与纷争，也会有众多矛盾出现。法律作为一种仲裁手段，对出现的矛盾进行有效调节，对利益博弈进行有效平衡，从而履行了治理社会的功能。在当下农村中，经济改革已深入进行了三四十年，市场化程度不断加深，一些新的价值观被不断引入，农村也不再封闭，而是愈发开放。在这个过程中，农民不断接触新事物、新观念，也不断产生新问题，因此，引法律入乡村，既能规范农民们的行为方式，为他们提供行为准则，让他们在新的社会环境下合理行动，从而保证乡村社会的基本秩序；又能对乡村生活中的纠纷、矛盾进行有效调节，对失当行为进行有效矫正，达到对乡村社会的治理与控制。

由司法部门提出、推动并实施的工程被明确定义为法务前沿工程，“法”体现了工程的核心内涵，这也是罗田县法务前沿工程模式不同于其他模式的最大亮点之一，也高度契合社会治理的“依法治理”的原则。“法务前沿工程”的宗旨是以“法”为主要手段，并以多种手段为辅助，创新农村社会治理，保证社会治理的公正与效率。法务前沿工程的设计者非常清醒地认识到“与乡规民约、民俗风情、伦理道德等非正式的社会规范相比，法律是一种正式的、相对稳定的、制度化的社会规范。前者是后者的主要来源和有效补充，后者是前者发展、变化的制度化产物”[20]，因此强调社会治理手段的多元化。这里的“法”指的是国家法，是一种统一的、具有高度规范性的现代化治理手段。在传统中国农村中，正式的国家政权只延伸到乡、县一级，致使国家法往往只能在乡、县及以上的行政单位中发挥重要作用。而在乡村中，却是“家法”“地方法”“乡规民约”在发挥重要作用，国家法往往处于缺位状态。随着现代化浪潮的迅速推进，农村已发生了重大变化，原有的地方性法律已不能很好地适应当前情况，切实运用统一而又规范的现代国家法律来管理乡村迫在眉睫。“法务前沿工程”正是基于“法”的深刻内涵，将现代法律意识、法律规范与法律手段引入乡村，从而打造农村社会治理的新格局。

总之，法务前沿工程的成功经验便是村(居)平台或社区是实现社会治理的最佳场所，社会治理的四个主体都能发挥其作用，农村社会精英在其中起着至关重要的作用，社会治理规范和手段的多元，保证其效果。平台、队伍、规范与手段三者的有机结合，加强“自治、法治、德治”，实现农村社会治理体系的创新，这也是本文对类似于法务前沿工程的各类农村社会治理地方实践的经验总结。

归纳上文，我们分两个阶段对改革开放 40 年来农村社会治理创新的地方实践进行了历史回顾，前一个阶段的治理基本沿用单向度的管控型管理，零星出现了一些倒逼式的创新实践模式，而在 2004 年 9 月中国共产党十六届四中全会提出要“加强社会建设和管理，推进社会管理体制创新”以后的阶段，我国农村各地涌现出数十种创新模式，百花齐放、方兴未艾，出现了类似于法务前沿工程的取得巨大成功的模式。这些模式之所以取得成功得益于不同于过去的、因地制宜的创新经验，其经验主要包括平台建设、队伍建设、多元方式三者的有机结合。农村社会治理创新的地方实践及其经验，是我国改革开放 40 年来农村社会治理方面取得的巨大成就，是农村干部和群众在中央加强社会治(管)理创新引领下共同创造的，其价值不可估量，在中国特色社会主义进入新时代，打造共建、共治、共享的社会治理格局中一定会发挥应有的作用。

注释：

① 郑杭生：《“理想类型”与本土特质》，《社会学评论》，2014 年第 3 期；俞可平：《治理与善治引论》，《马克思主义与现实》，1999 年第 5 期；李培林：《社会变迁新态势与社会治理》，《光明日报》，2015 年 1 月 12 日；周红云：《全民共建共享的社会治理格局：理论基础与概念框架》，《经济社会体制比较》，2016 年第 2 期。

② 孙晓莉：《西方国家政府社会治理的理念及其启示》，《社会学研究》，2005 年

第 2 期。

③ 燕继荣:《中国社会治理的理论探索与实践创新》,《教学与研究》,2017 年第 9 期。

④ 魏礼群:《新阶段社会治理需要着重解决七方面问题》,《经济参考报》,2018 年 7 月 11 日。

⑤ 吴理财:《从"管治"到"服务"——乡镇政府的职能转变研究》,北京:中国社会科学出版社,2009 年。

⑥ 李培林:《"另一只看不见的手":社会结构转型》,《中国社会科学》,1992 年第 5 期。

⑦ 吴锦良:《基层社会治理》,北京:中国人民大学出版社,2013 年。

⑧ 贺雪峰:《新乡土中国》,南宁:广西师范大学出版社,2013 年。

⑨ 陆益龙:《农民中国——后乡土社会与新农村建设研究》,北京:中国人民大学出版社,2009 年。

⑩ 翁鸣:《青县模式:一种我国农村治理的创新机制》,《理论探讨》,2011 年第 5 期。

⑪ 徐炜、陈民洋:《农村社会治理创新模式的持续发展问题解析》,《江汉论坛》,2015 年第 1 期;《农村社会治理案例比较与难题:政策话语转变的视角》,《武汉大学学报》,2015 年第 5 期。

⑫ 徐炜等:《农村社会治理的理论与实践——基于法务前沿工程的社会学研究》,武汉大学出版社,2015 年。

⑬ 罗田县司法局内部资料汇编:《法务前沿工程理论与实践》,2011 年,第 84～86 页。

⑭ 陈荣卓、唐鸣:《城乡统筹中的农村基层司法行政服务模式创新——湖北罗田法务前沿工程的经验与反思》,《江汉论坛》,2012 年第 4 期;湖北省政协社会和法制委员会:《罗田县实施法务前沿工程纪实》,《世纪行》,2010 年第 1 期;汪道胜:《积极探索法务前沿工程 努力创新基层社会管理与服务路径》,《中国司法》,2011 年第 10 期;王国强:《法务前沿工程理论与实践》,《中国司法》,2009 年第 8 期;许振奇:《一个山区农村社区矫正的模式:基于罗田县法务前沿工程中的社区矫正调查》,《中国司法》,2011 年第 11 期;吴理财等:《改革开放以来湖北农村社会治理研究》(未刊稿)等。

⑮ 周晓虹:《社会建设:西方理论与中国经验》,《学术月刊》,2012 年第 9 期;周晓虹:《中国经验与中国体验:理解社会变迁的双重视角》,《天津社会科学》,2011 年第 6 期;李培林:《改革和发展的"中国经验"》,《决策与信息》,2011 年第 1 期;郑杭生:《中国模式或中国经验与当代中国社会学再研究》;郑永年:《国际发展格局中的中国模式》,《中国社会科学》,2009 年第 5 期;宋林飞:

《“中国模式”的成功与未来》,《社会科学战线》,2006 年第 2 期。

⑯ 罗田县司法局内部资料汇编:《法务前沿工程理论与实践》,2011 年,罗司发〔2009〕1 号文件。

⑰ 费孝通:《乡土中国 生育制度》,北京大学出版社,1998 年。

⑱ 郭星华:《从中国经验走向中国理论——法社会学理论本土化的探索》,《江苏社会科学》,2011 年第 1 期。

⑲⑳ 郭星华、石任昊:《社会规范:多元、冲突与互动》,《中州学刊》,2014 年第 3 期。

“法务前沿工程”理论与实践

王国强
（湖北省罗田县司法局局长 湖北罗田 438600）

构建社会主义和谐社会是党的十六届四中全会提出的重大任务，是中国特色社会主义事业新的伟大实践。基层司法行政机关担负着组织开展人民调解、社区矫正、法制宣传、依法治理、法律服务、法律援助、安置帮教等职能。每一项职能都与构建和谐社会密切相关，在构建社会主义和谐社会的系统工程中，具有独特的职能优势。湖北省罗田县司法局就如何在广大农村和社区第一线构建司法大服务平台、建设和谐社会进行了一些有益的探索与实践。在全县全面实施“法务前沿工程”并取得初步成效。现将“法务前沿工程”的有关问题提出来，以求教于大家。

一、“法务前沿工程”的理论表述及其背景

构建社会主义和谐社会在给司法行政机关带来新的发展机遇的同时，也给司法行政机关带来了空间的压力和严峻的挑战，基层司法行政机关要应对新的压力和挑战，改变传统思维、创新工作模式是唯一的出路。

2007 年下半年，我们提出“法务前沿工程”构想，并邀请武汉大学社会学系政治社会学教授及其研究生来罗田进行实地专题论证，为“法务前沿工程”的实施提供了理论支撑。所谓“法务前沿工程”是指在基层党委政府的统一领导下，在司法行政机关的指导下，以村(居)自治组织为依托，整合司法所干警、村(居)干部、社会志愿者和其他社会组织等各种力量，将基层司法行政管理职能下移到村(居)自治组织，建设融法制宣传教育、人民调解、社区矫正、帮教安置、法律维权等多项工作为一体的村(居)综合服务体系。

通过这个体系，将基层司法行政职能与村民自治组织的职能相结合，把工作的立足点延伸到基层，通过基层，把触角伸到千家万户，零距离地进行法制宣传，服务群众，排除化解各种矛盾纠纷、教育矫正依法被置于社区服刑的罪犯、帮助安置刑释解教人员，为应对挑战提供了新的工作思路。

第一，实施“法务前沿工程”满足了客观形势发展的需要。随着我国经济社会快速发展，人民内部矛盾凸现，刑事犯罪高发。矛盾纠纷出现多元化、群体性特点。这些新的情况和新的特点，成为我们基层党委政府面临的新的工作压力和新的课题。“法务前沿工程”强调事前防范和主动介入，既节约行政成本又预

防和减少了不和谐因素的发生，达到了治本的目的。

第二，实施“法务前沿工程”适应了村(居)干部工作重心的转移。现阶段，村(居)干部的工作重点已转移到引导广大村(居)民进行小康社会建设和和谐社会建设上，而建设和谐社会的工作又与司法行政部门的职能紧密相连，相互依存、具有兼容性。把基层司法行政机关的六项职能落实到位，无疑是对广大城乡构建和谐社会的直接推动。

第三，实施“法务前沿工程”使司法行政工作更好地服务基层党委政府中心工作。“实施法务前沿工程”，搭建村居维稳平台，能够使司法行政工作更好地融入党委政府的中心工作，有效实现维稳资源共有、维稳工作共担、维稳成果共享，从而实现“为党委分忧、为部门减压、为广大人民群众解难”的工作目标。

第四，“实施法务前沿工程”实现了司法行政职能的回归。虽然基层司法所承担着维护基层社会稳定的重要职责。但在实施“法务前沿工程”以前，司法所作为司法行政机关的最基层的单位，担负着几十个村(居)的法制宣传、法律保障和法律服务工作，普遍存在着人员少而任务重的情况。基层司法所力量不足与承担的繁重维稳任务不相适应的矛盾日益凸现，如果不能很好地处理这些矛盾，司法行政机关的地位就会被边缘化。

第五，实施“法务前沿工程”促进了司法行政工作职能转换。随着公民法律素质不断提高，法制观念不断增强，对法律的需求越来越迫切。“法务前沿工程”作为司法行政机关一个新的工作抓手，能有效解决基层司法所职能弱化的问题，实现基层司法行政职能从管理型向服务型转变，使基层司法行政在构建和谐社会中发挥着更加充分的作用。

二、“法务前沿工程”在构建和谐社会中的作用

“法务前沿工程”依托基层，变管理为服务，延伸了基层司法行政的职能，使基层司法行政在构建和谐社会中的职能作用得到充分发挥。

第一，营造和谐的法治环境。通过实施“法务前沿工程”，近距离开展“法律进农村(社区)”、创建“民主法治示范村(社区)”等活动，对基层领导干部、行政执法人员、学生、企业员工、外来务工人员、农民等基层群体开展不同形式的法制宣传教育，提高他们的法律素质和法律意识，营造依法办事的氛围，奠定构建和谐社会的法治环境基础。

第二，营造出和谐的社会环境。正确处理人民内部矛盾，积极化解社会矛盾，平衡各种利益关系，就能为实现社会稳定与和谐打下坚实的基础。在“法务前沿工程”下，能够第一时间排查化解民间纠纷，把大量的矛盾纠纷及时地解决在基层与萌芽状态，有利于防止矛盾纠纷的激化、有利于预防和减少犯罪、有利

于消除人与人的隔阂，促进村民之间、居民之间、家庭成员之间、个人与单位之间的诚信友爱与团结和睦。

第三，有效地预防和减少犯罪。通过“法务前沿工程”，充分发挥社区矫正与安置帮教职能，让社区矫正与安置帮教工作对象放下思想包袱，树立生活信心，使之更好地重新做人而尽快地融入社会，避免（或减少）重新犯罪，最大限度地增加和谐因素、减少不和谐因素、促进社会的和谐、维护社会的稳定。

第四，实现社会的公平正义。公平与正义是和谐社会的重要标志。通过“法务前沿工程”，零距离地为农村群众提供法律援助和法律服务，为保障弱势群体的利益得以完全实现提供了前提条件，切实解决了他们“不知道打官司、不敢打官司、打不起官司”的问题，使有理无钱者实现了法律意义上的公平与正义，对于构建和谐社会有着极其深远的意义。

第五，通过更加具体的管理指导、协调基层法务工作，为经济发展与和谐社会的构建营造良好的社会环境。社会要和谐离不开经济的发展，而经济建设发展中又离不开法律服务，法律服务又需要基层司法行政机关的参与实施。“法务前沿工程”后，基层司法所将主要精力花在管理、指导、协调上，使所在乡镇的基层司法行政工作平衡发展齐头并进。

三、“法务前沿工程”的运作

通过探索和实践罗田“法务前沿工程”形成了比较规范的运作模式。

第一，在县委、县政府的领导下，各部门协调联动。县委、县政府成立实施“法务前沿工程”领导小组，出台工作方案，将“法务前沿工程”的目标任务纳入乡镇年度目标考核的重要内容，纳入全县社会治安综合治理目标管理责任书的重要考核内容，纳入综治工作与乡镇、村（居）干部绩效工资挂钩的考核内容，明确责任和任务。司法行政机关负责“法务前沿工程”的具体实施；人民法院加强社区矫正和审前社会调查工作的衔接，重视和支持人民调解工作，提高人民调解协议的采信率；检察院加大对社区矫正工作的监督力度，确保矫正质量；公安部门积极配合司法行政部门，加强对社区矫正对象的监管；民政部门积极解决社区矫正和安置，帮教对象生活中的实际困难，将符合低保条件的矫正、帮教安置对象纳入低保范围，对“三无”帮教对象及时纳入社会救济范围；劳动保障部门积极为没有自谋职业能力的矫正、帮教对象提供职业技能培训机会，并指导就业。宣传部门加强信息沟通和反馈、大力推广工作典型、为“法务前沿工程”的全面实施创造良好的舆论氛围和社会环境。县政法委每季度召开一次联席会议，了解工作情况、加强跟踪督办、促进部门联动。从而形成组织建设上的网络化，参与力量上的社会化，服务触角上的系统化的工作机制。

第二，建立村级工作阵地。在村（居）组织建立法务工作站、由司法所干警担任法务工作站业务指导、法务工作站与“两委”（村支部委员会和村民委员会）一套人马两块牌子、“两委”主要负责人兼任站长，与人民调解员、社会志愿者（离退休老干部、老教师、村民代表、无职党员、村里的明白人）一道作为司法行政干警的辅助人员，在司法所干警指导下开展人民调解、社区矫正、帮教安置、普法教育、法律援助、法律服务等基层司法行政工作。村法务工作站建设总体工作要求达到“六有”（有牌子、有章子、有工作台账、有档案柜、有办公室、有办公桌椅）、“四落实”（组织落实、机构落实、制度落实、责任落实）、“十四上墙”（领导小组、工作职责、服务范围、工作制度、调委会组成人员名单、岗位责任制、纠纷排查调处制度、学习制度、统计制度、档案管理制度、工作原则和工作纪律、纠纷当事人权利和义务、绩效挂钩和考核细则、联调联防图）、“十二项工作台账”（普法对象花名册、普法学习登记册、调解组织花名册、纠纷排查登记册、简易纠纷受理调处登记册、矛盾纠纷受理调处登记册、社区矫正花名册、协管帮教活动登记册、帮教对象花名册、帮教活动登记册、外出务工人员花名册、法律援助法律咨询登记册等）。

第三，司法行政机关具体组织实施。司法行政机关负责指导村（居）级法务前沿工作站的制度建设和业务建设，建立规范的工作制度和工作程序，达到农村和社区法制宣教、人民调解、社会矫正、安置帮教、法律维权等综合服务的经常化、及时化、高效化与规范化；开展拉网式的整村培训活动，培训村（居）法务前沿工作站工作人员和社会志愿者，由村（居）法务前沿工作站工作人员和社会志愿者对全体村（居）民进行普法宣传教育；指导村（居）民依法建制、以制治村（居）；指导一般性纠纷的调处工作、参与重大疑难纠纷的调解，确保矛盾纠纷及时妥善地得到预防和化解；培育“法务前沿工程”工作典型、总结推广先进经验。

四、实施“法务前沿工程”的实践效果

罗田县司法局从 2008 年初开始实施“法务前沿工程”以来，到今年初已全县铺开，得到了有关专家学者的重视和肯定，深受基层组织与广大人民群众的欢迎。有关媒体曾多次做过专题报道。罗田县政府在今年十五届人大三次会议的工作报告中提出了“全面实施‘法务前沿工程’”，得到了与会代表的广泛赞同，认为“法务前沿工程”是促进社会和谐平安的创举，是实践科学发展观的具体体现。

一是使农村普法依法治理由“虚”变“实”。通过实施“法务前沿工程”，近距离地开展法制宣传，指导基层依法治理和民主法制示范村建设。克服了过去普法工作开开会、发发资料、做表面文章的弊端，推动了农村民主法治建设，推进

了依法治村。在法务前沿试点村，出现了“四多四少四无”的良好局面：遵纪守法的群众增多、违法犯罪的明显减少；群防群调队伍增多、民转刑案件明显减少；爱岗敬业的民调干部增多、违法乱纪的明显减少；注重预防的增多、可防性案件明显减少；无重大恶性刑事案件；无重大纠纷引起灾害事故；无重大群体械斗事件；无重大群体上访事件。

二是人民调解由“繁”变“简”。过去农村发生纠纷，要么自行消化、要么向法院起诉，这种模式调处纠纷时间长、程序多、成功率不高。通过实施“法务前沿工程”，司法行政干警可以第一时间协助村调委会进行调处，保证了程序的合法性，提高了调解成功率，保持农村稳定。真正达到普法走在排查前、排查走在调处前、调处走在激化前，真正实现“小事不出村、大事不出镇、矛盾不上交”。河铺镇调处利益涉及多方的河道开采纠纷 36 起，保障了县委、县政府搞活经济、招商引资的大政方针的贯彻实施。2008 年 10 月份，河铺镇枫香树村一起 100 多人的闹丧械斗一触即发，通过法务前沿阵地，河铺镇司法所与村法务工作站联手，迅速介入调解及时平息了事态。

三是法律服务由“难”变“易”。农村群众居住分散、信息不畅、寻求法律服务十分不便。通过实施“法务前沿工程”，拉近了法律服务与群众的距离，有效地解决农民工打官司难的问题，保障了法律的正确实施和当事人的合法权益，维护了社会公平正义。2008 年，通过实施“法务前沿工程”，河铺镇共为 86 户农民和困难群众提供法律服务和法律援助，为他们避免和挽回经济损失 100 多万元。此举被湖北省政法委书记吴永文同志誉为“罗田模式”。

四是社区矫正和帮教安置工作由“独”变“合”。通过实施“法务前沿工程”，整合、调动了村(居)委会和农村(社区)群众的有效力量，形成全社会共同参与社区矫正和帮教安置工作的格局，有效解决了在社区矫正和安置帮教工作中，由司法所唱“独角戏”或包打“天下”的问题，减少和控制了重新犯罪的发生。帮教志愿者除对矫正对象经常家访、及时掌握思想动态外，重要的是落实帮扶措施解决生活中的实际问题，使矫正对象感到社会的温暖，从而树立重新做人的勇气。该县胜利镇被志愿者安排在挖砂船上工作的矫正对象王某去年向四川灾区和镇福利院先后捐款 13 000 元；河铺镇被志愿者安排在私人砖厂的帮教对象肖某连续两年被评为“生产积极分子”；匡河乡帮教对象吴某今年被所在村民选为村干部。

罗田实施“法务前沿工程”后，乡镇干部与基层群众深深感受这项工作不仅有利于社会的稳定，更为重要的是有利于基层组织的民主与法治建设。通过“法务前沿工程”，普及法律知识，指导村(居)民依法建章立制，以规章制度治村(居)，使村(居)干部依法办事，村(居)民依法维权，从而大大减少了矛盾纠纷的发生，不但对社会安定起到重要的促进作用，更为重要的是促进了基层组织民主与法制建设。

2009 年 4 月，武汉大学“法务前沿工程”课题组再次对罗田“法务前沿工程”进行了调研，认为“法务前沿工程”拉近了党委政府和普通群众的距离，增强了人民群众的情感、愉悦度，改善了人民群众生产、生活环境，促进了社会的和谐进步。

五、实施“法务前沿工程”的建议

实施“法务前沿工程”，主要是为了更好落实基层司法行政部门的职责，使司法行政机关的职能作用在基层完全得以实现，是一种工作方式的创新。为此我们提出如下建议：

第一，要提高对实施“法务前沿工程”重要性和必要性的认识，不断更新观念。构建社会主义和谐社会为司法行政工作的改革和发展提供新的历史机遇。必须把握新形势下司法行政机关的职能特点，充分认识构建社会主义和谐社会为司法行政工作带来的新机遇，根据新形势新要求不断调整工作思路和工作重点，把握新形势下司法行政机关的职能特点和工作规律。要把为构建和谐社会充当生力军作为基层司法行政工作的基本目标，要把构建和谐社会的成效作为检验基层司法行政工作的根本标准，把“法务前沿工程”作为司法行政服务和谐社会建设的一个新抓手抓好抓实。

第二，要建立一套有效的管理制度。一套完备的制度，能保证在法务前沿阵地上真正发挥作用。因此，在实施“法务前沿工程”工作中，基层司法行政机关要研究制定行之有效的管理目标和措施，落实管理责任，建立综合配套、运转协调的工作机制。通过建立健全各项制度，使“法务前沿工程”的各项工作走上有章可循、规范运作的轨道。

第三，要提高基层司法行政干警的综合素质。要对他们进行思想政治、职业道德和业务知识教育、切实增强服务和谐社会、服务人民群众的意识和能力。坚持立足基层、工作下移、重心下移，积极探索与实践新思路，不断拓展工作领域、创新工作路子，把基层人民调解、法制宣传、社区矫正、帮教安置、法律援助等各种资源、各支队伍、各项工作整合起来，发挥整体优势，使基层司法行政工作更具活力，使“法务前沿工程”成为司法行政机关扎根基层，直接服务人民群众的有效载体和坚实平台。

第四，要积极争取党委政府的重视，全面启动“法务前沿工程”。“法务前沿工程”是基层司法行政机关服务和谐社会建设的一次有益探索，需要各级党委政府的重视和支持。地方各级党委、政府要着眼于构建和谐社会的大局，积极支持实施“法务前沿工程”的工作，特别是要按要求落实普法、人民调解、社区矫正、帮教安置、法律援助等专项工作经费，从而保障基层司法行政工作维护社会和谐稳定的职能作用得到有效发挥。要在部门配合上积极协调，强化政法各部门对“法务前沿工程”的协作配合，形成全社会参与的格局。要在基层司法行政机关基层基础建设、硬件配置、交通工具、现代化办公设施等方面加大投入，解决好司法所建设配套资金的问题，落实司法所办公场所建设。党委、政府要把对社会稳定的注意力，从事后处置转移到事前防范上来，大力增加司法所人员编制，配齐配强工作人员，确保有人办事。

在建设社会主义和谐社会中，基层司法行政机关要利用和创新各种手段，扎根基层、充分发挥职能作用，引导人民群众共同克服前进道路上的各种问题和风险，保证整个社会协调与和谐发展，实现构建社会主义和谐社会的美好蓝图，而“法务前沿工程”就是基层司法行政机关服务和谐社会建设的新模式。

后　记

法务前沿工程是我县政法机关探索实践的一项创新性工作，得到了基层干部和人民群众的欢迎，也得到了国家相关部委的肯定，罗田县司法局因此被司法部记集体一等功，罗田县也因此被评为全国首届法治建设先进县。这项工作是由县政协的一位副主席兼任县司法局局长时提出并实施的。自构想提出到在肖家湾村试点，到全县铺开，再到全市、全省、全国推广，直到今天，法务前沿工程体现了县委、县政府的集体智慧，也展现了包括司法行政系统在内的全县政法机关干部的团结协作精神，更凝聚了全县近两万名法务前沿工程志愿者的汗水和心血。近几届政协以来，仍有不少委员提出议案关心和支持法务前沿工程建设，甚至有不少委员亲自参与这项工作。因此，对此项工作的相关情况进行客观记述，既是对参与和关注此项工作的同志的一种回应，更是对历史和后人负责。

本书在编纂和出版过程中得到了武汉大学社会学院、华中科技大学出版社、罗田县司法局的大力支持和鼎力相助，在此，一并致谢！

罗田文史编纂委员会
2021 年 9 月